集体地权流转法律创新研究

Jiti Diquan Liuzhuan Falü Chuangxin Yanjiu

□刘道远 著

北京大学出版社
PEKING UNIVERSITY PRESS

图书在版编目(CIP)数据

集体地权流转法律创新研究/刘道远著.—北京:北京大学出版社,2011.1
ISBN 978-7-301-18486-8

Ⅰ.①集… Ⅱ.①刘… Ⅲ.①农村-土地使用权-土地转让-土地管理法-研究-中国 Ⅳ.①D922.324

中国版本图书馆 CIP 数据核字(2011)第 011919 号

书　　　名:集体地权流转法律创新研究
著作责任者:刘道远　著
责 任 编 辑:周　菲
标 准 书 号:ISBN 978-7-301-18486-8/D·2793
出 版 发 行:北京大学出版社
地　　　址:北京市海淀区成府路 205 号　100871
网　　　址:http://www.pup.cn
电　　　话:邮购部 62752015　发行部 62750672　编辑部 62752027
出版部 62754962
电 子 邮 箱:law@pup.pku.edu.cn
印　刷　者:世界知识印刷厂
经　销　者:新华书店
965 毫米×1300 毫米　16 开本　17.75 印张　276 千字
2011 年 1 月第 1 版　2011 年 1 月第 1 次印刷
定　　　价:35.00 元

目　　录

第一章 农村集体土地物权制度的法律分析

第一节 集体土地所有权界定及相关问题思考

一、集体土地所有权的概念及其特征

集体土地所有权,是指农村劳动群众集体经济组织对于依法属于自己所有的土地所享有的占有、使用、收益和处分的权利。新中国成立之初,国家通过土地制度改革,确认了广大农民对土地的私有权,之后通过引导农民互助合作,成立互助组、合作社和高级合作社,于 1956 年基本完成了社会主义改造,1958 年在高级合作社的基础上建立人民公社,逐步建立了农村集体土地所有制和土地的农民集体土地所有权。中国目前仍然属于农业化国家,绝大部分的农村土地都属于农村集体所有,因此集体土地所有权也是中国基本的土地所有形式。

实质上,对于农村集体土地所有权问题,多数学者从经济学上的所有制出发来加以界定。一般认为,集体土地所有权,是指劳动群众集体在法律规定的范围内占有、使用、收益、处分自己土地的权利,是土地集体所有制在法律上的表现。① 这个问题对于广大学者来说是无法选择的,当然在这一前提下对集体土地所有权概念内涵界定的科学性也值得进一步探讨。正如孙宪忠教授所指出,所有制的科学意义是马克思的创造,马克思以前的思想家的著述里只有所有权,而没有所有制的概念。马克思始终坚持区分生产关系

---

① 参见王家福、黄明川:《土地法的理论与实践》,人民日报出版社 1991 年版,第 36 页。

范畴的所有制和上层建筑范畴的所有权。他认为所有制是一定的生产关系的总和，要说明所有制，就必须对社会的全部生产关系加以描述。因此，按照马克思的本意，所有制就是渗透在社会的生产、分配、交换和消费领域里并且起决定作用的经济基础。这样一来，我们根据马克思的观点可以知道，所有制不能简单地和上层建筑领域里的所有权等同一致。现在看来，从社会生产的宏观控制的角度来认识所有制问题是正确的，事实上社会生产的宏观控制，是任何一个国家都非常重视的基本问题。但是后来苏联的斯大林对所有制与所有权关系理论的延续与马克思早期对该理论的阐述存在巨大差异。表现为：斯大林修改了马克思对所有制和所有权关系的论断，他把生产关系的分析方式归纳为曾产生重大影响的"三段论"，即生产资料的所有制形式即所有权、分配关系即生产中人与人之间的关系。这种后来被称为发展了马克思主义的提法，实际上与马克思的认识有很大背离。首先，马克思认为所有制表现为生产关系的全部过程，是社会的生产过程中起主导作用和支配作用的客观力量；而斯大林的观点则认为所有制只是生产关系中的一部分。其次，马克思认为必须从生产关系的全方位考察社会的所有制；而斯大林认为只能以生产资料所有权为基准考察所有制。最后，也是最重要的是，马克思认为的所有制属于经济基础范畴；而斯大林认为所有制即所有权的法律制度，属于上层建筑范畴。因此，斯大林看到的所有制和马克思所认识的所有制是根本不同的。根据斯大林对所有制的认识，苏联的一些所谓马克思的理论家就得出了一种所有制必然反映为一种所有权；而一种法律上的所有权，也必然反映一种所有制的理论。① 从而将所有制和所有权混淆甚至等同，极大地限制了所有权制度理论的发展。而科学地对二者之间的关系介意分析，正确的认识应该是：作为生产关系范畴的所有制，必然在法律上要有所反映。而所有权作为法律权利，是所有制的实现方式之一，而且在历史上是基本的实现方式。

如上文所述，集体土地所有权是我国特有的一种所有权形态，是伴随着合作化运动、人民公社化运动而最终成形的一种所有权形态。这一所有权形态被 1982 年的《宪法》以及以后的《民法通则》、《土地管理法》、《物权法》等法律所确认和规范。从科学的角度分析，对集体土地所有权的内涵的界

① 参见孙宪忠：《中国物权法总论》，法律出版社 2009 年版，第 125—126 页。

定还需要依赖于对集体土地所有权的主体、客体、性质以及对集体土地所有权的运行方式进行分析的基础之上。

从中国集体土地所有权制度的历史发展和实践考察，集体土地所有权具有以下特点：

第一，集体土地所有权的主体具有团体性特征。集体土地所有权的主体为农民集体。根据《土地管理法》第 10 条、《民法通则》第 74 条的相关规定，集体土地所有权主体主要包括村农民集体、村内的农民集体经济组织和乡镇农民集体三种。从法律规定可以看出，我国集体土地所有权的主体具有多元性的特点。《物权法》第 60 条规定："对于集体所有的土地和森林、山岭、草原、荒地、滩涂等，依照下列规定行使所有权：（一）属于村农民集体所有的，由村集体经济组织或者村民委员会代表集体行使所有权；（二）分别属于村内两个以上农民集体所有的，由村内各该集体经济组织或者村民小组代表集体行使所有权；（三）属于乡镇农民集体所有的，由乡镇集体经济组织代表集体行使所有权。"这一规定显然继承了过去立法的成果。集体所有权主体是一种团体性主体，在数量上具有复数特征。

在集体所有权建立之初以及以后的演进中，主体的团体性特征一直被立法者所重视，并且将集体所有权的主体都尽量安排为一种带有的团体性特征的主体。这不仅有政治因素，也包含有经济方面的因素。但是不可否认，这一团体性人格体的内部法律结构问题一直没有解决，而且这一团体性组织体也一直处于变动过程中。

值得注意的是，既然集体土地所有权主体具有团体性特征，集体土地所有权主体的团体意志如何形成？理论上说，既然农民集体是一个群体，具有团体性，因此它与一般的自然人个体有所不同，因此其意志形成和意志表达机制与一般的个人也有所不同。实践中，从高级社时期起，到人民公社时期，再到改革开放后，集体土地所有权的都处在一种抽象的"团体意志"的支配下。从理论上考虑，这个"团体意志"应当由一定范围内的全体农民，依法按照平等民主、多数议决原则，共同形成。然后，团体再通过特定的组织结构将这种团体意志外化到集体土地上。但是，现实的状况却并非如此。集体土地所有权在运作过程中所体现出来的外在意志，经常不是农民个体意志，也不是农民个体意志集中上升形成的团体意志，而是部分拥有特权成员的意志。集体土地所有权在运作中的异化现象导致了集体土地所有权主体的“团体性”受到质疑。因此,部分学者对此提出了将集体土地所有权改造为法人所有权的方案以及将集体土地所有权消解为带有更多的个体共有性质的所有权之方案。如何构造一个有效的机制,如何创造一个合理的运作环境,形成特定范围内农民群体的共同意志,并将其外化于集体土地上,是集体土地所有权制度在发展与完善中必须面对的核心课题。然而,目前我国关于集体所有权主体意志形成和表达的机制尚不成熟,从而造成了集体所有权主体虚位甚至被替代的后果。

第二,集体土地所有权的客体为国有土地之外的其他土地。根据《土地管理法》的规定,农村和城市郊区的土地,除由法律规定属于国家所有的以外,属于农民集体所有;宅基地和自留地、自留山,属于农民集体所有。农民集体所有的土地,可分为农用地、建设用地和未利用地。农用地是指直接用于农业生产的用地,包括耕地、林地、草地、农田水利用地、养殖水面用地等;建设用地是指建造建筑物、构筑物的土地,主要包括乡(镇)村企业用地、工矿用地、乡村公益事业用地和公用设施用地、旅游用地及农村宅基地等。

第三,农村集体土地依法实行用益物权制度。根据《土地管理法》、《农村土地承包法》、《物权法》的规定,农民集体所有和国家所有由农民集体使用的耕地、林地、草地以及其他用于农业的土地,依法实行土地承包经营制度;对于集体建设用地以及农村村民宅基地,依法实行建设用地使用权制度。本农民集体经济组织的成员按照平均享有、人人有份的原则享有这些用益物权。

第四,农村集体土地进行非农业利用受到法律的严格限制。根据《土地管理法》、《城市房地产管理法》和《物权法》的规定,农村村民依法可以拥有宅基地并享有宅基地使用权,农民集体所有的土地可以依法用于兴办乡镇企业、公益设施等。但农民集体所有的土地用于非农业建设的,须由县级人民政府登记造册,核发证书,确认建设用地使用权;集体成员的宅基地也有面积和数量的限制;同时,国家严格限制耕地转为非耕地,实行占用耕地补偿制度和基本农田保护制度,涉及农用地转为建设用地的,应当办理农用地转用审批手续;城市规划区内的集体所有的土地,必须经依法征收转为国有土地后,该幅土地的使用权才可有偿出让。集体土地不得进行商业性房产的开发建设并对外销售。

需要说明的是,在法学界,一直以来存在着两种不同的界定所有权的思路,包括列举式和概括式两种。而根据中国《民法通则》第 71 条,其采用了列举模式。因此我国学者在对集体土地所有权进行定义时也大都采取了列举的方式,即将集体土地所有权定义为特定主体对特定的土地所享有的占有、使用、收益与处分的权利,以突出集体土地所有权权能的完整性。但是,由于事实上所有权权能无法完全列举穷尽,权能列举的方式也不能真正说明集体土地所有权的本质特征,而且存在暗示地强调所有权而压抑其他土地物权的倾向,因此,笔者认为概括式更加符合集体土地所有权的本质特征。笔者认为,集体土地所有权是集体土地所有权人在不违反法律或第三人权利的范围内,随意处分集体所有的土地并排除他人干涉的权利。

由于集体土地所有权是中国特有的一个历史范畴,因此,我们在理解集体土地所有权时必须从中国基本国情出发对其进行客观的研究。主要包括:第一,集体土地所有权是在新中国成立后伴随着国家对农村的社会主义改造而逐渐在农村土地上建立起来的一种所有权。第二,考虑到中国的公有制以及其现实实践情况,立法上采取了将所有权分为国家所有权、集体所有权以及私人所有权的做法。这一模式尽管没有什么问题,但是因为历史惯性所遗留下来的一些问题如所有权的不平等还没有得到比较合理的解决。

二、集体土地物权制度的历史演进

新中国成立以来,土地制度的变革对社会经济生活都产生了重大影响。概括来说,从新中国成立至改革开放前,中国农村土地物权制度经历了三次重大变迁。新中国成立伊始,中国共产党就领导广大农民利用手中的国家政权实现了全国范围的土地改革,建立了农村土地归农民所有的农村土地物权制度。随后,中国共产党人为了实现社会主义革命的目标,领导全国农民在全国范围内进行了声势浩大的合作化运动,中国农村土地物权制度进入合作化时期;1958 年,人民公社制度开始建立,中国的农村土地物权制度的建设进入人民公社时期,这一状况一直持续到改革开放前后。在这一时期,通过农业合作化运动,由初级社到高级社再到人民公社,农村土地产权制度发生了巨大变化,经过不断摸索和调整,最终建立"三级所有、队为基础"的农村集体土地所有制。这种土地所有制一直沿袭至今,之后就农村土地产权制度发生的变革,则是围绕土地使用制度展开的。在农村集体土地所有制建立的初期,在土地经营上一直实行集体所有、集体统一经营的"大锅饭"形式,土地所有权和使用权高度集中。经过一段时间实践表明,这种所有权安排极大地打击了农民的生产积极性,农民的实际收入水平长期低于潜在收入水平。所以从 20 世纪 70 年代末,中国的经济体制改革以农村土地制度改革为中心在全国展开。后来,安徽省凤阳县小岗村村民自发实行家庭联产承包责任制,这是一个富有智慧的创新,是广大农民在长期的摸索实践中所探索出来的适合农村生产力发展水平的土地经营模式,它极大地激发了农民的生产积极性,克服了农村土地集体所有、集体使用的平均主义和低效率。1986 年的《土地管理法》和 1987 年的《民法通则》对这一制度成果加以确认。

(一)土地改革时期农村土地物权制度

新民主主义革命是中国共产党与农民群体在所达成的将土地权利分配给农民的政治契约基础上而共同完成的,新民主主义革命的目标就是通过土地改革没收封建地主的土地分配给农民,摧毁封建主义的生产关系以巩固工农联盟的政权基础。只有完成土地革命才能使新生的政权获得坚实的群众基础和合法地位。1949 年 7 月由中国人民政治协商会议通过的《共同纲领》规定了"中华人民共和国必须有步骤地将半殖民地半封建的土地所有制改变为农民的土地所有制"的内容,这说明在当时包括中国共产党人与农民在内的全体人民已经对农村土地归属农民这一问题达成共识。中华人民共和国成立时,全国尚有近三亿人口的地区没有进行土地改革,为了完成这一空前规模的消灭封建土地制度的斗争,1949 年冬,中国共产党在华北等有 2600 万农业人口的地区进行了土地改革,在其他解放区进行了剿匪、反霸和减租运动。为了有准备、有秩序、有领导地进行这场规模巨大的土地改革运动,中央人民政府于 1950 年 6 月颁布了《中华人民共和国土地改革法》,明确规定了土地改革的路线、方针和政策以及具体实施办法。该法第 1 条明确规定了土地改革的目标,即"废除地主阶级封建剥削的土地所有制,实行农民的土地所有制,借以解放农村生产力,发展农业生产力,为新中国的工业化开辟道路"。该法的第二章规定了征收与没收措施,第三章规定了土地的分配办法。为了保证土地改革的顺利进行,中央人民政府政务院又先后颁布了《农民协会组织通则》、《关于划分农村阶级成分的决议》、《城市郊区土地改革条例》等有关文件,推动了大规模土地改革的有序进行。

土地改革以后中国农村土地物权制度的基本特点是:(1)农民的土地所有制在农村基本建立,农村的土地绝大多数都属于农民所有(除部分被征收为国家所有外),农民的土地所有权普遍建立。从中国集体所有制确立的过程得知,中国的集体所有制,开始是由对个体所有制进行社会主义改造产生的,即通过个体农业的合作化和个体手工业的合作化,普遍建立农业生产合作社和手工业生产合作社,它们都是集体所有制经济。后来,集体所有制经济的具体形式和内容都有了不同程度的变化,并且得以发展。但总体上农村集体所有制的普遍建立是通过农业合作化实现的。(2)广大农民拥有完整的土地所有权。他们是土地的真正所有者与利用者,农民对土地享有占有、使用、收益和处分等各项完整的权能。当时的《中华人民共和国土地改革法》第30条规定,农民对其拥有的土地可以"自由经营、买卖和出租"。(3)允许土地买卖、出租、典当、赠与等土地交易行为,可以自由流转,国家通过土地登记、发证、征收契税等行政管理行为确认农民的土地所有权。(4)农民普遍采取将土地和其他生产资料结合起来的家庭生产方式。土地改革的结束后,以小块土地、农民私有为特征的一家一户小农经济逐渐在我国农村的经济生活中占据了主要地位。据统计,当时我国农村中自耕农(指不进行雇工经营的农户)约占总农户的85%—90%。[①]

20世纪初期在中国所发生的土地改革是广大农民在中国共产党的领导下所进行的一个政治上和经济上的翻身运动,具有重大的政治意义和经济意义。从政治方面讲,土地改革的完成标着中国共产党人与农民阶级在建立革命联盟时所缔结的政治契约得到圆满履行,这为新生的政权奠定了充分的合法性基础。土地改革满足了广大无地少地农民对土地和财富的要求,为新生的人民政权赢得了广泛的群众基础。土地改革改变了农民的政治地位,改变了农村的政治结构,为新中国新型农村基层组织的建立也奠定了基础。土地改革运动使得中国共产党的组织与政府的行政权力深入渗透到农村,国家对农村的控制力也因此而得到强化。这次土地改革不仅废除了中国几千年来的封建剥削制度,使土地回归到劳动者所有,而且在政治上剥夺了剥削者的权利,真正实现了农民当家做主。另外,需要明确的是,第一次政治契约的缔结及其履行为未来中国农村土地物权制度的继续演进设

① 参见《中国农村统计年鉴》(1997),中国统计出版社1998年版,第161—162页。

定了前提性条件,也预设了一个中国特色的路径,即共产党人领导的国家与农民群众之间互动变迁的路径。1954 年 9 月颁布的《中华人民共和国宪法》第 8 条第 1 款规定:“国家依照法律保护农民土地所有权和其他生产资料的所有权。”至此,农民的个人土地所有权在宪法上得到了明确确认与保障。从经济方面讲,中国农村集体经济的建立和发展过程,是农民取得土地所有权的过程,也是生产力解放的过程。可以肯定,农业合作化的道路是正确的。在当时的生产条件下,只有如此,广大农民才有可能走上共同富裕的道路,因为在我国这样一个经济非常落后,小生产占绝对地位的大国,把几亿农民比较顺利地引上社会主义道路,解放了农村生产力,改变了农村的面貌,这的确是一个伟大的历史性胜利。

（二）合作化运动期间的农村土地物权制度

中国农村集体所有制的普遍建立是通过农业合作化实现的。这一过程始终以土地为依托,即以农民和土地之间的关系为中心而展开。新中国建立之后,保护农民的土地所有权,保障农民与土地之间的物权性联系,成为维持中国共产党人执政与新生的国家政权合法性的基础。从人的主体理性的角度来看,从此以后,只有农民在自愿的基础上进行土地物权制度的变革才具合法性与合理性。否则,便是对中国共产党与广大民众所签订的政治契约的背弃,是对农民土地权利的剥夺。而在 1952 年土地改革完成后,中国农村土地制度面临新的选择:一是维持私人所有权,允许土地买卖,以市场手段对土地资源进行配置;二是与城乡工商业的社会主义改造相结合,组织农民进行合作化,让农民在保有土地物权的基础上联合起来。我们选择了后者,通过互助组、初级社和高级社形式,实现了农业互助合作。

合作化运动时期的土地物权因为合作形式的不同而呈现不同的特征。在互助组时期,农户可以根据自愿原则组成互助组,也可以随时退出。互助组的形式比较宽松,农民以互助契约为基础,在农忙时间或者农闲时间开展季节性或者临时性的互助合作。互助组开展的以互相帮工的互助活动对于帮助农民抵御小生产的弱点有相当的作用。一些常年互助组不仅解决农民之间的劳力、畜力不足的问题,而且还提高到农业和副业相结合,劳动互助与改进技术相结合,甚至还积累起一定数量的公共财产。不过,客观上互助组没有改变农村土地的占有和使用状态,土地和其他生产资料及其土地产出物仍然属于农户所有。互助合作运动未涉及农民的土地所有权,基本上符合了当时的社会经济状况的要求,也受到农民的欢迎。互助组未对土地改革后形成的私有土地物权形成破坏。后来形成的初级社形态,是在土地和其他生产资料仍归农民所有的情况下,实行土地使用权入股。合作社统一经营社内土地,合作社成员共同劳动,合作社按照土地股权的状况和劳动状况统一进行劳动成果分配。在这种合作社中,土地所有权归农民个人,土地使用权归合作社。从合作社的政治属性来看,初级农业合作社被看成是半社会主义性质的。到了高级合作社时期,农民仍然通过土地等生产资料入股方式加入高级社,土地以及其他生产资料由合作社统一管理与使用,生产分配原则为"各尽所能,按劳取酬"。在此阶段,能够在一定程度上体现农民土地权属的土地分红的权利被取消。1956 年 6 月,第一届全国人大第三次会议通过的《高级农业生产合作社示范章程》中写道:"入社的农民把私有的土地和耕畜、大型农具等主要生产资料转为合作社集体所有。"到 1957 年,全国农村的土地已基本上转归高级社使用和所有。此时,高级合作社被认为完全具有了社会主义性质。因为此时高级社的章程中明确规定了高级合作社的性质和原则,要求劳动农民在中国共产党和人民政府的领导下,在自愿和互利的基础上组织起来,成为社会主义的集体经济组织;高级农业生产合作按照社会主义的原则,把社员私有的主要生产资料转为合作社集体所有,组织集体劳动,实行"各尽所能、按劳取酬",不分男女老少,同工同酬;高级农业合作社要把集体利益和个人利益正确地结合起来,合作社应该在国家计划经济的指导下独立经营生产,认真地对国家尽交纳公粮和交售农产品的义务。高级章程对生产资料的规定是:入社农民必须把私有的土地和耕畜、大型农具等主要生产资料转为合作社集体所有,社员土地上附属的私有的塘、井等水利建设,随土地转为合作社集体所有;农业生产合作社应该抽出一定数量的土地作为自留地分配给社员种蔬菜,社员原有的坟地和房屋地基不必入社。可以看出,高级社的土地所有权制度与互助组和初级社阶段相比有了很大变化:除住宅地基、坟地等仍为私有外,原来属于农民私有的土地和地上附属无偿转归合作社集体所有,取消土地收益;土地一般归高级社集体所有,由高级社集体经营;集体土地按比例分配一部分给社员种植蔬菜,数量不超过当地每人平均土地数的 5%。

新中国成立后的农村合作化运动在历史上具有重要地位。党的十六大报告指出:新中国成立后,我们党创造性地完成了由新民主主义到社会主义的过渡,实现了中国历史上最伟大最深刻的社会变革,开始了在社会主义道路上实现中华民族伟大复兴的历史征程。从新中国成立到农业合作化基本完成,中国农村确实发生了翻天覆地的变化,完成了两次历史性社会变革。不仅实现了"耕者有其田"的民主主义革命目标,而且完成了对于分散落后的农民个体经济的社会主义改造。在集体经济的基础上,办了许多单家独户的个体农民根本办不了的事情,在抗御自然灾害中显示出力量,特别是在全国普遍开展规模不等的农田水利基本建设,为以后农业的发展提供了长期发挥效益的重要物质条件,为实行机械耕作、机械排灌和科学种田,创造了有利条件。事实上,我国从 20 世纪 50 年代开始对农业进行社会主义改造基本上实现了基本生活资料的公有化,废除了剥削制度,保证了城乡人民对农产品的需求,支援了工业发展,取得了有目共睹的成就。①

但是,在合作化过程中对集体所有权制度的构建和设计也存在一些问题,并导致了在实践中的一些不符合客观规定的做法。如对农业合作化运动的自愿互利的基本原则并没有在实践中有效贯彻,出现了强迫入社、侵害农民权益的问题。同时,循序渐进、稳步发展的原则也被突破,合作化运动过程主要采取的是一种政治动员的方式来建立集体土地所有权,而不是采取经济民主与经济发展的方式。在合作化运动时期,没有从农民利益出发,没有照顾到当时的生产条件,采取因地制宜的政策。一定意义上,中国共产党与国家采取强迫手段推动高级社的建立在一定程度上违背了新民主主义革命中与农民缔结政治契约,违背了 1954 年《宪法》所确立的保护农民土地所有权的原则。"由于合作化运动承载了太多的功能,加上新生国家面临社会主义建设压力,导致合作化运动不断加速,而在政治压力和政治动员下,集体化成为必然,人民公社这种组织和制度是嵌入集体化逻辑极致的结果。"②自此之后,合作化运动造就了集体所有权这一新型的所有权形式,这一权利形式依托于国家公共权力,带有鲜明的政治色彩和公共利益色彩。它是一个时代的早产儿,深深打上了时代和意识形态的烙印,也植下了农民土地权利常常被公共权力侵害的历史祸根。

---

① 参见《杜润生文集》(上),山西经济出版社 1998 年版,第 84 页。

② 叶国文:《土地政策的政治逻辑——农民、政权与中国现代化》,天津人民出版社 2008 年版,第 139 页。

（三）人民公社时期的农村土地物权制度

尽管如上文所述，农村合作化运动存在着一些问题值得我们去深思，但是后来发展起来的人民公社运动则将合作化时期农村土地制度所采取的一些不合理的做法发展到了一个新的顶峰，这无疑使得中国农村土地制度的距离正确发展方向偏差的越来越远。在合作化运动过程中，合作是在土地私有基础上的合作，农民具有随时退出的自由。而在当时的情况下，这被认为是一种自发资本主义的发展倾向，对国家政权和社会主义建设产生了消极的影响。如何通过土地政策调整，在农村实现社会主义对资本主义的彻底胜利，成为当时执政党的主要考虑。由于缺乏市场等外部条件，只能依靠政治解决，从而实现集体化并进一步嵌入人民公社，国家运用制度、组织把农民固定在土地上，使每个农民享有同样的土地资源。通过土地公有的方式，既解决了小农经济的困境，又实现了社会主义在农村的建立，保证了国家建设。这一思路左右着政府的农村经济工作的整体方针。

1958 年 3 月 20 日，成都会议通过了《中共中央小型的农业合作社适当地并为大社的意见》，之后随即农村就出现了把小型农业合作社并为大社的热潮。毛泽东肯定和支持了小型农业合作社并为大型农业合作社浪潮，并于 1958 年 8 月将这种新型组织定名为人民公社。同月，中共中央在北戴河举行的政治局扩大会议作出《中共中央关于在农村建立人民公社问题的决议》，推动人民公社迅速在全国范围内普遍建立起来。1958 年 9 月，人民公社运动在全国达到高潮。1958 年 10 底，全国 75 万个农业合作社并为 2.6 万个人民公社，入社的有 1.2 亿农户、5.6 亿人口，全国 99% 以上的农户参加了人民公社，人民公社制度在全国范围内全面建立。①

人民公社运动中采取土地集中政策。1962 年 2 月中共中央发布的《关于改变农村人民公社基本核算单位问题的指示》规定：原来固定到生产队使用的土地，基本不动，个别进行调整，其所有权可以归大队，也可以归小队；原来归大队所有的大片集中的森林，可依据具体情况，或归大队，或下放归生产队。分散在各生产队土地上的小片森林，一般给生产队所有。水利设施，原属于一个生产队使用的仍归原生产队使用，原属于全大队使用的仍旧

① 参见张静如主编：《中国共产党全国代表大会史》（第 3 册），万卷出版公司 2007 年版，第 285 页。

由大队“管理”。通过这样的改革,农村土地所有权开始向着“三级所有,队为基础”的格局演进。1962 年 9 月,中央通过了《农村人民公社工作条例》(修正草案)确立了“三级所有,队为基础”(此时的队为生产队)的新体制并允许农民实行包工包产的新政策。此后的几十年内,农村土地制度一直保持了“三级所有”的格局,虽有所反复,但基本保持稳定,直到 1978 年改革为止。中共十一届三中全会后,人民公社原有的土地制度在农村经济体制改革中逐步改变。1983 年 10 月,中共中央、国务院根据《中华人民共和国宪法》中设立乡政府的规定,发出《关于实行政社分开建立乡政府的通知》,至 1984 年底全国基本完成这项工作。至此,人民公社分崩解体。

人民公社时期的土地物权关系经历了三个不同发展阶段。第一个阶段是实行“一大二公”的人民公社制度阶段。这种制度在人民公社运动初期在部分地区实行,但是很快即被调整。该阶段制度的特点是实行政社合一,完全公有化,并采取管理军事化、行动战斗化,生活集体化策略。这一阶段实行的一些制度最终导致了“共产风”和“平调风”盛行,对社会生产力造成了极大破坏。第二阶段是实行以生产大队为基础的三级所有的人民公社制度阶段。第三阶段是实行以生产队为基础的三级所有的人民公社制度阶段。三级所有仍然是人民公社、生产大队、生产队三级所有,有所改变的是原有的以生产大队所有为基础,改变为以生产队所有为基础。

人民公社时期的农村土地物权制度的基本特征是:(1) 绝大多数土地由生产队集体所有,公社和生产大队也拥有部分土地。公社的土地往往来源于新开垦的土地和由靠近公社所在的大队贡献的土地,大队直接支配的土地一般也来源于新开垦的土地和所属生产队贡献的土地。除公社或者大队直接组织开垦的土地和所属生产队贡献的土地外,公社或者大队要求生产队贡献土地往往需要一定的理由,例如,开办某些公共事业或者公共项目需要。(2) 生产队集体所有的土地根据使用性质区分为三种不同类型:一是由集体统一经营的土地,这是主要部分;二是社员以家庭为单位经营的自留地,占耕地面积的 10% 以下,自留地按人口平均分配,由社员家庭长期免费使用;三是社员家庭占用的宅基地,由农民长期无偿使用。(3) 禁止土地自由买卖和出租,但是公社或者大队可以因为一定的理由要求其所属的大队或者生产队贡献一定的土地,而不要支付补偿,而只需相应核减上交国家的粮食任务,安排相关人员就业。社员可以自由买卖和出租自有的房屋,宅基地使用权事实上也可以随着房屋转让与出租。[1]

人民公社时期土地物权制度的改革完全是在行政权力主导下进行的，在该特定时期，其发挥了集中力量办大事，尽快、尽力将农村剩余转化为城市工业投资建设原始积累作用。但是，在制度建设方面也存在一些不容忽视的缺陷，包括脱离生产力发展水平，背离革命战争时期中国共产党与广大农民所签订的政治契约，没有探索出符合农民利益需要的合理的土地物权制度等。人民公社时期的土地制度实际上导致了农业发展的停滞不前，农业生产的低效率，这一时期的农村经济成为“国家控制，农民承担控制后果”的经济，而农村土地物权制度及其运行机制则成为这种经济模式的关键环节。[2]

（四）改革开放以来农村土地物权制度的发展

新中国成立后的土地改革，建立了以农民土地所有制为核心的土地制度。这一制度经过农业合作社运动、人民公社运动之后，已经发生了根本的变化。在此过程中，农村土地物权实行集体所有权，建立了“三级所有，队为基础”的农村集体土地所有权体系，这一制度一直延续至今。

本质上说，集体土地所有权制度体系承载了太多的政治功能，这导致了集体土地所有权制度在现实经济生活中被形骸化的结果，实际上除了该概念的政治隐喻之外，并不能发挥对社会关系的调整功能。因此，改革开放之后，在保留集体所有权制度的基础上，又确立了集体土地承包经营权、宅基地使用权、农村建设用地使用权等用益物权制度。

农村土地承包经营权是改革开放后农村集体土地所有权制度发展体系中可能最具有争议，然而也是最具有理论和实践意义的制度创新。实际上，土地承包经营权制度并不是在改革开放之后才提出，而早在社会主义改造基本完成后，农民就自发地探索土地经营形式。当时，在安徽芜湖地区、四川江津、温州永嘉、广东中山、江苏江阴、湖北宣恩、河南沁阳、临汝等地的一些合作社都相继地开始了包产到户的实践，即这些地方农民虽然也办高级社，宣布生产资料公有化，但不合伙，不搞统一经营，只是上缴一定数量的产

① 参见孙宪忠：《中国农村土地权利制度研究——争议与思考：物权立法笔记》，中国人民大学出版社2006年版，第469页。

② 参见周其仁：《产权与制度变迁》，社会科学文献出版社2002年版，第9页。

品,多余归自己。[①] 但是,在"左"的思想的影响下,1957 年 10 月《人民日报》发表了《温州专区纠正"包产到户"的错误》的报告,指出"包产到户"具有"资本主义性质和严重的危害性",自此,包产到户被认为是引导农民走资本主义道路而被取消。这是第一次尝试,这一次挫折并没有使火种熄灭。1959 年河南、江苏等省进行了包产到户的尝试。当时河南新乡地区推行了"包工到户、定产到田、个人责任、超产奖励"的土地责任制。全区有 60% 以上的生产队将土地分给了农户经营。江苏省一些地方也出现了"定产到田,超产奖励"的责任制形式,另外还有甘肃。但是,后来都被定性为"走资本主义道路"而遭取缔。第三次尝试是在 1961—1962 年。这一时期,安徽、河南等遭受饥荒灾害比较严重的省份为了度过饥荒,再次进行包产到户试验,并且迅速蔓延到其他省份的一些社队,甚至扩展到全国 20% 以上的社队,形成燎原之势。[②] 在此次尝试中,中央领导层也十分关注,并进行了充分的调查研究,但是,1962 年 10 月在北戴河召开的党的八届十中全会否定了包产到户,并公布了《人民公社六十条》。这次对包产到户中央全面否定,并对有关积极推动者进行政治打击。但是,尽管如此,广大农民群众并没有停止他们的探索。1964 年,四川、贵州、甘肃这些贫困地区,老百姓生活极其困难,走投无路,又自发搞包产到户。这次虽然规模不大,但是后来也发展到其他省市,包括云南及西北部分地区,但很快在"社教"和"四清"运动中受到压制和取缔。最后一次是 20 世纪 70 年代初,发生在广东、福建和江西等省份。这些有益的探索和尝试是土地承包经营权制度诞生的前提。终于在十一届三中全会前后,安徽凤阳小岗村再次试行包干到户,并被中央承认和推广,土地承包经营权由此确立。

理论上看,土地承包经营权制度确定地表明农民和土地之间的关系,它明确了土地是农民赖以生存的最基本的生产资料,是他们最重要的财产,也是农民自我保障的基本手段。而随着改革开放的进一步发展和市场经济体制的逐步完善,一种作为农民基本物权权利的土地承包经营权基本形成。它是中国共产党和广大农民第一次政治契约的继续和深化,也是在不断探

---

① 参见杜润生:《杜润生自述:中国农村体制改革重大决策纪实》,人民出版社 2005 年版,第 87 页以下。

② 参见杜润生:《杜润生文集》(下),山西经济出版社 1998 年版,第 747 页。

索中所积累的教训的总结。此后,土地承包经营权制度开始在中央政策的推动下,不断在宪法、基本法律和普通法律等不同层面得以展开。尤其是在《物权法》颁布实施之后,土地承包经营权的法律性质定位更加明确,制度规定更为具体,土地承包经营权真正成为体现农民和土地之间本质联系的土地物权。

而尽管宅基地使用权和农村建设用地使用权的发展没有土地承包经营权那样曲折起伏,但是也备尝艰辛。这些在后文有述,此处不赘。

三、集体土地所有权制度政治伦理属性和价值

理论上说,集体土地所有权是私法中的所有权类型,因此权利属性是其本质属性。但是,自从集体土地所有权制度体系建立以来,其第一位的价值在于其政治伦理价值,而并不是其私法权利属性和经济属性。这种制度背景直到今天仍然根深蒂固,并且日益成为束缚集体土地所有权制度创新的桎梏。

在集体土地所有权制度形成初期及后来的发展中,它是一个被意识形态化了的所有权形态。它是一个与社会主义本质关联起来,具有社会主义本质特征潜在内涵的一个所有权形态。从集体土地所有权制度建立的过程来看,集体土地所有权是传统的社会主义的价值目标与中国的具体实践相结合的结果,是农民个体的土地所有权聚合在一起形成的一种所有权形态,集体土地所有权上承载着集体主体与社会主义的价值观念与伦理道德。集体土地所有权的建立是为了与资本主义划清界限,为了扬弃土地归属于不同的农民个体所可能造成的弊端,实现土地共同支配,利益共享。虽然集体土地所有权上承载着集体主义与社会主义的伦理价值,但是仅仅集体土地所有权制度本身并没有在运作中达到其理想效果。集体土地所有权负载的集体主义与社会主义的政治伦理价值对集体土地所有权的私权构造起到了方向相反的双面影响。一方面,这种政治伦理价值与传统的意识形态相一致,这使得集体土地所有权能够作为一种被政治上认可的所有权形态形成与存在下去;另一方面,集体土地所有权也因所负载的政治伦理价值而被意识形态化,而长期偏离了民事权利的应有之意。这一效果使得集体土地所有权的私权本质面目全非,而完全成为被意识形态化了的政治词汇。

《物权法》中,对集体土地所有权的规定可谓含混其词。根据《物权法》

第59条第1款规定,农民集体所有的不动产和动产,属于本集体成员集体所有。但是集体成员的“集体所有”系何种所有,则语焉不详。这可谓是立法者的立法智慧,但是仔细推敲起来,也是立法者面对现实的无奈之举。词语可以掩盖和模糊事物的真相。在人民公社运动时期,经过一段时间的实践之后,将集体所有权定位在“三级所有,队为基础”的格局之上,“集体所有,集体利用”成为集体土地所有权的典型运作形式。但是,仔细观察这一段时间的集体土地所有权运作的状况,我们发现政治、行政力量渗透到集体土地所有权之中,使得集体土地所有权已经不再是一个单纯的民事权利。集体土地所有权长期以来并没有按照集体共有人的意志运行,其运作状况也并没有完全符合集体共有人的利益。相反,而是在国家行政权力控制下运作。为国家的工业化和城市化提供原始积累,但是却造成了集体所有权主体的贫困。即便改革开放之后,集体土地所有权仍然被这种政治伦理价值所浸润,甚至呈现出被进一步强化的态势。

强调和强化集体土地所有权政治伦理价值这一现实已经使得集体土地所有权私权功能丧失殆尽。它使得我们的理论研究者和立法者跟着政治伦理价值的宣扬而亦步亦趋,使得集体土地所有权应有的作用无法发挥,也使得针对农村土地所有权的制度创新无法迈步。而所有这一切后果的原因就在于集体所有权名为所有权,实际上则演化为政治语词,名为所有权,实际上则是国家公共权力形式。

第二节 集体土地所有权的法律性质

一、集体土地所有权法律性质观点比较述评

《物权法》对集体土地所有权的规定仍然比较模糊。众所周知,我国土地实行公有制,即全民所有制和集体所有制。《物权法》中对农村集体土地所有权的规定基本沿袭了过去的立法规定,集体土地所有权性质模糊、主体不明等弊端依旧。集体土地所有权作为一种物权,其法律性质如何界定,目前尚有争论。概而言之,有以下几种。

其一,认为集体所有权在性质上为公有,而非一般的共同共有,同时集

体财产又是一种公有程度较低的财产形式，它和集体成员的个人利益又是密切联系在一起的，这就意味着在确定集体所有权主体和内容时，也必须承认集体组织成员对集体财产共同地享有（但不能具体量化为个人的）财产权[①]，农村土地集体所有权是农村村民小组享有的土地所有权。[②] 其二，认为总有之法理对我国农村集体土地所有权制度极具价值[③]，有学者认为实行总有远远优越于其他的制度形式[④]。对这种观点，一些学者还将总有进行历史地分析，区分除了传统的总有和新型的总有两种。有观点认为集体土地所有权是传统的总有。渠涛指出："学界和实务界的共识是集体所有权属于日耳曼法上的总有，这一点已经没有更多的歧义。"[⑤]新型总有说认为集体所有权与总有极为类似，但是显然已经不是传统意义上的总有，它是一种新型的总有。这种"总有"表现在集体成员对集体土地享有占有、使用和收益权，并且依法按照平等、自愿原则来行使对集体土地的所有权，"把这种新型总有称为'总同共有'，这样，按份共有、共同共有、总同共有将成为我国民法上的三种共有形式"。[⑥] 其三，认为集体所有权是法人和个人共同所有，是"个人化和法人化的契合"，集体土地应该为集体组织法人所有，而集体组织成员对集体财产享有股权或社员权。[⑦] 其四，认为集体土地所有权是一种由"集体经济组织"享有的单独所有权。[⑧] 其五，认为考虑到目前我国农村土地现实状况，立法方面客观困难，以及制度转化成本，农村土地所有权制度改革方向应是体现集体所有制的土地法人所有权制度。[⑨] 其六，认为集体土地所有权应该为一定社区范围内的农民共同共有。[⑩] 其七，认为其应该是社

---

① 参见王利明：《民商法研究》，法律出版社 2001 年版，第 335—336 页。

② 同上书，第 350 页。

③ 参见张俊浩：《民法学原理》，中国政法大学出版社 1997 年版，第 377 页。

④ 参见孟勤国：《物权二元结构论——中国物权制度的理论重构》（第 1 版），人民法院出版社 2002 年版，第 194 页。

⑤ 渠涛：《民法理论与制度比较研究》，中国政法大学出版社 2004 年版，第 402 页。

⑥ 韩松：《集体所有制、集体所有权及其实现的企业形式》，陕西师范大学出版社 2000 年版，第 92 页。

⑦ 参见孔祥俊：《民商法新问题与判解研究》，人民法院出版社 1996 年版，第 378 页。

⑧ 参见王卫国：《中国土地权利研究》，中国政法大学出版社 1997 年版，第 114 页。

⑨ 参见陈小君等：《农村土地法律制度研究——田野调查解读》（第 1 版），中国政法大学 2004 年版。

⑩ 参见肖方杨：《集体土地所有权的缺陷及完善对策》，载《中外法学》1999 年第 4 期。

区农民集体所有权。[①] 其八，认为集体所有权是一种社区所有权。该观点认为，现行的集体所有权具有以下特征：(1) 集体所有权的主体具有群体性，集体所有权的所有者是若干个体成员的集合，集体经济组织无论是否具有法人资格，并非农村集体土地所有权的主体。(2) 集体所有权占有的无差异性。集体成员对土地所有权享有平等的权利。这就决定了社区内成员无论其年龄、精神状态、生产技能上的差别都享有平等权利，并且土地使用权的公平分配是构成现有农地制度稳定的基础和有效性的重要因素。(3) 取得或丧失农村集体土地权利的无偿性。首先，社区成员取得农地权利一般都是无偿的，这不但表现在社区成员几乎以无偿方式取得农地使用权（过去的集体提留征收严格意义上说并不是依据农地集体使用关系产生，而是根据社区经济、社区发展及社区管理的需要产生），而且表现为因婚姻、生育而新加入的社区成员无需支付任何费用就可以自然取得社区成员资格，并与其他社区成员享有同等的权利。其次，在广大农民社区，成员一旦退出社区，一般得不到任何补偿。[②] 在承认集体土地所有权是一种社区所有权的基础上，有观点进一步指出需要在建立社员大会与董事会的基础上将这一所有权设定为一种社区法人所有权，以便使这一所有权的得到有效的运作。[③] 另外还有村民委员会所有、创办人所有之观点。村民委员会所有说认为村民委员相对于乡、镇和村民小组而言既不是行政机构，也不是最基层经济组织，由村民委员会来管理可以有效地协调各个村民小组之间的利益。而且，其立法根据是《村民委员会组织法（试行）》第 4 条第 3 款规定："村民委员会依照法律规定，管理本村属于村农民集体所有的土地和其他财产，教育农民合理利用资源，保护和改善生态环境。"[④]创办人所有说认为集体所有权的主体为创办人本人，这实际上是否认了集体所有权[⑤]，该观点多为学界否定，因此笔者对此不予讨论。

---

① 参见常健：《试论我国农村集体土地所有权制度的完善》，载《不动产纵横》2001 年第 1 期。

② 参见朱广新：《土地承包经营权物权化建构的二元思路》，载《农村经济问题》2001 年第 7 期。

③ 参见张广荣：《中国农村集体土地民事立法研究论纲——从保护农民个体土地权利的视角》，中国法制出版社 2007 年版，第 113 页。

④ 参见粟雅健：《论发展市场经济与农村土地产权关系的改革》，载《中国土地科学》1994 年第 3 期。

⑤ 参见梅夏英：《物权法 · 所有权》（第 1 版），中国法制出版社 2005 年版，第 106 页。

综观上述观点，各有其合理性因素，并且都能合乎逻辑地自圆其说，但是都存在着一定的局限性。

总体而言，对集体土地所有权性质地位，在我国不仅仅是理论问题，更是一个关涉我国农村经济体制改革成败的实践问题，要解决我国集体土地所有权制度设计缺陷这一实然问题，在市场经济条件下，集体土地所有权制度设计要更多考虑是否能够解放和发展农村的生产力，而不是，至少不仅仅是政治。它的成功定位至少要解决以下几个方面的问题：(1) 集体土地所有权主体缺位；(2) 改变过去对集体组织成员权利保护薄弱之弊；(3) 改变过去农村土地改革的大起大落，要注意继承和发展，循序渐进，注意改革成本和效益关系；(4) 减少甚至消除农村土地产权设计中的政治因素，符合市场经济规律；(5) 符合物权法的平等保护法理和物权法基本原理；(6) 符合我国现实的集体土地所有权实际。总之，对其性质定位，在考虑符合法律本身的逻辑规则同时，又要考量其社会效果，考虑有效保护集体组织及其成员利益，维护社会稳定，促进社会发展。

具体来说，公有说体现了局部范围全体集体成员在占有和使用生产资料的共同性，产品分配的共同性，它排除国家、其他集体及私人对其财产的占有。但是，这种认为集体所有权就是集体所有制在法律上的体现的观点，其本身合理性还有待进一步论证；这种立论对解决前述的主体缺位并无改进；对国家所有权的全体人民的间接公有和集体所有权的集体成员的直接共有特征未加考察；对未来的集体土地改革市场化方向也缺乏应有预期。同时，集体土地所有权是村民小组所享有的所有权认识，于法律和现实也不相符，因为：(1) 改革开放以后，"三级所有，队为基础"模式有所打破，打破后的所有主体各地基本采取所有权归村的思路[①]；(2) 村的机构建制健全，而生产小队现在根本就没有机构，连生产队长现在也被村民代表所代替，不再单独设置；(3) 农村截留的机动地也掌握在村委手中，并由其管理，生产小队并不能控制；(4) 在农村捐税未免除前的"三提五统"，其管理权和支配权也掌握在村委手中[②]；(5) 按照农村土地调整政策，调整土地时的组织者

---

① 笔者对此于 2006 年 6 月—2007 年 2 月对此进行了农村调研，主要对河北省唐山市药王阁、洋角、垛瓦，河南省信阳市的平寨、许山、三官等村进行了调查而得出上述结论。

② 有的地方是"三提六统"。所谓"三提"指提取公积金、公益金和管理费；"五统"指教育附加、农业税费、拥军优属费、计划生育费，"六统"则包括植树造林费。

和管理者是村里牵头,小队村民代表参与,而不是其他主体。

总有说和总同共有说都强调了集体组织全体成员的团体性,突出团体规则对个人意志和自由的约束,但其不足也很明显:(1) 尽管多数人形成了一个相比共有人数为众的团体,然而并无独立人格,这对维护集体和集体组织成员利益不利。(2) 权利分割行使理论存废及不足。在总有说,对所有权进行质的分割,管理权和处分权由总有人行使,使用权和收益权由成员行使,而集体所有权主体对集体所有权享有和行使并无分割,与现实差距甚大;同时,按照传统总有说的观点,集体所有权在性质上为总有,该种观点说明了我国集体土地所有权与总有这一所有权形态之间存在着很大的类似性,有一定的合理性,但是该观点并没有解释集体土地所有权与总有这一所有形态之间差异性。新型总有说在扬弃传统总有说的基础上将对集体土地所有权的认识进一步向前推进了一步,已经基本上揭示了集体土地所有权的本质规定性。在总同共有说,与传统总有所不同者,总有成员团体对总有财产具有抽象统一支配权,总有成员团体不是独立法人团体,而是成员的集体,全体成员以其集体意志对集体财产抽象地统一支配。"新型总有的所有权的核心已不再是简单目的——实现其成员对物的具体利用,不再是团体的管理处分权和其成员的使用、收益权的简单相加,而首先是全体所有者联合实现对物的抽象统一支配,即总有成员集体按平等自愿民主议决的原则统一支配集体财产,统一决定对集体财产的占有、使用、收益和处分。各个成员的所有者身份体现在对集体财产的抽象支配意义上,不再主要体现在他分别享有的使用、收益权能上。成员个人不占有使用集体的土地等财产不丧失其所有者身份,成员个人占有使用集体土地财产并不是其所有权内容的体现,只是成员个人对集体财产的他物权,其总有成员的资格体现在抽象支配意义上而不在具体利用上。"①这一抽象支配权的改造基本改变了总有性质,同时制度变革成本也很高。(3) 总有制度的集体土地产权权能不能流转,其不能通过交易由最需要者使用,这跟我们现在土地资源市场化配置改革方向不符,也不能提高土地利用效率。事实上,针对我国集体建设用地隐形市场的禁而不止,在 1999 年到 2000 年,国土资源部就集体建设用地

---

① 韩松:《集体所有制、集体所有权及其实现的企业形式》,陕西师范大学出版社 2000 年版,第 92 页。

使用权流转问题先后在安徽的芜湖、江苏苏州、浙江湖州、河南安阳、广东南海等地调研。而2005年广东省《广东省集体建设用地使用权流转管理办法》之立法，可谓开农村集体建设用地使用权直接入市的立法先河。本书认为，未来农村生产力的大力发展，经济活力的焕发，有赖于农村集体土地产权进行市场化改革。(4) 总有制度之设计，毕竟为舶来品，而法律制度本身之生产乃寄生性生产，尤其对物权法来说其具有本土性和固有性，是否为国民所接受，有待实践。总之，正如有学者所指出："当现在的身份关系变得无足轻重时，总有这种产权关系存在的必要性远不如从前。"[①]

法人和个人共有说将利用现代企业制度改组现有城乡集体企业的成果直接套用于农村集体土地所有权，因为公司制模式除财产上的双重所有制，产权明晰，管理分工明确，权力制衡等特点外，更不会改变集体土地的公有性。但是该理论存在漏洞：法人和个人共有之说违反物权的一物一权原则；集体土地所有权有很多种形式，并存在社会保障功能，法人的一些制度比如破产规则根本不能运用其上；同时，集体土地所有权有很复杂的样态，有农民集体土地所有权，有城镇集体土地所有权等，其不可能都采用法人形式。

法人所有权说之弊端除了上述内容之外，还存在以下问题：(1) 与我国现实不符。现实集体土地所有权是以社区范围为基础，一定范围内的劳动群众共同享有之权利，该共同享有之团体性并未凝聚到足以产生一个具有独立法律人格的法人层面，而且公司的财产也只是由公司法人单独享有。(2) 会形成法人专横。[②] 根据笔者对农村集体经济组织的管理情况调查得知，集体土地所有权和经济权利实际上演化成为集体经济组织内的干部特权，主要因为农村法治意识淡薄，集体所有权享有主体缺位。[③] (3) 农村集体社区成员和该集体之间没有出资权或股权法律关系，农村集体成员权与是否是该组织劳动者也无直接关系，这跟法人理论存在难以弥合的缺口。(4) 集体土地所有权是集经济权和成员权于一体的权利，是全体成员不分份额大小、不可分割地共同对集体所有的生产资料享有的所有权，不可能采

---

① 苏永钦：《从效率观点看几个共有关系的争议》，载于《走入新世纪的私法自治》，中国政法大学出版社2002年版，第271—277页。

② 参见张俊浩：《民法学原理》，中国政法大学出版社1997年版，第162页。

③ 笔者曾分别于2006年11月和2007年1—2月对河北唐山市的农村集体管理情况进行调研究，发现上述情况。

用股份制。

集体经济组织单独所有权说或农民集体单独所有权说反映了集体所有权的表面特征,但是集体经济组织和农民集体的概念严格意义上说都不够明确、科学;同时,按照我国现行法律规定,集体经济组织或农民集体并非独立民事主体,在立法、理论和实践上都很难成立;最后,集体经济组织单独所有权说排斥集体成员的所有权主体资格,集体经济组织成员对土地所有权只能是一种间接所有权,这与集体经济组织内的成员直接占有生产资料,享有所有权相互抵牾。

"社区所有权说"某种程度上与集体土地所有权现实实践十分相似,但是由于它们在对集体土地所有权的历史与运作机制的认识上仍然存在着偏差,所以没有达到完全揭示集体所有权的本质规定性的程度。

二、对集体土地所有权性质的分析

笔者认为,集体土地所有权主体的确定、集体土地所有权的功能和集体土地所有权行使是三位一体的问题,集体土地的所有关系为共有关系,集体所有权应该是一种具有集体成员身份性质的财产权利。同时,农村村集体经济组织本质上是一个生存共同体,是基于生存需要而自然形成的团体,集体所有权不过是一种生存的权利。三者之中单独讨论任何一个问题都将使其讨论泛化、失去意义。有鉴于此,笔者认为上述一定社区范围内集体组织成员共同共有观点更为妥帖,但是应该加以改进:

集体土地所有是以村为单位的集体成员共同共有,这样比《物权法》第59条的"农民集体所有的不动产和动产,属于本集体成员集体所有"更为明确。因为除了前述分析,还有以下原因:(1)"三级所有"体制早已过时,乡(镇)和生产小队农民集体所有大多名存实亡;(2)农民集体所有规模比较适合当前农村生产力水平和组织管理水平,村级机构又可对其进行指导、监督;(3)目前很多地方政府对《土地管理法》第10条中规定的三种农民集体所有已有所选择,在确权发证时也将所有权证发给了村民委员会,尤其是在地少人多经济比较发达的东南沿海地区,有的省份已规定集体土地统一归村农民集体所有。另外,理论界多赞同集体土地归村农民集体所有,实践中也加以采行,不会涉及土地制度改变,不会引起社会动荡,并且可以解决原来所有权主体缺位问题。

同时,农村集体土地成员共同共有还要强调其成员性,即成员权或社员权,它是一种基于农村集体经济组织成员地位而享有的总括权利,包括承包经营权、宅基地分配权、征地补偿权、集体福利分配权等经济权利和参与管理权、投票权、选举与被选举权等民主管理权利。因为:(1) 成员权是一种基于团体性构成而享有的团体法上之权利,其除了具有财产上的请求权外,尚有身份法上请求权或其他特殊权利,统称为社员权,以表示成员地位。它是一种包容性极强的私权性权利,也是对过去在个人占有基础上的所有权理论的发展和扬弃,这对保护集体经济组织成员的合法权益更为有利。(2) 集体经济组织成员大会是最高权力机关,通过这一机关成员可以制止、纠正社团及其部分成员违法行为,使集体这一团体行为符合社团和社员成员利益,而成员权则是前述目的实现的基本条件。(3) 农村土地集体所有是劳动者共同占有生产资料,实行民主管理,实现共同致富的财产形式,在立法上明确并完善成员权,使农村集体组织成员对集体有认同感和归属感,发挥其积极性和创造性,充分行使监督权利,真正落实民主管理。值得一提的是,为了落实上述职能,物权法应该就集体成员行使成员权利程序作出明确规定,包括规定集体成员有权选举产生本集体内部组织管理机构;规定集体土地及其他财产管理会议和议事程序;规定集体土地及其他财产管理机构决议;确定农村集体成员诉讼主体资格。

笔者认为,上述立法完善有其理论依据和实践基础。

集体土地所有权不是一般意义上的共同所有权,也不是一种由单一主体享有的所有权,而是"集体成员集体所有"的所有权形态。原因是:(1) 集体土地所有权不是按份共有或者共同共有的所有权形态。共有是指两个或两个以上的权利主体就同一财产共同享有所有权,包括按份共有和共同共有。集体土地所有权主体具有团体性特征,集体土地所有权主体对集体土地享有的权利的特殊性,决定了集体土地所有权不属于按份共有或者共同共有。(2) 农民集体不是法定化的民事主体,不具有法律主体资格,农民集体土地所有权也不是农民集体享有的单独所有权。农民集体所有是一种某一特定范围内的农民共同享有的所有权。在中国,农民集体更多地指向一个政治概念而不是一个民法概念,因此,它并不能与民事主体中的自然人、法人或者其他非法人的组织相对应,不是一种独立的民事主体。农村集体土地所有权的现实实践情况也有力地印证了这一结论。

集体土地所有权是在中国所生长出来的特殊的土地所有权，具有典型的民族性特征，因此不能简单地使用外国的土地所有权制度理论加以解释。从集体土地所有权的建立与发展来看，集体土地所有权是在中国特殊的历史条件下所产生并发展起来的一种土地所有权。

集体土地所有权不同于建立在部落共有制（村落共有制）或者地域自治基础上形成的总有制度，土地总有制度是由多数人结合成的尚未形成法律人格的共同体共同享有土地的所有权的制度，欧洲中世纪日耳曼村落共同体的土地所有权形态是其典范，而近现代的总有制度也大多是在沿袭村落共同体的利用习惯而形成，中国集体土地所有权制度形成与发展与其相关甚少，且大异其趣。因为，从中国土地制度发展演进的历史来看，部落共有土地制度及其文化已经比较彻底被消解，中国存在的村落共有制经过历史演变后形成了一些异变形态，即宗族或者家族共有。在明清时代乃至民国时期，数量极少的土地共有形态已经不是部落共有制或村落共有制的残余而是家族共有制的残余，家族土地共有制是与家族宗法观念相联系的一种土地所有权形态，它与部落土地共有制以及村落土地共有制并不相同。新民主主义革命以及革命胜利后的土地改革，已经彻底消灭了农村中的一切旧的土地共有所有权形态，建立了农民个人土地所有权。新中国成立后，在"左"的情绪的影响下，农村土地制度经历过合作化运动和人民公社化运动后，集体土地所有权制度得以建立。在当时，合作化运动和人民公社运动的目的在于逐步将"私人所有、私人利用"变为"私人所有，集体使用"，并最终变为"集体所有、集体利用"，甚至是"国家控制、集体利用"的制度。合作化运动中建立的合作社是一种典型私法法人主体，而随后建立的人民公社则具有公法主体特征。所以，从集体土地所有权的建立过程来看，它不是古代的部落制共有制或者村落制共有制演变的结果，而是立足于中国当时现实情境进行创新的结果。改革开放后，农村集体土地所有权制度因为家庭联产承包责任制的实行和土地承包经营权的建立而开始了新的演进过程。

中国农村集体土地所有权制度是与农村集体土地所有制密切联系的土地物权制度。正如前文所述，新中国成立后的集体土地所有权制度的发展深受苏联土地制度中的"所有制即所有权"理论的影响，在制度设计上也未能挣脱这一理论的束缚。因此，农村集体土地所有权蕴含着维护土地公有制这一具有政治意蕴的功能，这也是中国社会主义实践过程中的意识形态所附加给集体土地所有权的一项政治内涵。集体土地所有权是伴随着中国社会主义改造的完成而建立的，也一直是作为社会主义公有制的标志而存在。虽然建立在集体土地所有权基础上的土地经营形式已经发生根本变化，但是维护集体土地所有权在维护社会主义土地公有制方面的政治内涵却丝毫未变，对其突破或者改变也必将会面临一定的政治阻力和风险。集体土地所有权这种意识形态意义的负载，一方面使其容易获得法律的认可和保护，另一方面也妨碍了其在私法领域中的科学定位与建构。

集体土地所有权是中国农村土地所有权实践中的创造，是一种独立的所有权类型，其法律属性在不断地发展和完善。虽然在形成过程中赋予了较强的政治内涵，但与国家所有权并不相同。中国农村集体土地所有权是在实现与维护新民主主义革命的理想与革命成果基础上，将马克思主义合作化理论与苏联民法理论运用到我国实践的最终结果。苏联在建国后最终建立了统一的国家土地所有权，但是，中国新民主主义革命的过程决定了要维护新生国家政权的合法性，维持巩固的工农联盟，就必须确保农村土地所有权最终属于农民，由此最终建立了一种不同于国家所有的特殊集体土地所有权制度与理论。在苏联土地集体所有权制度中，土地所有权属于国家，并没有介于国家所有权和私人所有权之间的“集体所有”形态。所以，中国在农村集体土地所有权的制度构建中，依赖于实践经验，不断赋予和更新集体土地所有权的内涵，并最终完成了不同于国家所有权的制度体系。值得注意的是，在农村经济体制改革不断深化的过程中，国家对农村土地的高度支配性已经逐步减弱，集体土地所有权逐步被还原为不受国家公权力过度束缚的真正民法意义上的土地所有权，私权性质日益强化。而随着土地承包经营制度的推行与土地承包经营权的最终建立，集体土地所有权实质上正在逐步演变为一种普遍受到农村土地承包经营权制约的一种所有权形态。

需要说明的是，自 20 世纪 80 年代中期以来，针对农村集体土地所有权问题，不断有学者提出变革主张。其中，有代表性的观点有五种：(1) 完善集体所有权，确立真正意义上的集体土地所有权①；(2) 取消集体土地所有权，实行农村土地国有化；(3) 取消集体土地所有权，实行农村土地私有化；

① 参见吕来明：《走向市场的土地——地产法新论》，贵州人民出版社 1995 年版，第 194 页。

(4) 部分取消集体土地所有权,实行农村土地的国家所有、集体所有和农民私人所有三者并存;(5) 保留集体土地所有权,实行农村土地使用制度改革。[①] 前四种思路均针对集体土地所有权主体缺位而提出,抓住了问题症结,第五种思路淡化土地所有权归属,强化土地使用权物权化,且该观点多为学界赞同。[②] 这也有经济学理论基础的支撑。新经济史学派认为,人类社会经济发展的历史,就是"结构变迁"的历史,而其中的关键就是产权的设置和产权的明确。反映在物权立法中,即物权法应把物的所有权置于中心地位,在物权法体系中不可能出现用益物权超越所有权而成为物权的"核心"情况。尽管加强用益物权的作用,充分发挥物的价值与使用价值是物权法制定中一个不可忽视的指导思想,但在我国当前的土地权利制度中,土地所有权以其特殊的地位统摄着土地的各种使用权,从土地所有权益流失等现实出发,当务之急是在物权法立法中明确规定并强化土地所有权的地位和法律效力。[③]

三、集体土地所有权的私权性质

(一) 现行集体土地权利理论及实践创新

如上所述,我国现行农村集体土地制度自 1949 年以来经历了复杂演变过程。第一阶段是在 1950 年 6 月《中华人民共和国土地改革法》中建立起农民土地所有制为主体的土地私有制度。第二阶段是变土地农民私有制为农民私有,集体统一经营使用。第三阶段是变农民私有,集体统一经营使用的土地制度为集体所有,统一经营使用的土地制度。[④] 1956 年 6 月的《高级

---

① 参见王卫国:《中国土地权利研究》,中国政法大学出版社 1997 年版,第 98 页。

② 陈苏先生指出:"土地使用权是基于土地所有权而设定,在一般情况下,只有先完善土地所有权制度,然后才有条件完善土地使用权制度。但是,我国的现实情况决定了农村土地制度改革必须采取这样一个步骤;必须先建立相对完善的土地使用权制度。"(陈苏:《土地承包经营权物权化与农地使用权制度的确立》,载《中国法学》1996 年第 3 期。)这可以认为是用益物权"中心"论的一种表现。在民法学界主张以永佃或者用益权取代承包经营权的思路也应属于该类型。

③ 参见李晓峰:《论用益物权在物权法中的地位——以土地用益物权为例》,载《中国人民大学学报》2000 年第 4 期,第 103—104 页。

④ 参见王树春:《中国农村集体经济制度变迁的历史及其发展趋势》,载《天津商学院学报》2003 年第 1 期。

农业生产合作社示范章程》标志着私有土地向集体所有制转变。现在在《宪法》和法律中已经对集体土地所有制度进行明确的法律确认。笔者认为，现实的集体土地所有制度是以权利享有主体的多寡为标准，集体组织的政治组织、社会组织和经济组织合为一体为其本质、以实现农村土地社会保障功能为其根本功能的一种低个人化的农地制度，这一特色使得集体所有权的公权色彩极其浓厚，经济制度功能政治化。这与当前我国的市场经济的理论有所悖逆，成为深化农村土地市场改革的障碍。[①] 因为：

首先，集体所有制产权功能已经弱化，尤其是传统的基于成员身份而赋予的保障功能，在现有市场经济条件下基本丧失殆尽。实行集体所有制统一管理体制的农村，大都有较发达的非农业的集体所有制企业相结合，是一种农业专业化生产，以至于雇佣了外地人员或承包给了外地劳动者，这与传统的关于集体所有权和集体经济组织的生存权益息息相关，集体所有权是一种具有集体经济组织成员人身性质的财产权大异其趣。其次，实行家庭联产承包责任制后，这种制度在坚持了土地的集体所有权的前提下，农户个体具有一定的土地的占有、支配、使用权，使“四权”高度统一的所有制转化为所有权与“四权”多向分割的新型产权关系，弱化甚至消灭了所有权的制约，在有些地方集体所有权已经被异化为私有形式，传统意义的集体所有制事实上已不存在，不仅“共同劳动、按劳分配”没有了存在的基础，甚至于一部分农户基于自身利益的需要转租转包以至于雇佣劳动力。再次，“集中统一”管理模式或“统分结合”管理模式，“统”的权力本质上是跟政府权力扭结在一起，并为乡政府和村委会这些行政机构干预农业经济提供了制度基础，甚至成为其寻租的制度基础。因此，当“统”与“分”的权力设置和各方的行为规范不明确，当事实上代为行使土地集体所有权的行政性组织没有完善的民主制约和民主监督的机制，就容易发生“统”对“分”的侵权，侵犯农民利益。最后，由于农民没有对土地之完全支配权，也就限制了农民把土地作为生产要素的选择和整合权利，进而阻碍了制度进一步创新。溯源春秋时代，思想家商鞅就有“一兔走，百人逐之，非以兔可分以为百也，由名分之未定也。夫卖兔者满市，而盗不敢取，由名分已定也。故名分未定，尧、

---

① 其实，这两种形式的制度演变，既从不同的侧面说明了制度变迁本身是突破传统理论和制度约束的结果，也表明了传统的理论与改革的实践发生了尖锐的矛盾。

舜、禹、汤且皆如骛焉而逐之；名分已定，贪盗不取……名分定，则大诈贞信，民皆愿悫，而自治也。姑夫名分定，势治之道也；名分不定，势乱之道也”之论。[①] 由此可见，我国古人早就知道所有权这一概念，并深深明白定权属，则产业得治的道理。但是，遗憾的是，由于中国传统文化中缺乏西方文化发展过程中所重视的“平等”、“自由”等真正具有权利意蕴的制度或观念，人们漠视自己作为个人的存在，以及人与人之间应该平等的意识。基于法律（权利）和政治制度的密不可分，在集权、专制的封建等级、特权社会，私权利与政治权力便也紧密联系在一起。在受传统“礼治”、“儒教”鞭挞下所产生的专制政治体制，即使存在所谓私权制度，也不稳定、不可预期。可以说，古代中国法从来就没有承认过纯粹的私人所有权以及自由契约。“按照中国人的说法，身体发肤受之父母。一个人从来到这世界上，终其一生，可以说没有任何完全属于他自己的东西，在这意义上说，古代中国文化中没有我们所说的‘个人’。”[②]

值得一提的是，新中国成立后，根据1950年6月《土地改革法》所建立的土地私有制度，确定了农民的土地产权，这是当时广大民众举家提颅浴血奋战换来的。但是在当时政治热情高于一切的形势下，国家顺利完成了以制度远景宣传获得群众拥护的农村总动员的任务。到1958年，“政社合一”、组织军事化、生活集体化、产权公有化的人民公社，其核心思想就是国家要变革农村土地所有制，取消当时土改时期赋予农民的土地私有权和市场交易权。这给国家带来的不良后果相当严重：为了实现“一大二公”，公共财产耗费殆尽；农民承担了农村土地产权改革失误的成本和后果，合法财产遭到极大侵害；农村产权改革无法无章，国家作为权力实体，其存在的政治依据是保护国民合法权利不受违法行为侵害，其存在的经济依据是减少社会生产、交换和分配成本，并且这反过来成为认识国家制度与改革合法性、合理性的重要依据[③]；农村土地改革实践土地产权虚拟化、非市场化的“路径依赖”仍然难以摆脱，这在我国《宪法》、《民法通则》、《土地管理法》和正

① 《商君书·定分》。

② 梁治平等：《新波斯人信札——变化中的法观念》，中国法制出版社2000年版，第26页。

③ 参见汪丽娜：《中国城市土地产权制度研究》（第1版），社会科学文献出版社2006年版，第72页。

在讨论的《物权法草案》中都很明显。[①]

因此,笔者认为,应该在坚持农村集体土地所有制的基础上,进行集体土地产权的私权化改造,其本质就是要求土地权利的保护中要体现集体土地所有权的权能分割和私权性设计。具体来说,包括以下几个方面:

第一,关于集体土地所有权的形式选择,集体土地所有形式应该是集体经济组织的成员共有形式。正如有学者认为农村集体所有权与法人所有权不可等同视之,集体所有权应该是一种具有集体成员身份性质的财产权利。[②]

第二,法律明确规定土地承包经营权的物权性质,并使之长期化和固定化。土地承包经营权是对集体土地所有权的分割,与集体土地所有权应当平等。土地承包经营权到底为物权抑或债权,仍有争论,梁慧星教授认为其具有较强的债权性质。[③] 笔者认为,尽管从土地承包经营权的产生方式和实际运行方式来看,确实呈现出债权性特征,但债权性质定位与目前我国的土地承包经营权的立法实际不符,对承包经营者的利益保护也不利。本书认为,土地承包经营权是独立的物权类型,这既有利于对农民利益的保护,也符合我国目前关于土地承包经营权的立法实践。

第三,完善和丰富土地用益物权制度,进一步确定其可流转性。我国2002年颁布、2003年开始实施的《农村土地承包法》在第2章第5节规定了关于土地承包经营权的流转,这是对以往实践经验的立法总结。后来,农业部出台的于2005年3月1日施行的《农村土地承包经营权流转管理办法》

---

① 《宪法》第10条第2款规定:"农村和城市郊区的土地,除由法律规定属于国家所有的以外,属于集体所有;宅基地和自留地、自留山,也属于集体所有。"《民法通则》第74条第2款规定:"集体所有的土地依照法律属于村农民集体所有,由村农业生产合作社等农业集体经济组织或者村民委员会经营、管理。已经属于乡(镇)农民集体经济组织所有的,可以属于乡(镇)农民集体所有。"《土地管理法》第10条进一步规定:"农民集体所有的土地依法属于村农民集体所有的,由村集体经济组织或者村民委员会经营、管理;已经分别属于村内两个以上的农村集体经济组织的农民集体所有的,由村内各该农村集体经济组织或者村民小组经营、管理;已经属于乡(镇)农民集体所有的,由乡(镇)农村集体经济组织经营、管理。"而《物权法草案》为稳定社会、避免制度变革成本,继续沿用了集体所有这一制度,其第61条规定:"农民集体所有的不动产和动产,属于本集体的成员集体所有。"

② 参见孟勤国:《物权二元结构论——中国物权制度的理论重构》(第1版),人民法院出版社2002年版,第195页。

③ 参见梁慧星:《中国物权法草案建议稿》,社会科学文献出版社2000年版,第513页。

对流转方式、流转合同的签订以及土地流转管理作出了详细、明确的规定,这是对过去土地承包经营权出现的一些问题的纠正。可以肯定地说,土地流转的核心是土地承包经营权的流转,《农村土地承包法》规定了转包、出租、互换、转让或其他流转方式,笔者认为,无论采取哪种方式,都必须尊重土地承包权人的意愿和市场价值规律,同时要注意恰当处理好农村土地的生存保障性质和农地的农业用途的限制等制度设计障碍。

第四,建立和完善集体土地共有制度中内部组成成员的社员权。农村集体组织作为农村土地的所有权主体,既有社会保障职能,又有经济职能。土地是农民就业和养老的基本物质资料,所以土地的社员权是一种人身性权利,集体的财产与集体的每个成员利益有密切联系。所以,建立和完善集体土地共有的内部成员的权利制度,有助于从法律上明确集体财产的性质,有利于农村土地生存保障功能的实现,有利于对集体财产权利的保护。完善集体组织的社员权,首先要求明确集体组织成员权的内容,其包括监督和参与对集体财产的民主管理的权利,根据章程选举集体财产的管理机构和管理者、分取收益等。只要农民不丧失某村村民(或者某社区成员)的身份,其享有的社员权就不能被剥夺。强化并保障农民社员权的意义之一是通过社员权与土地的结合使得农地使用制度具有一定的社会保障功能。其次,完善成员行使权利的程序制度,包括集体决策机制程序。另外,应该设立村集体经济组织内部监督机构。监督机构负责对集体组织的行为进行监督,包括财务管理、事务管理的合法性与合理性监督。这样既能明确集体土地所有权和经营权主体的组织形式,又能保障村民参与集体土地的民主管理。

第五,完善农村集体土地使用权,并确立所有权和使用权的平等原则。要实现农村集体土地产权私权化,必须健全农村集体土地使用权制度,使之成为私法意义上的土地权利。包括要完善集体土地所有权的使用权能,实行农村集体土地有偿使用制度,赋予集体集体土地使用权一定条件下的处分权能。

总之,农村集体土地所有权我国农村经济关系的核心,是农村社会法律秩序的基础。实现农村集体土地权利的私权化,不仅关系到我国农民基本生存问题,还关系到农村集体土地利用制度改革的顺利进行。

（二）集体土地所有权私权性质

我国集体土地所有权为公权，这曾经为学界多数学者所认同。不过，学界对此观点也多有质疑：有观点认为集体土地所有权公权论的观点是受到了计划经济的影响，并认为集体土地所有制和集体土地所有权有着严格的区分，集体土地所有制是一种经济制度模式，是一种实现社会整体发展的一种经济体制。公有制的核心不在于所有权形式。但是，在当前市场经济条件下，我们对这一结论必须重新从理论和实践上进行审视和论证。我国的土地集体所有权在某种意义上来说是非纯粹性的公有制度，并且其在后来的实现过程中被制度异化。同时，由于除了农村土地所有权由集体组织享有外，其他权利则在集体和农户之间进行了不等程度的分割，其公有性质更为势弱。集体土地所有权制度设计的核心在于如何扩散经济利益的收益面，使更多的人能享受到社会发展的好处。①

有鉴于此，笔者认为，集体土地所有权性质应该为私权。因为：

第一，从我国农村集体土地所有权的发展历史上看，农村集体所有权的发展过程实际上是一个集体组织权利逐步加强、国家政权力量逐步从农地制度建设中淡出的过程。农村改革的一大特点是，国家从农村基层制度建设领域逐步退出，乡村社区权利不断加强。1984年《宪法》确定了村集体土地所有者身份，农地制度建设由国家转移到集体手中，其结果使我国农地制度发生了很大的变化，主要表现为：一是自发性的制度创新代替了原来的国家强制性制度安排，二是农地制度差异性不断加深。自发性的制度创新早在20世纪60年代就初露端倪，1978年后的土地承包制度更是自发创新之典范。这一创新所带来的结果是：其一，传统的集体所有制理论体系成为市场经济条件下农村集体经济体制改革的理论障碍；其二，改革开放以来，尽管极少数较发达的农村还基本坚持传统的集体所有制统一管理的体制，但绝大多数农村都实行了家庭联产承包责任制即所谓统分结合的双层经营管理体制。这一发展历程表明，农村集体土地所有权的发展从强政治功能向强经济功能方向发展，公法性特征日趋减弱。

第二，我们可以以农村土地承包制为例来说明我国土地集体所有权性

---

① 参见高富平：《中国物权法：制度设计和创新》，中国人民大学出版社2005年版，第72—74页。

质的私权性质。农村土地承包制的确立，并在法律上明确对土地承包经营权进行规范，是对集体土地所有权制度的一次扬弃，是一次真正意义上的制度创新。因为首先，土地承包制度的建立导致了对个人土地私权的一定意义上的承认，建立了农民的农村土地承包经营权形式。其次，孕育了农村土地使用权交易市场的关系，为形成以市场关系为基础的农村土地产权交易制度提供了制度条件。最后，社会交易成本降低，社会效率大幅提高。

究竟土地承包权实质为何？本质上讲，它是对所有权的分割。首先，承包合同越是长期化、固定化，承包权对所有权的分割程度就越高。其次，在我国现实中，土地承包权是有价格的，这个价格的存在便证明承包权对所有权的分割作用；承包权对应所有权的价格越高，承包权对所有权的分割程度也就越高。但是，我国现实所显示的所有权制度表明，所有权和其他物权制度是不平等的，所有权高于其他物权。“我们一直生活在所有权高于一切物权的理念下，自人类走进私有制，关于所有权的神话就笼罩着物权的理论和实践。”①有学者甚至认为，没有所有权，无法建立人格伦理，“连市场经济的国家都不可能有”②。然而，现代社会所发生的一切，并不是财产所有权所能容纳和解释的，从而学界提出的更加强调物权平等、独立，提出自物权和他物权都具有市场价值，原有财产所有权不再是确认和分配新的财产利益的唯一依据等思想，这些都从一定程度上论证了我国在市场经济建设的进程中，他物权和所有权的发展呈现了分道扬镳之趋势，其表明，只要使用权与所有权发生分离，就有使用权“蚕食”所有权的可能性，甚至使所有权功能退化丧失。有学者近期研究证明，在现有中国农地承包制下，土地承包权越稳定，农户的收益越高。实际上，土地承包权越稳定，土地公有制越接近名义化，土地私有的意义越强。“其实，我国的土地使用权除了有期限这一点之外，与国外的土地私有权已无区别。”③

第三，应该区分私权和私有两个概念。私有首先是经济学的概念，其与所有制密切相关，而所有制属于强政治范畴的概念，但是私权是与所有权紧

---

① 孟勤国：《物权二元结构论——中国物权制度的理论重构》（第1版），人民法院出版社2002年版，第50页。

② 梁慧星：《中国物权法研究》，法律出版社1998年版，第237页。

③ 关涛：《我国土地所有权制度对民法典中物权理发的影响》，载《法学论坛》2006年第2期。

密联系在一起的，所有权是属于法律范畴的概念。公有是指为特定范围内的人们"共同"所有，但每个人又都没有排他利用权和处分权；因此，公有财产具有不可交易或流通特性。而私有指所有者可以自由处分其所拥有的财产，是所有者对客体物享有完全所有权的权利，而不是归于某类或者一定群体性范围主体的财产；因而私有财产是可以自由交易或流通的财产，是可为任何主体获得的财产。

第四，从公权和私权的划分标准来分析。关于公权和私权的划分，仍为学界存疑的基本问题之一，一为法律根据说。"凡根据公法规定的权利为公权，凡根据私法规定的权利为私权。"[①]换言之，公权与私权的界分标志之一，为权利创设所直接依据的法律的性质。"利益说"则认为，凡关涉私人利益者为私权，关涉公共利益者则为公权。史尚宽在《民法总论》中考察了公权与私权的差异，认为"权利与公法、私法相对应，可分为公权与私权。即以政府生活上之利益为内容者，为公权。以社会生活之利益为内容者，为私权"。[②]

在以往的法学理论中，由于过多地关注了权利所体现的主体的"利益性"，忽视了主体的"意志性"，致使通过"公权"与"私权"的价值区分没有完全地揭示权利价值的本质[③]，所以，笔者认为，划分公权与私权应以权利所依据的法律标准来划分。公权是指基于公法关系所产生的权利；私权是指基于私法关系所产生的权利。这样，基于物权法所调整的集体土地所有权和使用权，应该是私权性质。

第五，不可否认的是，在我国，土地国家所有权从很大程度上执行着国家利益职能，在某种程度上具有公权力的特征。但是，从物权法的法理基础来分析，即便是国家所有权，如果进入到民事领域，其也应该与其他所有权一体平等。而且，严格意义上讲，对国家所有权应该有区分认识，即国家所有权有纯粹涉及国家公共利益的所有权如军事设施、桥梁等和具有私权特征的国家所有权，但国家所有权在多数情况下表现出特别突出的私权特征。同时，把集体土地所有权作为私权性质来认识，也符合其他发达国家的法律

---

① 郑玉波：《民法总则》（第11版），三民书局1979年版，第45页。

② 史尚宽：《民法总论》（第1版），中国政法大学出版社2000年版，第19页。

③ 参见夏勇主编：《走向权利的时代》，中国政法大学出版社1995年版，第684—685页。

认识。

不过,值得注意的是,学者韩松指出,集体所有权是体现集体成员公有利益的私权利。他分析认为,集体所有权是私权,但又不同于一般的私权,集体所有权是反映了集体公有利益的私权利。① 笔者认为,这一论述考虑了集体所有权的共同体的因素,比较全面,但实质上,该公有特征不能改变其私权特性。同时,分析该问题,我们还要研究国家利益、集体利益和公共利益的区别。本质上说,国家利益是公共利益的观念的存在,社会利益是公共利益的本质要求。而从利益主体的范围和数量看,它们之间也有差异,殆至集体利益,其公共色彩几乎消失,更不可与多为公法调整的公共利益、国家利益相提并论。

第三节　农村集体地权结构分裂限制了市场化改革

一、现行集体地权结构分裂特征制约了集体土地市场化

中国土地制度二元结构是我国土地制度结构的现状,也是对我国集体土地所有权性质进行探讨的背景与前提,中国土地的二元结构导致中国现行土地制度的割裂。

一方面,国家和集体、城市和农村的土地分属不同法律约束,由不同机构管理,形成不同的市场和权利体系。

首先,中国土地的二元结构体现在我国土地市场的二元化现状,即由于农村土地的身份性形成了割裂的两个生产要素市场:农村土地资源的配置市场与城市土地资源的配置市场;在农地市场方面,以城乡户籍为基础的人为分割致使农村土地具有身份性,而且无论是农村承包经营权还是农村建设用地(宅基地、乡镇企业用地)的土地流转均被限定在本村社员或具有社员资格成员内部。此外,土地的商业化利用只能通过两种方式进行,一是被国家征收,这意味着农村彻底丧失了对集体土地的处分权。另一种是以土地使用权作为出资,设立合资企业,这些都加剧了土地制度的城乡分裂。从

① 参见韩松:《论集体所有权的性质》,载《河北法学》2001 年第 1 期。

20 世纪 70 年代推行家庭联产承包责任制以来，农地分散的状况持续存在，土地流转制度不健全，难以实现规模化经营。1984 年，农村开始出现自发的农户之间的土地转包，并且在中央同年发布的农村工作一号文件里，第一次明确提出，允许农户土地承包权的自主、有偿流转，之后发达地区随着农村产业结构的调整和乡镇企业的发展，土地流转比例加大。2000 年以后，农村土地市场的发育延续着 20 世纪 90 年代中后期的情况，并随着二轮承包和税费改革这两项全国性的政策变化而产生着变化。集体土地承包经营权流转的形式主要有以下几种：转包，转让，租赁，互换，代耕，反租倒包，入股。在城市土地市场方面，我国城市土地市场呈三级市场结构模式：一级市场由国家以土地所有者身份，通过出让和划拨的方式将土地的使用权投放市场运行所形成，土地价格具有垄断性的特征。二级市场由获得土地使用权的经营者，直接将土地、或通过建设商品房将土地投入市场流通，具有经营性质。三级市场是由土地的使用者通过房产的交易而使土地间接进入市场流通，表现为土地使用者之间的横向交易，具有消费性质。《城市房地产管理法》第 37 条规定：房地产转让，是指房地产权利人通过买卖、赠与或者其他合法方式将其房地产转移给他人的行为。城市土地转让方式主要包括：出售、交换、赠与、继承、土地使用权入股。其次，为了强化对土地的管理，实现国家对土地的控制，同时为了加强和实现分割的土地权利，我国土地政策管理的组织机构也是双重设置的：农地与农地非农转化和建设用地分别由不同的政府部门管理。农地由农业部及各级农业厅、局、办管理，土地转用和建设用地由国土资源部及地方国土厅、局、办管理，并负责耕地保护。最后，由于国家对于集体土地所有权以及使用权的流转限制，因此相对于城市土地所有权的权能，集体土地所有权的权能也是不完全的，从上文分析可知，集体土地所有权在使用权能、收益权能以及处分权能方面都具有不完全性。

另一方面，只要涉及农地变为建设用地，就要通过政府征地，任何单位建设用地都要使用国有土地。政府作为农地转为市地的唯一决策者，是农地转用后的真正主人，拥有获得农地并将其转给城市使用者的排他性权力，由此也形成中国土地市场城乡分割、政府主导的独特格局。20 世纪 90 年代以来，中国这种独特的二元土地制度为高速工业化和快速城市化作出了重大贡献，但也带来土地市场发育不完善、农民土地财产权利被侵犯和土地利益矛盾加剧等问题。

二、土地国家所有权和集体所有权二元结构分裂

我国现行的土地所有权体系呈现为二元结构——即由国有土地所有权与集体土地所有权这两种异质的权利构成。根据我国《宪法》、《民法通则》、《土地管理法》、《城市房地产管理法》、《物权法》等法律的规定，土地所有权是指国家对于全民所有的土地依法享有占有、使用、收益和处分的权利，其管理主体为法律授权的国家土地行政管理机关，其客体具有确定性和广泛性，包括城市市区的土地，法律规定属于国家所有的农村和城市郊区的土地；国家未确定为集体所有的林地、草地、山岭、荒地、滩涂、河滩地以及其他土地，随着我国城市化进程的加快，城镇国有土地的范围还在不断扩大。此外，国家有权征收取得集体所有的土地的制度设计使得我国集体土地所有权实质上成为在国家控制下的土地所有权，国有土地所有权明显优于集体所有权。

我国集体土地所有权是指农村劳动群众集体经济组织对于依法属于自己所有的土地享有占有、使用、收益和处分的权利，我国的集体土地所有权的主体为农民集体，《宪法》第 10 条规定："农村和城市郊区的土地，除由法院规定属于国家所有的以外，属于集体所有；宅基地和自留地也属于集体所有。"虽然该条规定确认了农村的土地属于集体所有，但并没有明确规定农村土地的具体所有者，也就是说没有规定农村土地究竟归哪一个经济组织所有，因此留下了一个法律上需要解决的问题。1988 年的《民法通则》在第 74 条中明确规定："集体所有的土地依照法律属于村农民集体所有，由村农业生产合作社等农业集体经济组织或者村民和会经营、管理。已经属于乡（镇）农民集体经济组织所有的，可以属于乡（镇）农民集体所有。"同年颁布的《土地管理法》进一步补充规定："村农民集体所有的土地分别属于村内两个以上农民集体经济组织所有的，可以属于各该农村集体经济组织的农民集体所有。"据此，农村集体土地所有权的主体在法律上有三类：(1) 村民集体所有，由村农业生产合作社农民集体经济组织或者村民委员会经营、管理；(2) 已经属于乡（镇）农民集体经济组织所有的，可以属于乡（镇）农民集体所有；(3) 如果村民集体所有的土地已经分别属于村内两个以上农民集体经济组织所有的，可以属于各该农业集体经济的农民集体所有。但是，

《民法通则》、《土地管理法》上述规定并没有确认农村土地应归哪一个农民经济组织所有，从而并没有解决《宪法》第 10 条所遗留的问题。

集体土地所有权的客体为国有土地之外的其他土地。农业用地依法实行土地承包经营制度。集体土地进行非农业使用具有限制性。当前，我国的农民集体土地所有权法律制度仍存在着一些缺陷，实践中也存在不少问题。而且，从上文的分析可以看出，我国集体土地所有权的权能并不完整。正如周其仁指出："集体公有制既不是一种共有的、合作的私人产权，也不是一种纯粹的国家所有权，它是由国家控制但由集体来承受其控制结果的一种中国农村特有的制度安排。"这种制度"同时损失了监管者和劳动者两个方面的积极性，其要害是国家行为造成的严重产权残缺"①。

土地国家所有权和集体所有权二元结构的存在导致以下问题难以解决：

（1）现行的法律法规对集体土地的流转设置了很多限制，这些限制性规定使得集体土地使用权与国有土地使用权只能分别在农村和城镇这两个地产市场中流转。我国实行土地社会主义公有制，土地所有权不能自由转让，因此，土地使用权成为了我国土地市场交易的唯一对象，且在土地使用权流转市场方面同样分割为农村与城镇两种不同的土地资源配置市场，1988 年修改后的《宪法》规定"土地使用权可以依照法律规定转让"②，而同年修改的《土地管理法》第 2 条也规定"国有土地和集体所有的土地的使用权可以依法转让。土地使用权的转让办法，由国务院另行规定"。然而 1990 年国务院出台的《国有城镇土地使用权出让和转让暂行条例》只解决了国有土地使用权转让问题，而没有解决集体土地的商业化利用，之后，也没有颁布新法规解决集体土地转让问题。在相当长的一段时间，集体土地的商业化利用或出让出租使用相当普遍，但缺乏规范。我国 2004 年修订的《土地管理法》第 43 条规定："任何单位和个人进行建设需要使用土地的，都必须依法申请使用国有土地。但本集体经济组织成员使用本集体经济组

① 周其仁：《中国农村改革：国家和所有权关系的变化》，载《中国社会科学季刊》1994 年夏季卷。

② 《中华人民共和国宪法修正案》（1988 年）第 2 条将原《宪法》第 10 条第 4 款"任何组织或者个人不得侵占、买卖、出租或者以其他形式非法转让土地"修改为："任何组织或者个人不得侵占、买卖或者以其他形式非法转让土地。土地的使用权可以依照法律的规定转让。"

织土地办企业或建住房除外。"同时,该法第 63 条规定:"集体土地使用权不得出让、转让或出租用于非农业建设。但是,符合土地利用总体规划,并依法取得建设土地的企业,因破产、兼并等情形致使土地使用权依法发生转移的除外。"

由此可见,我国目前的法律对农村非农建设用地的流转限制是比较严格的。事实上,集体经济组织内部成员虽可以使用本集体土地兴办企业或建住房,却不允许出让、转让或出租,这意味着农村非农业建设用地在法律上是禁止流转的。至于因破产、兼并等情形致使土地使用权流转虽被法律许可,但也由于缺乏具有可操作性的具体规定,如对于流转的方式与程序、流转期限与对象以及流转后土地产权关系的调整等均缺乏明确规定,实际上或者无法公开正常进行、或者以违法私自转让等方式交易。结果,自发、私下的农村非农建设用地的流转,直接造成土地利用的混乱,对土地利用总体规划和城市规划的实施都产生了较大的冲击,使得城乡建设用地总量难以有效控制。

(2) 国家在权利的设立和流转方面强加给集体土地所有权各种束缚,导致集体土地资源难以实现优化配置。农村土地是多种属性和多种权利的集合体,在现行的配置下,拥有土地承包权的农户要么经营,要么抛荒,土地既不能抵押也无法转让,农户不能将土地的不同属性和不同权利让与他人,因而,这实际上是制度设计本身限制了土地上的权利总和不可分割。正是由于这种不可分割性,使土地被束缚于一个限定的个人,稀缺的农村土地无法从低生产效率领域流动到高生产效率领域。土地利用效率的下降,直接导致了政府介入开发土地并采取政府强制安排土地制度,去推动农村土地变迁。这种强制最集中体现在对集体土地的国有化上面。对集体土地的征收实质上是国家对于集体土地所有权束缚的体现之一,此外,由于农村土地的身份性而形成的两个生产要素市场,一个是农村资源的配置市场,一个是城市资源的配置市场。这两个市场阻隔了农村资源与城市资金、技术等要素的市场化组合,阻隔了土地资源的城乡流转。

我国《宪法》、《土地管理法》、《物权法》、《担保法》等法律对于集体土地使用权的转让还有种种限制,妨碍了集体土地的使用权及其流转。对于这样的集体土地来说,其所有权权能是不完善的,所有权是所有人排他的、具有绝对支配性的权利,其权能相对于其他权利来最为完全,是集使用、收益、处分等各种权能于一体的一系列权利束，只有在动态流转中才能体现自身的价值。从根本上说，不能流转和交易的权利，会使使用权人坐失本来可得的市场剩余，难以转化为资本，实现其本身的经济价值，不利于我国集体土地资源的市场配置，降低了其利用效率。

(3) 集体土地所有权不能和国家土地所有权在平等的条件下进入土地市场。从理论上说，国家土地所有权和集体土地所有权同属土地所有权，应当受到《宪法》和法律的平等保护，并且应体现在《物权法》的明文规定中。然而，我国土地市场的分割以及国家对土地一级市场的垄断加剧了集体土地所有权与国家土地所有权的不平等。首先，土地市场地位不平等，《土地管理法》第 43 条关于"国家征收是农用地转为建设用地的唯一途径"和第 54 条关于"国家按有偿原则向城市建设单位出让土地"的规定确保了我国土地一级出让市场由国家垄断，甚至明文规定政府可以先以公共管理者的身份按照"被征收土地的原用途——当然就是农地的农业用途"给予补偿进行征地，再以市场主体的身份按照"土地的城市建设用途"市值把征得的土地批租出去。其次，征收价格不能体现集体土地的实际市场价值，根据《土地管理法》第 47 条的规定，征收土地的，按照被征收土地的原用途给予补偿，征收耕地的土地补偿费和劳动力安置补助费都是按被征收土地的 3 年的平均年产值六到十倍计算，安置补助费最多不得超过十五倍，其补偿标准计算的基准是土地的年产值或者农地收益，地上附着物和青苗的补助费标准，由省、自治区直辖市规定。这意味着给予被征地者的土地补偿费是按照土地的原用途确定。而事实上，土地的价值在很大程度上与被征地的用途、所处的区位、区域经济发展状况及区域基础设施条件等紧密相关，而与土地年产值的没有多少关联性。买进的集体土地是农产品 15 年的价格，卖出的是 40 年到 70 年的工业用地或商业用地或建筑用地价格。这种"一征一售两种年限两种定价"之差确保了国家的价格上的控制地位。最后，现行地权结构违背了《物权法》的平等原则，阻碍了集体土地所有权以其身份在平等的条件下进入土地市场，影响了农民集体利用土地的积极性，无法达到土地的"同地、同权、同价"。

(4) 农村集体所有的土地范围不明确，实质上导致了集体土地所有权和国家土地所有权之间的关系也不明确。土地的特定化是通过土地四至实现的，民法上的土地通常是"一块有特定四至的地球的表面"。土地四至的划分是农村土地财产化的基础。然而农村集体所有的土地范围并不明确，特别是在农村和城市之间的边界划分上，法律规定与实践有一定的出入，《宪法》第10条规定，农村和城市的郊区的土地，除由法律规定属于国家所有的以外，属于集体所有。《土地管理法》也有相同的规定，第8条第2款规定："农村和城市郊区的土地，除由法律规定属于国家所有的以外，属于农民集体所有；宅基地和自留地、自留山，属于农民集体所有。"从前述规定来看，对于城市郊区、农村的土地权属的划分是先确定国有土地所有权的范围来进行的，然而，根据《土地管理法实施条例》第3条第3款所规定的精神来看，对于城市市区以外的土地，应采取国家所有权的推定办法。而实际操作中，现行法律对土地边界的划定中，对于城市郊区和农村的土地，实质上是先划定集体土地所有权的范围，而一旦产生争议，则将土地划分为国有。因此，从《宪法》第10条、《土地管理法》第8条第2款的规定并不能当然地推断出，农村和城市郊区土地的所有权为农民集体享有。

另外值得注意的是，集体土地之间的边界划分在法律上也并不明确，主要原因在于不同层次之间集体范围不清，由于法律上对农民集体缺乏界定，导致上级集体对下级集体的分割，因而使土地边界不清晰；在物权法上，一块土地上只能存在一个主体，而不能存在两个重叠的主体。

从法理上讲，集体土地所有权应当是一种独立的所有权形式，与国家土地所有权处于平等的地位。然而，无论按照我国现行法律的规定还是从实际操作来看，集体土地所有权都没有获得如此的法律地位。

三、城市建设用地使用权和农村建设用地使用权的二元分裂

建设用地使用权是指利用土地营造建筑物、构筑物和其他设施建设的权利。建设用地使用权分为国有土地建设用地使用权和集体土地建设用地使用权。国有土地建设用地使用权是指公民、法人和其他经济组织进行非农业建设依法使用国有土地的权利。集体土地建设用地使用权是指农民集体和个人进行非农业生产建设依法使用集体所有的土地的权利。法律对集体土地建设用地使用权的主体有较为严格的限制，一般只能由本集体及其所属成员拥有使用权。全民所有制单位、城市集体所有制单位和其他经济组织进行建设，需要使用集体土地，必须经过征用，使之转为国有土地后才能取得使用权，即国有土地使用权。一般不允许全民所有制单位或城市集

体所有制单位以及其他经济组织拥有集体土地建设用地使用权。

城市建设用地使用权和农村建设用地使用权的二元结构分裂所导致的后果是：

（1）农村建设用地出现国有化趋势。从我国土地一级市场的制度控制和目前的实际情况来看，土地一级市场的基本模式是：在土地国有的前提下，土地由国家按商品化原则垄断经营。在建设用地的规制方面，20 世纪 80 年代和 90 年代初，农民利用集体建设用地发展经济以及土地农转非相对来说还有比较便利的制度环境，但到了 1998 年《土地管理法》实施后局面发生了根本改变。1998 年《土地管理法》规定了建设用地使用的基本格局，即非农建设用地主要靠国有土地来满足。由于该法对公共利益没有任何规定，国有土地实际上通过征收农民集体土地来满足。尽管保留了农民集体建设用地可以创办乡镇企业、可以从事乡镇公共设施和公益事业建设、可以建农民住宅的权利，但是，由于对"农民集体所有的土地的使用权不得出让、转让或者出租用于非农业建设"和农民宅基地只允许一户一宅的规定，加上建设用地的土地管理，农转非时的审批中的弱势地位，就决定了集体建设用地规模和比例不断缩小的现实局面，由此不难理解，1998 年《土地管理法》实施以来，尽管保留着农民利用自己的土地进行非农建设的空间，但由于 1998 年《土地管理法》的种种限制，这个空间已越来越缩小，农民利用土地办企业更难得到批准，农民盖房的指标也越控越严，以致出现土地农转非进程中的国有化趋势。尽管法律的例外规定为集体建设用地隐形入市提供了变通的制度接口，如 1998 年《土地管理法》第 63 条所规定的"农民集体所有的土地的使用权不得出让、转让或者出租用于非农业建设；但是，符合土地利用总体规划并依法取得建设用地的企业，因破产、兼并等情形只是土地使用权依法发生转移的除外"内容，即我国法律在原则上禁止集体建设用地直接进入一级市场的同时，例外地允许集体建设用地在特定的情况下（企业破产、兼并等情形）进入二级市场，然而，在《土地管理法》等法律、法规的推动下，改革的思路总是局限于土地一级市场内部如何尽可能地实现国有土地的价值，如何尽可能地采取公开竞价的方式出让国有土地，而没有注重于集体建设用地制度的改革。

（2）城市建设用地使用权和农村建设用地使用权地位不平等。根据建设用地使用权主体的不同而分割为国有建设用地和集体建设用地，同时形成了两类受到不同限制的建设用地使用权——国有建设用地使用权和集体建设用地使用权。一方面,土地所有权的二元结构以及我国现行法律对于集体土地所有权的严格限制所形成的国家土地所有与集体所有之间的不平等加剧了集体土地利用的不平等。集体建设用地使用权是对我国集体土地所有权权能分割后的利用,由于集体土地所有权的劣势地位,致使集体建设用地使用权相对于城市建设用地使用权而言处于不平等的地位,集体建设用地使用权的行使要受到很多限制。另一方面,由于集体土地主要是农业用地,建设用地的增加就会直接或间接的导致农用地减少,为了保护土地资源,稳定农业生产的发展,《土地管理法》对集体土地的使用作出了严格的规定,如农村村民一户只能拥有一处宅基地,其宅基地的面积不得超过省、自治区、直辖市规定的标准。农村村民出卖、出租住房后,再申请宅基地的,不予批准。同时还规定农民集体所有土地的使用权不得出让、转让或者出租用于非农建设。集体土地建设用地使用权的行使,必须遵循有关法律规定。所有这些限制都极大地束缚了农村建设用地的改革和发展,也构成了对集体建设用地使用权的体系强制。

四、土地所有权与土地使用权的二元分裂

土地所有权是指以土地为权利客体的不动产所有权,在不同的语境下,土地有广义和狭义之分:狭义上的土地,一般是指供耕作、建筑的陆地;较广义的土地,除供耕作、建筑的土地之外,还包括草地、林地、山岭、荒地、滩涂、内陆水域等;最广义上的土地,则是指由土壤、地貌、水文、生物和气候等构成的自然综合体。法律上所言的土地,通常限于前两种意义所讲的土地。"土地是指一种不可移动、不可摧毁的三维区域,包括地球的表面、其上以及其下和任何长于其上或永久性附着于它的任何东西。"①土地所有权的权能不仅包括所有者对土地的占有、使用、收益、处分权能,还包括具有支配作用的剩余收益权能,即所有人可依此项最终支配权能对财产的状态与收益进行支配以及权能分散关系结束后对分散的权能进行回复。根据《宪法》、《城市房地产管理法》、《物权法》等法律的规定,我国实行土地的社会主义

① *Black Law Dictionary*, Seventh Edition, Bryan A. Garner, Editor in Chief, West Group, 1999, p.881.

公有制，我国的土地所有权具主体的限定性、交易的禁止性、实现手段的特殊性和用途管制的严格性等特点。

土地使用权，是指单位或者个人依法或依约定，对国有土地或集体土地所享有的占有、使用、收益和有限处分的权利，是对土地所有权权能的分割利用，其自身由于中国土地制度的割裂也呈现出二元结构的现状——即国有土地使用权和集体土地使用权。其中，国有土地使用权是指国有土地的使用人依法利用土地并取得收益的权利；集体土地使用权是指农民集体土的使用人依法利用土地并取得收益的权利。集体土地使用权可分为农用土地使用权、宅基地使用权和建设用地使用权。

土地所有权与土地使用权制度的分割，使得土地使用权利用的意义变得异常重大，过于强调土地所有权，即土地的静态归属的大陆法系的土地财产权制度，已经不符合我国的具体现实，应该在分析我国土地所有权与土地使用权相分离的特殊背景下探讨我国土地物权体系的构建，更好地实现土地使用权的流转与利用。

土地所有权与土地使用权分裂的二元结构所导致的后果是：

（1）物权法中以所有权制度为基础的权利构建以及我国土地公有制度的混合强化了国家权力在土地方面的扩张，影响了土地的私人利用。物权法以所有权为整个制度体系的基础，但是，土地作为一种稀缺性资源，在专属国家和集体所有，且不得转让、抵押的情况下，物权法的相关规定，不但不能建立大陆法系传统的个人主义财产权利制度，反而限制了个人财产自由，最终在体系上无法实现与传统民法的契合。长期以来，我国土地与其说是财产的客体，不如说是国家权力的载体，其担负着重要的公共财政职能、公共管理职能和社会保障职能。因此，在大陆法系绝对所有权的概念背景下，强化国家土地所有权和作为国家权力延伸的集体土地所有权，无疑强化了国家对个人土地权利的绝对主宰。如果说在《物权法》颁布之前，土地国家所有和集体所有仅仅是一种政治结构和宪法宣示，那么，《物权法》的实施则赋予了国家和集体财产上的支配力，进一步确立了国家对土地的控制地位，增加了对国家权力在土地私权领域进行消解的困难，更使得土地使用权等私权难以成长并与之抗衡。在这个意义上，我们不得不承认，当我们坚持土地的国家和集体所有，并且按照罗马法的理解赋予其神圣性时，我们已经为国家和集体权力的扩张埋下了伏笔，制度设计的公正和合理性也自然令人怀疑。

（2）个人土地使用权的发展受到各方面的限制，不利于土地使用权的流转与利用。我国个人土地使用权存在诸多限制，导致其制度本身存在缺陷。首先，土地使用权期限短、不稳定。例如，国有土地使用权，根据土地的不同用途，分别适用40、50、70年的不同期限。农地承包经营权的期限因土地性质的不同也不相同，耕地为30年，草地为30—50年，林地为30—70年。特殊林木如果要延长承包期，甚至要经过国务院林业行政主管部门批准方可。而且，根据《农村土地承包法》第31条、第51条的规定，除林地以外的农地，承包人死亡以后，承包权是不允许继承的。其次，权利内容不明晰。土地由划拨变为出让时，权利人要补交出让金。对出让金的确定，目前仍缺乏统一的标准，有的是按照土地估值的一定比例征收，有的是干脆重新招、拍、挂，出让金额根本无法事先确定。而且，土地用途发生改变时，权利人也需补交出让金或者租金，同样会遇到上述金额无法确定的问题。另外，土地使用权的期限也根据土地用途的改变发生相应的变更，而土地用途的认定是一个非常复杂、有弹性的问题，现实中经常发生争议。再次，土地使用权权利过于弱小。就国有土地使用权来说，如果闲置2年，国家就会收回。而在面对国家征收时，土地使用权更是无法对抗公共权力。对于集体土地使用权来说，除来自国家权力的侵犯外，还经常遇到来自村委会、集体组织其他成员的侵犯和干涉，随意收回土地使用权的现象仍很普遍。最后，权利流转不自由。对于划拨土地使用权来说，其转让、抵押必须经过国有土地主管部门的批准。对于出让国有土地使用权来说，其转让必须符合一定条件。对于承包经营权来说，《承包法》第37条规定，土地承包经营权采取转包、出租、互换、转让或者其他方式流转，当事人双方应当签订书面合同。采取转让方式流转的，应当经发包方同意。关于承包权的抵押，《物权法》规定，《担保法》和《物权法》的规定不一致的，以《物权法》为准，实际上是承认了《担保法》禁止抵押的做法。至于宅基地使用权，国务院《关于深化改革严格土地管理的决定》和国土资源部《关于加强农村宅基地管理的意见》都明确规定，严禁城镇居民在农村购置宅基地。而《物权法》关于宅基地使用权的取得、行使和转让的规定，也是“适用土地管理法和国家有关规定”。

以上问题的症结都是因为国家和集体土地所有权的强势地位。因为所有权的强大，国家和集体可以拒绝使用权的延长，可以更容易收回使用权，可以为使用权的享有和流转设定各种身份条件，甚至拒绝使用权的流转。也正因为所有权的强大，国家和集体才可以通过获取土地收益来筹集社会资金，控制社会资源。而当使用权的内涵不明确的时候，也就意味着所有权人的责任、负担或约束也不明确，所有权人对使用权的否定或排除也就缺乏约束。对国家和集体土地所有权的强化，无疑抑制了个人土地使用权的发展。

五、强化中国土地权利分裂的其他因素

(一) 集体土地所有权主体的非法律人格化

正如上文所述，中国集体土地所有权由于承载了政治功能，因此其政治属性远远大于法律属性。尽管其在立法上归于物权主体范畴，但是却呈现非法律人格化状态，主体虚位。集体土地所有权主体在法律上徒有虚名，并不能切实履行其作为所有者的职责和行使其作为所有者的权利。因为：(1) 法律规定的作为农村土地所有权主体的“集体”包括乡镇农民集体、村集体、村民小组集体等不同级别的集体，哪部分土地属于哪一级农民集体所有，现实中还存在着争议。(2) “农民集体”的法律地位不明确，现行法律并没有规定此类主体具有民事主体资格。它是否具有民事权利能力和民事行为能力？是否能够享有民事权利，履行民事义务并承担民事责任？所以，“农民集体”非法律人格化使其无法作为独立的民事主体。(3) “农民集体”与其成员以及成员之间的关系缺乏明确界定。“农民集体”本身是一个没有生命的组织性概念，需要通过适当的内部治理机制借助其成员的集体意志来体现其意志，但在现行制度下具有生命力和意志的自然人成员无法顺畅地将其群体意志通过“农民集体”组织来体现，这也使得现行“农民集体”在行使所有权上不适格。(4) 法律规定的负责经营管理集体土地的主体或者不存在，或者没有实际经营管理集体土地的能力。依据《土地管理法》的规定，农民集体所有的土地依法属于村农民集体所有的，由村集体经济组织或者村民委员会经营、管理；已经分别属于村内两个以上农村集体经济组织的农民集体所有的，由村内各该农村集体经济组织或者村民小组经营、管理；已经属于乡(镇)农民集体所有的，由乡(镇)农村集体经济组织经营、管理。但上述负责经营管理集体土地的组织，如村集体经济组织、村民委员会、村内农村集体经济组织、村民小组、乡农村集体经济组织等，有的已

经解体或名存实亡(如各级农村集体经济组织),有的则属于村民自治组织,不具备实际经营管理土地所有权的能力(如村民委员会、村民小组)。因此,尽管农村集体土地与城市国有土地均属于公有,然而,与国有土地能够找到对应的权利行使主体不同的是,集体土地所有权的行使主体缺位,并导致了实践中出现两种不正常现象:一是集体土地所有权变成了少数村干部的所有权,少数村干部凭借其权力任意支配处分土地、任意收回土地损害农民土地使用权、任意进行农地转用谋取私利造成耕地流失等,实际上的集体土地所有权被少数村干部所把持。在此情况下,集体土地所有权变成了"特权",成为少数人谋取不非法利益的工具。二是集体土地所有权变成了大家所有权,由于作为所有者的"集体"地位不明晰,导致"大家管就是大家都不管",无人管理或者管理不到位,一些农民将其土地使用权当成土地所有权,随意转用处置、私下交易、占用耕地建房等,既损害了土地所有权人的利益,也严重干扰了我国正常的土地管理秩序。集体土地所有权主体非法律人格化是现行集体土地所有权制度设计上最严重的缺陷之一,这一缺陷使得集体土地所有权或者使用权的交易因为主体存在的问题而难以实现。

集体土地所有权的主体存在的问题有其历史原因。我国目前实行的集体土地所有制的雏形可以追溯到 1962 年左右。当时我国的农村土地改革中推行以生产队为基础的三级所有的人民公社制度阶段。三级所有指人民公社、生产大队、生产队三级所有。原有的以生产大队所有为基础,改变为以生产小队所有为基础。1978 年开始实行的土地承包经营制,只是解决了恢复农民个人或者家庭之经营所需要的承包权的问题,而没有变更土地所有权,1983 年之后,这种生产小队被命名为"村民小组",它是农村土地所有权的主要享有人;而过去的生产大队,被命名为"村民委员会",它也是农村土地所有权的享有人。我国《民法通则》第 74 条规定:"劳动群众集体组织的财产属于劳动群众集体所有"。我国《土地管理法》第 8 条规定:"农村和城市郊区的土地,除法律规定属于国家的以外,属于农民集体所有;宅基地和自留地、自留山,属于农民集体所有。"第 10 条规定:"农民集体所有的土地依法属于村农民集体所有的,由村集体经济组织或者村民委员会经营、管理;已经分别属于村内两个以上农村集体经济组织的农民集体所有的,由村内各该农村集体经济组织或者村民小组经营、管理;已经属于乡(镇)农民集体所有的,由乡(镇)农村集体经济组织经营、管理。"目前在我国存在的农民集体就有村农民集体、村内农民集体以及乡镇农民集体，但对这些集体分别属于什么性质，可以行使多大范围的权利，如何相互制约等问题，法律没有明确规定。虽然有些法律试图来解释这些问题，但是这些解释也并不明确。比如我国《农业法》第 11 条规定："集体所有的土地依照法律属于村农民集体所有，由村农业生产合作社等农业集体经济组织或者村民委员会经营、管理。"因此，这就导致农村集体所有权在农村集体内部的宏观冲突，这种冲突在一定程度上影响了农民土地权利的实现。

因此，从立法层面来说，我国集体土地所有权主体事实上是缺位的。值得注意的是，现行立法认为，"劳动群众集体组织"具有独立的法律人格，它代表集体经济组织的全体成员享有和行使对集体财产的所有权。这就是说农村土地的所有权人是集体，而不是农民个人。但是，其中的困惑也大量存在。如"劳动群众集体组织"作为一种民事主体，是靠什么原则组织起来的，是什么样的一种法律形态？这些集体所有权立法的基础，在立法上和法律政策上并没有规定。民法上的民事主体，有法人、自然人和非法人团体三种形态，而集体所有权的主体"集体经济组织"既不是法人、也不是非法人团体，当然更不是自然人。这就使得集体所有权的主体形态与民法科学无法衔接，也给物权法中建立这种所有权制度造成了不便。"劳动群众集体组织"的性质必须在法律上予以明确，然后才能在此基础界定清楚它的具体的结构形式与组织原则以及成员享有的成员权等问题。

（二）农村集体组织成员权没有明确规定

在明确界定农村土地所有权的主体及其性质后，我们还需要明确的就是农民个人对于集体土地可以行使什么权利，农民享有什么样的成员权。农民个人在集体中所享有的权利应当是广泛的。农民个人作为集体的一个成员对集体所有权行使权利，而且集体在涉及集体的事项时也应给农民以权利，农民个人有权对集体事务发表自己的意见，参与集体事务的决定，这样农民个人在集体中的身份权才能得到体现。但是，现行立法对此并没有予以明确。现行法规定，农民集体的所有权由集体经济组织、村民委员会或村民小组代为行使和管理，并且也没有明确规定村民委员会和村民小组如何得以真正反映村民意愿。这样，农地的集体所有权就可能转变为村民委员会的所有权或村干部的所有权；村民委员会或村干部对土地的随意支配成为影响土地承包经营权稳定性的重要因素，农民个人的成员权在村民委员会和村干部的非正当干预下不能得到保障，甚至出现集体所有权排斥了农民个人的成员权的情况。当农民个人的成员权受到排斥时，其在集体中应享有的权利便得不到保障，参与集体事务的决定也就无从谈起。这种状况，在司法实践中导致了关于农民个人成员权的诉讼缺乏诉讼基础，农民个人权利得不到保障。甚至村委会干部将土地卖给开发商后，村民起诉至法院要求撤销该行为时，法院以诉讼主体不适格为由而对村民的诉讼不予受理。

笔者认为，集体土地所有权在性质上是集体成员共有性质的所有权，那么，集体所有权中的成员权就是必须研究的问题。长期以来，我们一直用集体经济组织这一个概念来对应表述集体成员共有所有权的团体性，集体共有中的个体对集体土地的权利习惯上被看做为个人作为集体经济组织成员而拥有的权利，这就是成员权。

成员权的内容取决于集体土地所有权的内容和运行机制。集体所有权的权能包括占有、使用、收益和处分，成员权的内容也与之密切联系，其要说明集体中的共有成员对集体土地享有什么权利。一般来说，成员权内容包括：(1) 参与决策权。从集体土地所有权的运作机制上来看，集体所有权作为一个团体性所有权，其权利的行驶必须先形成一个共同的集体意志，然后才能以此为基础对集体土地进行占有、使用、收益和处分，集体成员有权参与到集体意志的形成过程。《物权法》第59条对必须依据法定程序经本集体成员决定的事项作出了规定，集体成员作为个体参与集体土地利用意志形成的权利必须得到保证。① (2) 监督权。由于集体土地所有权人人数众多，由他们共同来管理集体土地有时并不方便。因此，法律允许集体经济组织或者村民委员会等代行主体来行使集体土地所有权，对集体土地进行管理、经营。但是，代行主体在代行集体土地所有权的过程中容易出现违法行使集体土地所有权，侵害集体成员的合法权益的情形，因此，法律必须赋予集体成员一定权利来对代行主体进行监督与制约，以保证代行主体能够按

---

① 我国《物权法》第59条规定："农民集体所有的不动产和动产，属于本集体成员集体所有。下列事项应当依照法定程序经本集体成员决定：(一) 土地承包方案以及将土地发包给本集体以外的单位或者个人承包；(二) 个别土地承包经营权人之间承包地的调整；(三) 土地补偿费等费用的使用、分配办法；(四) 集团出资的企业的所有权变动等事项；(五) 法律规定的其他事项。"

照集体成员的意志来行使所有权。《物权法》第63条专门针对集体经济组织、村民委员会或者其负责人作出的决定侵害集体成员合法权益的情形，赋予了受侵害的集体成员要求法院撤销该项决定的权利。该规定既是为了救济受侵害的集体成员的权利，也是为了监督集体经济组织、村民委员会以及其负责人，确保他们依法行使集体土地所有权。（3）集体成员有权依照规定承包集体土地，依照规定申请获得宅基地使用权。（4）参与分配权和信息知悉权。集体成员有权参与集体土地的使用与收益活动，有权了解集体土地所有权行使的相关信息。《物权法》第62条要求"集体经济组织或者村民委员会、村民小组应当依照法律、行政法规以及章程、村规民约向本集体成员公布集体财产的状况"，以确保集体成员能够确切的知悉集体土地运作的相关状况。

另外，农民的集体成员权的取得和丧失等问题，法律也没有明确规定。因为，农民个人地权的存在是以成员权的存在为基础的，因此，必须对此问题予以明确。农民成员权的有无对农民的利益影响至关重要，成员权是农民享有地权、获得地利的基础，所以，成员权相关规定的完善成为农村集体土地市场化中的一个重要制度前提。

除了上述影响农村集体土地市场化的制度障碍之外，集体土地所有权客体的模糊、集体土地所有权的权能不健全也是十分重要的影响因素。

第四节　完善集体土地所有权的制度模式选择

一、完善集体土地市场化制度模式

在集体土地所有权制度的诸多问题中，最为核心的就是集体土地所有权主体非法律人格化的问题。为了解决这一问题，学者围绕农村土地所有权的归属提出了改革农村土地所有权的很多主张，主要有以下三种：

（一）国有化模式

国有化模式论者的主张是将集体土地所有权转变为国家所有权。其基本思路是在集体土地国有化的同时，赋予农民以永久性的土地使用权，并向农民收取适当的税费。[①] 理由主要有：一是集体土地国有化基本上能够克服所有权主体非法律人格化的问题，所有权归属明确；二是集体土地国有化有利于加强国家对土地的集中管理和宏观经济调控，有利于土地规划的实施，有利于土地资源的合理开发和保护，有利于国土综合整治和合理开发利用，有利于土地资源的统一规划和跨区流动等；三是集体土地国有化可以有效降低乡村干部滥用权力，利用土地谋取私利现象；四是集体土地国有化使得农民拥有了永久性的土地使用权，权利状态稳定，有利于加强农民对土地投入的积极性，提高土地利用效率；五是集体土地国有化不会导致土地兼并，并可以有效实施土地的规模化经营。

也有反对实行国有化模式的观点，主要因为：一是认为土地历来在农民心中具有非常重要的位置，国有化措施难以被农民从心理上接受。该观点还引证 1956 年 6 月 15 日农业部长廖鲁言在第一届全国人大第三次会议上所作的《关于高级农业生产合作社示范章程（草案）的说明》中的论据，指出“为什么高级社实行集体所有，而不实行国有？这是因为，土地归合作社集体所有，容易为广大农民所接受，也同样可以保障社会主义经济建设的正常进行；如果实行土地国有，反而可能引起农民的误解”。二是认为从中国革命和集体土地所有权形成的历史过程可以看出，集体土地所有权是由农民私人土地所有权转变而来的，社会主义改造时期之所以没有实行国有化，也源于中国共产党与广大农民之间的政治契约，国有化措施无疑是对这种政治契约的彻底破坏，难以为农民接受，也可能会造成社会经济和政治的动荡。三是认为没有可行的国有化的方式。因为如果有偿，国家没有相当财力，而如果采取无偿，则有难以预测的政治风险。四是认为实现国有化，将彻底改变集体土地所有权的归属，甚至改变农村集体所有制经济的性质，农村集体经济组织在失去其土地所有权后其凝聚力何在，如何存在和运行将成为必须面对的问题。同时，笔者认为，国有化的组织运营成本高昂，土地国有化以后，由政府直接与上亿的作为土地使用者的农民个人或农户发生土地使用关系，这对政府来说是巨大的挑战，国家所有权的实现方式也将是不容回避的问题。而且，如果对集体土地所有权实行国有化，还会产生中央政府和地方政府的地权矛盾，同样无法解决集体土地所有权主体虚位的问

① 参见王卫国：《中国土地权利研究》，中国政法大学出版社 1997 年版，第 108 页。

题,其权利的实现还需要诸多中间环节,不仅成本高昂而且可能造成新的土地所有权主体虚置的现象,因此并不现实。

（二）私有化模式

私有化就是将现有农村集体土地全部分配给农民个人所有。[①] 针对农村集体土地制度中存在的种种弊端,有些学者提出取消农村集体所有制,恢复新中国成立初期实行的土地私有制。[②] 私有化论者的主要理由是:(1) 在土地私有的情况下,农民不仅拥有自主的权利,能够对自己的财产拥有发言权,农民才能改变自己的身份,更加富有。[③] (2) 中国土地的集体所有制中行使所有权的主体不明确是没有解决、未来也不可能解决的难题,而建立在集体土地所有权之上的用益物权制度由于存在期限性,并仅仅具有相对的稳定性,因此农民可能短视经营,这对农村经济的发展来说是一个制度性障碍,土地利用效率也相对为低。相反,农村集体土地私有化能够保障农民在土地上的近期和远期收益权,促进农民对土地的投入,因为土地私有制产权配置明确,农民可以享有最充分最完整的土地权利,激发农民利用土地、增加土地投入的积极性。(3) 集体土地的私有化有利于促进农村集体土地的流转,从而能够以市场为手段对土地资源进行配置,优化有限的土地资源。因为土地个人所有制度的建立可以确保农民土地财产权利的稳定性,为农村土地市场和土地流转机制的建立提供法理依据,从而实现农村土地资源的合理配置和持续利用。(4) 土地私有制是最有效率的土地制度,私有化可以有效地提高农村土地利用效率。(5) 从马克思主义的观点来看,重建农民的土地所有制度是理想的土地制度模式,而重建农村土地所有制的最好方式就是农村土地私有。“毫无疑问,以承包为内容的土地私营是符合中国农村实际的一个正确选择。现在的公有私营造成了对稀缺资源——土地使用上的大锅饭,未能形成土地的长期投资机制,难以构造出节约型农业发展模式。考虑用农民所有制取代集体所有制,是完全符合理论和实际发展

---

① 参见蔡继明:《土地所有制应该多元化》,载《中华工商时报》2003 年 3 月 17 日。

② 参见张跃进:《现代化最后的情结——农民利益的经济学分析》,安徽大学出版社 2005 年版,第 213—215 页。

③ 参见陈志武:《农村土地私有化后结果不会比现在更糟》,载 http://www.xschina.org/show.php?id=12969,访问日期:2010-7-15 日。

逻辑的。”①

但是反对私有化模式的观点认为：一是实行私有制与我国社会主义国情不符，政治上不具有可操作性。二是私有化首先要解决分配制度问题，因为在我国，农民具有很强的平均化的“公平”意识，“不患寡而患不均”的思想仍然十分盛行，何种分配方案能达到广大农民心目中的公平要求？由于土地涉及的利益关系重大，稍有不慎，将会酿成严重的社会问题。同时，私有化方案在实施上也几乎无法操作。三是即便可以实现集体土地在现行农民中的公平分配，那么从全社会来看，形成的局面就是城市的国家土地所有权与农村的农民私人土地所有权并存，这种分配对城市而言是否公平，是否会引起城市和农村的矛盾？四是私有化可能会带来土地兼并，导致贫富两极分化。集体土地的社会保障功能也无法保证，因此而引致的一系列严重的社会问题必将接踵而至。五是土地私有化会使土地越来越分散，使国家对农民土地利用行为的监管更为困难，并且，即便在土地私有制的国家，因土地私有带来的种种社会问题也不断显现，国家也不断采取各种措施限制私人的土地所有权，我国农村土地如果实行私有化，也将面临这一系列问题。六是从收益上看，土地私有和土地微观配置之间并不存在内在的因果关系。即使在土地私有制的国家，土地的私有和私人利用也不再是绝对的个人行为，要受到很多强制性规则的限制。

反对土地私有化者的观点值得赞同，除了上述分析的中国农村土地不可私有化的原因之外，还有以下原因：(1) 从政治层面分析，实行土地私有不仅会面临来自政治上各方面的阻力，也可能会造成社会的贫富不均，并造成社会的不稳定。而且，即便土地私有在政治上获得认可，也难以形成具有操作性的方案。况且中国土地资源比较贫乏，人地关系高度紧张，土地私有的难度极大。如何分配土地才能达到公平，为民众和社会接受？这些都存在着一些严重的问题需要解决。(2) 从理论上讲，土地的私有权利配置与土地利用的高效率并无必然联系，其中关键的可能是法律制度的设计本身。从国外土地制度选择也可以看出，很多国家也实行土地公有制，其土地利用效率也很高。(3) 从实际操作层面来说，在中国实行土地私有也难以找到

---

① 李永民、李世灵：《农村改革的深层次障碍与土地产权构建——兼述我们同流行的理论观点的分歧》，载《中国农村经济》1989 年第 6 期。

合理的分配模式。对于土地私有化过程中土地如何分配,有观点主张尽量恢复土改后的土地分配格局,实现历史回归①,其实这是一种理想主义,很难付诸实施。在中国目前的社会转型时期,有各种各样的矛盾和冲突,其间的利益分配关系十分微妙,进行任何一项改革和创新都需要做深入的调查和分析,而不能靠拍脑袋来决定。另外,我们也必须注意,农村土地使用权流转制度的构建并非必须以土地私有为前提,相反,在土地公有制的情况下,土地使用权本身具有财产价值,进入交易市场,并没有什么理论障碍,而关键是如何完善土地使用权制度。

（三）集体土地所有权改良模式

集体土地所有权改良模式是指通过明确集体所有权主体、设置和保障农民的土地使用权以及完善土地管理体系等方式,克服集体土地所有权制度现存制度的种种弊端,切实调动农民的生产积极性,平衡个人与集体的利益关系,实现土地资源的保护和有效利用,以及农业和乡村建设事业的协调发展。② 此种模式主张保留农村土地的集体所有,在此基础上,在集体所有权主体的明晰、集体所有权的行使和实现方式、土地权利体系、土地管理方式等方面予以改革完善,以克服现行集体土地所有权制度存在的种种弊端。这是一种渐进式、改良式的模式,不发生所有制和所有权的根本性变革,只是现行制度的内部完善。该模式的优点是:不会因大的制度变迁导致社会动荡,避免了因大的制度变迁而导致的变迁成本,有利于社会稳定,符合我国渐进式改革的方针,容易为广大农民所接受,具有可操作性。缺点是时间成本高;从产权明晰度上讲,集体所有制没有私人所有制那样明确,其运行机制也较私人所有制复杂,集体所有制运行、实施和监督的成本也较私人所有制高昂。

通过比较可以看出,各种模式各有其利弊。从中国的现实实际出发,改良模式是我们比较务实的选择,因为,首先,在中国目前私权尚不够发达,政治因素在社会发展中居于核心位置的情形下,政治上不符合国情的改革方案,不仅得不到中央政府的支持,还可能引起社会问题。其次,改革是要付

---

① 参见朱秋霞:《中国土地财政制度改革研究》,立信会计出版社 2007 年版,第 227—230 页。

② 参见王卫国:《中国土地权利研究》,中国政法大学出版社 1997 年版,第 112 页。

出成本的,改革方案的设计要考虑成本和收益。一般来说,改革力度越大,成本也会越高。改革的目的是为了促进社会经济的良性发展,提高经济运行效率,增进社会总福利。这就要求改革的总收益要大于总成本,改革才具有合理性。在一个和平、稳定的社会中,采取一种渐进式改革能够解决的社会矛盾,总比采取激进的方式要好。再次,改革本身需要法律的支持,改革的成果要得到法律的确认,所以,改革方案必须要符合目前法律的基本原则和精神。这一要求需要对改革方案进行综合的考量和平衡。从中国《宪法》、《民法通则》、《土地管理法》等法律来看,农村的集体土地所有权已经成为一项不可动摇的原则。①

二、完善中国集体土地所有权法律制度的路径

(一)弱化集体土地所有权的政治隐喻,纯化集体土地所有权的私权特性

集体土地所有权是一个与社会主义关联起来,具有社会主义的潜在内涵的一个所有权形态。从集体土地所有权制度建立的过程来看,集体土地所有权是传统的社会主义的价值目标与中国的具体实践相结合的结果,是农民个体的土地所有权聚合在一起形成的一种所有权形态,集体土地所有权身上负载着集体主体与社会主义的价值观念与伦理道德。集体土地所有权的建立是为了扬弃土地归属于不同的农民个体所可能造成的弊端,实现土地共同支配,利益共享,实现共同富富裕。集体土地所有权中渗透着传统社会主义的政治理想,也是兑现中国共产党与农民在新民主主义革命中缔结的政治契约的重要环节,集体土地所有权的确保与维护具有重大的政治伦理价值,这一内涵直到今天仍然为我们所珍视。但是,实际上,我们不能认为过去的正当性在今天仍然具有意义。今天的农村经济发展情况已经不同于新中国成立初期及其以后的时期,这一差异要求我们必须重新审视我们制度设计的正当性。笔者认为,在未来集体土地所有权制度的改良过程中,承认集体土地所有权的私权属性,并据此而设计相应的规则,是切实可行的选择。

① 参见孙宪忠:《争议与思考——物权法立法笔记》,中国人民大学出版社 2006 年版,第 491 页。

（二）贯彻平等原则，保证实现集体土地与城市土地"同地、同权、同价"

平等原则不仅是物权法的基本原则，更是社会主义市场经济的基本原则之一。土地是财富之母，是人类社会最重要的、必不可少的物质财富之一。因此土地权利的创设与流转等一系列涉及土地利用和分配的制度设计都应该遵循物权法的基本原则，特别是针对我国土地实践中存在的二元结构现状，应对现行土地制度进行一定的改革，实现城市土地和集体土地的平等利用。坚持国家土地和农村集体土地的一体承认、平等保护的原则，就要求我们要坚持物权主体平等；在发生物权纠纷时针对各个主体适用平等规则解决纠纷；在物权受到侵害后对各个主体的物权平等保护。

结合以上对于我国土地二元结构的分析，可以看出，土地二元结构形成的根源在于我国土地所有权制度的分裂，根据我国《宪法》、《土地管理法》、《物权法》等法律规定，将土地所有权分为国家土地所有权与集体所有权，根据平等保护原则，二者理应享有同样的权能，受到物权法的同等保护，然而实践中，集体所有权与土地所有权相比，其权能并不健全，并且其行使和利用受到法律的严格限制，无法达到集体土地和城市土地的"同地、同权、同价"。所以，未来为了贯彻物权法的平等原则，应该改革具体立法，减少对于集体所有权和使用权的限制，强调国有土地所有权与集体土地所有权的平等地位。

（三）集体土地所有权法律人格化：从所有制向集体成员共同所有权转变

集体土地所有权制度的设计初衷和立法缺陷决定了它在实践中的尴尬。首先，它并不是真正建立在成员自愿参加的基础上，成员意志也不能在其中进行表达。相反，在某种意义上，它倒成了国家意志传输的工具，并异化成为国家权力形态。其次，集体土地所有权的利益分配机制存在缺陷。集体成员所享有的权利是不完整的，其利益分割机制也忽略了形成集体财产之初参加集体的那些个人带入集体的资产份额的差别，这表明附着在集体土地所有权上的利益是无法个人化的。最后，它没有给参加者设置公平的退出通道，个人财产一旦成为集体财产，就不可能再成为个人财产；而带个人财产与不带个人财产进入集体的人，在其退出集体时没有任何区别。然而，所有权是一个法律概念，共同所有权与所有制有相似之处，但是共同所有权对于集体中的个人利益保护更为有利，它是建立在自愿参加的基础之上。其具有可个人化的利益分割机制。共同所有权本质上是个人所有权的复合体,因此这个所有权及其衍生物也必须能够依一定法则在个人所有者之间进行分割,否则必将导致相互的利益侵占。而集体土地所有权设计为一种集体共同所有权,也为成员进出集体这一团体提供了公平的法律机制。

因此,集体土地所有权制度设计向集体土地共同所有权的转变是符合市场经济发展要求的,其尊重个人权利,保障个人自由。土地所有权归国家和集体所有的公有制是基础,但如何实现集体所有权,打破我国土地制度的二元分割却是目前不得不解决的问题。

(四) 加强农民个人土地权利保护,正确处理集体地权与农民个人地权冲突

从农村土地物权制度运作的方式来看,农村土地上存在着两类土地权利:一类是农民集体的土地权利,主要是集体土地所有权以及集体土地所有权代行主体以集体土地所有权为基础而行使的对集体土地进行管理与经营的权利;一类是农民个体对集体土地所拥有的土地权利,即农民作为集体共有人之一所享有的权利,农民所享有的土地承包经营权、宅基地使用权以及农民或者其他主体享有的建设用地使用权。在集体土地物权制度运行过程中,两类土地权利呈现出相互依存的一面,但也呈现出矛盾与冲突的一面。首先,集体土地所有权的本质属性决定了成员的个体意志必须集合成一个新的团体意志以后,才能借助于一定组织来行使或者集体地权必须个体化为农民个人的土地物权从而实现对全部集体土地或者部分集体土地的支配。而集体意志的形成过程是集体共有人之间意志进行冲突的过程,也是一个民主决策的过程,从而会导致一定程度的集体地权与农民个人地权之间的冲突。其次,集体地权个人化过程中的集体地权与成员权的冲突在实践中主要表现为农村土地承包中的集体地权与成员权的冲突和宅基地使用权设定中的集体地权与农民成员权的冲突。最后,在集体土地收益或补偿款分配中也存在集体地权与成员权的冲突,集体土地通过非平均分配的各种方式(出租、出让、入股)交给非集体的成员或者集体中的个别成员使用,集体可以相应取得土地收益,而这些收益是属于集体成员共有的,而在农村集体收益的具体分配过程中,会发生集体收益分配纠纷案件,主要是指村、乡(镇)集体经济组织、村民委员会、村民小组与集体成员之间发生的争议。

而这种纠纷多发生在城乡结合部以及农村非农民经济相对比较发达的地区。

解决农民问题的关键在于确保农民个人的基本权利，而农民与土地之间的密切关系决定了我们应该加强对于农民土地权利的特殊保护并反映在立法当中。首先，应该明确集体成员对集体土地的权利，即农民的集体成员权具体包括哪些方面和内容，即包括承包经营权、宅基地分配权、征地补偿权、集体福利分配权等经济权利和参与管理权、投票权、选举与被选举权等民主管理权利。对此，我国《物权法》在完善集体成员对集体土地的权利方面有很大突破，第59条以列举的方式规定了需要由集体成员依照法定程序共同决定的事项，它涵盖了需要由集体成员共同决定事项的绝大多数事项。第62条要求集体经济组织或者村民委员会、村民小组公布集体财产的状况。第63条赋予了利益受到侵害的集体成员向法院要求撤销集体经济组织、村民委员会或者其他负责人的决定的权利。但是仍然不够充分：第一，就第59条规定而言，它遗漏了宅基地使用权分配方案与农村建设用地使用权的设定等均须由集体成员来决定的事项。在理论上，一切涉及在集体土地上设定物权的处分行为与其他的一切对集体土地的使用产生重大影响的决策都应当由集体成员共同做出。第二，《物权法》应当明确集体成员以法律与集体承包方案或宅基地使用权的权利。集体土地所有权主要通过为集体成员设定土地承包经营权与宅基地使用权的方式运作，一旦全体成员共同决定进行土地承包，集体成员应当有权要求通过公平的承包获得土地承包经营权。第三，《物权法》应当明确集体成员对集体土地收益与土地补偿款的分配请求权。其次，物权法应建立全面的集体成员对集体土地所有权代行主体的监督权机制。

第五节　完善集体地权结构会促进土地流转改革

一、集体土地所有权兼具公益性和私益性

在集体土地所有权制度在实践中遇到种种障碍之后，我们开始不断探索集体土地所有权制度的出路。对集体土地所有权进行分裂，分割为不同的

使用权类型,并进行相应的权利配置,无疑是目前比较成功的路径选择。

由于土地特殊的自然属性所决定,土地所有权制度与一般财产所有相比,虽然都是所有权,但是仍然存在很大的差异,即土地不仅具有私法财产权性质,而且具有很强的公共属性,这在我国尤为典型。正是立法上一方面认为集体土地所有权是国家所有权,但是又认为其不是纯粹的国家所有权,是中间的国家所有权。在这一理论之上,对集体土地所有权权利结构的设计也试图想突出这一特征,并解决其中的公共属性和私权属性的冲突。实践证明这一尝试并无太大意义。

土地所有权所涵摄的利益,不仅仅具有个人的属性,它还具有整体的属性,它要为全体社会成员的利益而存在。这是集体土地所有权存在的根本所在。纵观世界其他国家的土地所有权制度,都注意到了土地所有权的公益性和私益性两个相反的方面。即便在实行土地私有制的国家,立法者也十分重视正确处理土地权利所蕴含的利益中的两个不同方面并合理地进行制度设计。在美国,50%以上的土地属于联邦政府或者州政府所有,国家基于公共利益,可以用行政方式取得私人所拥有的土地。而即便是私人所有的土地,国家也常常在法律上对之加以限制。事实上,作为一种普遍现象,在土地私有制的国家,"当今土地所有权的社会义务性首先体现在保护公共利益的公法性法律规范之中,它们在重要性和实际意义方面排挤了主要用于平衡个体权利的私法。尤其是城市的土地所有权受到大量限制,他们的建造方式和范围决定于公法上对各块土地如何利用的规划决定"①。我们已经不得不承认,土地所有权人对于土地的利用并不是随意的,其对于土地进行利用的方式以及利用的程度等都受到规划法律的限制,现代法律上对土地所有权的公益性的关注已远远超过了其私益性。

认识集体土地所有权的公共利益属性和私权利益属性对合理配置农村集体土地权利,公正处理集体土地所有权权益具有重大的理论意义和现实意义。

从理论上说,我们必须正确处理好土地公益性与私益性之间的关系,决不可单纯强调其中的某一方面。我们过去强调"一大二公",强调国家利益的至上性,使我们走了一段弯路。在反思的过程中,我们已经认识到了私权的重要性。为了改变专制主义和计划经济忽视个人利益,压制私权的状况,

① 〔德〕曼弗雷德·沃尔夫:《物权法》,吴越译,法律出版社 2002 年版,第 61 页。

构建权利体系,强化权利意识成为目前我国社会发展的核心问题所在。正因为此,《民法通则》中,第 5 条规定了“公民、法人的合法民事权益受法律保护,任何组织和个人不得侵犯”这一内容。这一规定受到我国法学界的高度重视,在其后的研究中大多将这一原则概括为公民和法人合法的民事权益不受侵犯原则。有学者指出:“新中国成立以后的很长一段时间,特别是在‘文化大革命’的十年浩劫中,公民的权利受到极度的摧残和蹂躏,导致人性沦丧,政治专权,国力衰弱,其惨痛的教训为后世中国人所汲取,故在民法中确立权利神圣的原则殊为必要,它是民法各项原则之首。”[①]所以,基于中国过去长期漠视权利最终导致历史悲剧教训的总结,我们必须在理论上厘清私权与公权、私益与公益之间的关系。同时,我们还必须防止步入另一个极端,防止因矫枉过正而可能带来的新矛盾和损失。

而从实践方面来看,区分集体土地所有权的公益性和私益性,对于促进集体土地市场化改革,完善集体土地所有权法律制度具有十分重要的意义。集体土地的市场化改革,就是让市场对集体土地资源进行分配,它可以使得在行政权力配置模式下或者行政权力主导配置下的一些弊端得以消除,而市场配置模式下的优势得以发挥。

由于我国实行土地的社会主义公有制,个人不能拥有土地所有权,社会成员对土地的私益性需求主要通过各种土地使用权体现。过去,我国对土地公益性强调过多,相比之下对农村居民和城镇居民对土地的私益使用保护较弱,土地的利用效率低下,阻碍了社会生产力的发展。今后我们在强调土地公有权的重要性并予以严格保护的同时,也应重视公有土地的私益性,提升单位和个人的土地使用权的重要性并加强对其保护的力度,进一步理顺我国土地公益性与私益性之间的关系,使土地公有制的优越性得以充分发挥。

二、确立集体土地使用权与集体土地所有权平等原则

由于土地是十分稀缺、不可移动的自然资源,因此土地所有权制度成为各国基本的法律制度,我国也不例外。加上我国《物权法》对所有权的重视和强化,因此土地所有权天然地具有优越地位,优先于建立在土地所有权制度之上的其他土地他项物权。土地所有权具有优位性和绝对性,而土地使

---

① 刘凯湘:《民法学》,中国法制出版社 2004 年版,第 37 页。

用权则处于劣后和弱势地位。这对于保护集体土地使用权人的合法权益,保护广大人民群众的合法权益,极为不利,因为集体土地所有权人和集体土地使用权人地位不平等,利益也不均衡。根据中国土地制度的现状,笔者认为,应该建立集体土地使用权和集体土地所有权地位平等原则。

从历史上看,19 世纪以前,各国土地制度都将土地所有权制度放在核心位置,赋予土地所有权以排他性和绝对性,土地所有权人对土地拥有完整的支配权,而土地使用权人则仅仅拥有相对的、不完全的权利,只能行使土地所有权的部分权能。这样一来,在社会上也形成了类似于中国目前所存在的所有权优于使用权的状态,其结果是土地所有权人基于自己的所有权地位,剥削和压迫土地使用权人,这在当时的情境下,不仅与所宣扬的资本主义平等竞争相违背,而且也不利于资本主义的发展。所以,从 19 世纪末及其以后的资本主义发展过程中,社会上出现了"土地所有权的现代化"的强烈要求,即主张改变土地所有权为中心的土地立法,转换为以土地的现实利用人保护为中心的土地立法。20 世纪开始,各国土地立法纷纷对土地所有权的绝对性加以限制,提高土地利用人的地位,由此产生了"土地所有权向土地用益权让步"的现象。[①] 这一现象,一方面体现在土地用益权的类型随着社会的发展不断扩张,同时也体现在土地所有权与土地利用权相分离时,提高并强化土地使用权人的法律地位,使之得以与土地所有权人相抗衡。提升和强化土地使用权人地位的手段主要有:确保土地利用权的存续期间及其在一定条件下的延展,赋予土地使用权对抗所有权的效力,以及赋予土地使用人在期满时的有益费用偿还请求权、工作物取回请求权或买取请求权等。

我国实行土地国家所有权制度,个人不能拥有土地,这是由我国社会主义公有制经济制度所决定的,当然具有其合理性与优越性。但新中国成立以后的几十年发展过程中,我国土地公有制的优越性不但未能在经济上充分实现,相反,土地的公有制反倒造成了土地资源的破坏与浪费,土地使用权人基于土地使用权而产生的利益也无法得到保障,这与过分强调土地的公有制,忽视对土地的实际利用是分不开的。从 1979 年改革开放以来,我国在农村实行了土地承包经营制度,改"集体所有,集体使用收益"为"集体

---

① 参见梁慧星、陈华彬:《物权法》(第 3 版),法律出版社 2005 年版,第 150—151 页。

所有，农民使用收益"，并在强化集体土地承包经营权等使用权的物权性方面给予制度保障。这为改革中国农民集体土地所有权制度奠定了重要基础。

事实证明，在中国现行的土地国家所有制的基础上，建立完善的集体土地使用权制度，并大胆创新，是未来改革的方向。总体上，我们必须强化集体土地使用权的地位，使其能够与集体土地所有权相抗衡，这就要求确立集体土地所有权与集体土地用益物权平等原则。

确立集体土地使用权与集体土地所有权地位平等原则有广泛的社会经济基础，在理论上也有合理性。在现代市场经济社会，财产归属与财产利用的分离是现代社会的一个普遍现象，在利用他人所有的财产中，存在着财产利用人的独立权利和财产权益，这种独立的财产权益应该被认为是一种私有的财产权利，这在法理上并不存在障碍。现实社会实践中，不承认集体土地使用权的私有财产属性是十分有害的。众所周知，在中国城市化进程中，经常发生的拆迁冲突和矛盾很难解决，因为在多数人的认识中，他们根本没有将集体土地使用权作为财产，他们也自然没有充分考虑被拆迁主体的利益，所以各种冲突和矛盾也就成为必然，因为他们没有获得充分的对价，因此交易就不可能公平。

第二章　土地承包经营权流转法律问题

第一节　土地承包经营权产生及其演进

一、家庭联产承包责任制度的确立

党的十一届三中全会以后，中国农村经济体制改革开始进行，其核心目标是建立和发展适合农村当时生产力发展水平的生产经营形式。结合当时的农村经济发展状况和广大农民的实践经验，最后确立了家庭联产承包责任制，即“包产到户”和“包干到户”。家庭联产承包责任制建立初期的特点是：坚持土地和某些大型生产资料的集体所有制，但把土地按人口的一定比例承包给社员使用，由社员自主生产经营，社员在完成对国家和集体的提留之后的收入，全部归社员所有。这样，集体内部的生产经营活动基本上都由社员自主进行，集体只进行必要的监督和管理。

从 1984 年开始，家庭联产承包责任制取代了人民公社制度，但联产承包责任制度首先是在粮食、棉花、油料等领域中实行并在取得成功的经验之后，逐步推广到林业、畜牧业、渔业和工商业。发展到这些领域后，很快就出现了一大批专业户和家庭工厂。还出现联合经营的趋向，这些专业户中凡从事工业、手工业、运输业、商业服务业的，由于同土地联系不紧密，为了集中精力从事专业经营，又大多把土地转包给从事粮食、棉花、油料生产的专业户，出现了土地集中的某些趋势。所以现在农村家庭经营的所有制形式，大体上可以分为两类：一种是承包制，这是主要的形式；另一种是比较完全的个体经济。

家庭联产承包责任制的全面实践，大大推动了当时中国农村生产力的发展，农业生产出现了前所未有的大发展。如粮食生产，从 1957 年开始，长期在2亿吨到3亿吨之间徘徊，少数年份还不到2亿吨，但1980年达到3.2056亿吨，以后便逐年增长。1981年为3.2502亿吨，1982年为3.5450亿吨，1983年3.8728亿吨，1984年4.0731亿吨，1985年3.7911亿吨。除1985年以外，每年都有增加，而且增幅很大。棉花和油料作物的情况也大体相仿。[①] 取得这样的进步主要应该归功于家庭联产承包责任制的实行，因为它不仅充分调动了广大农民的生产积极性，而且也推动了农村生产力的发展。

在此过程中，对家庭联产承包责任制在理论上仍然存在很大的分歧。概括地说，主要是家庭联产承包责任制是否改变或者引起农村集体所有制的变化。在当时，多数观点认为，家庭联产承包责任制实质上只是改变了"集中劳动，统一管理，统一分配"的单一的集体经济的旧模式，即把原来的集体所有制改造成了"统分结合"的新型合作经济，因此改变的只是经营方式和经营形式，集体所有制并没有变，分配上的按劳分配也没有变。因为土地仍然为集体所有，统一经营仍然存在。另有观点则认为，家庭联产承包责任制不仅改变了集体经济的经营形式或经营方式，而且注入了个体经济的因素，原来的集体所有制模式也被改造了。

实际上，从整个联产承包责任制的实践来看，它对中国集体所有制产生了很大冲击，并为后来的农村集体土地法律制度的健康发展奠定了实践基础。改革开放以后农村集体土地承包经营权物权制度的演进都是建立在这一基础之上的。改革开放以后，农村土地承包经营权逐渐在农村集体土地上生根发芽，并成为农村集体土地物权中最为重要的一种物权，因此农村集体土地所有权也开始逐渐摆脱公共权力的束缚而成为一项真正具有民法含义的所有权。经验地看，中国农村土地物权制度发展的显著的特点就体现在土地承包经营权这一物权的发展历程之中，它在共产党、国家与农民群体重新立约的基础上生长出来并日益在中国农村的经济生活中占据了突出地位。土地承包经营权的建立是共产党人有意识的"与民立约"，重建新民主主义革命时期的"政治契约"的结果，因此，是新一轮的"与民立约"。[②]

① 参见《中国统计年鉴(1986)》，中国统计出版社1987年版，第180页。

② 孙宪忠：《中国农村土地权利制度研究》，载《争议与思考——物权法立法笔记》，中国人民大学出版社2006年版，第478—479页。

二、农村集体土地承包经营权的确立和发展

（一）农村集体土地承包经营的初步尝试

中华人民共和国成立之后，在集体土地经营的探索过程中，广大农民曾坚持不懈地提出土地承包经营要求，但是因为“左”的思想的束缚和其他原因，并未能顺利建立。总体来看，土地承包经营制的产生经历了一个农民长期不断提出“承包”要求，中央最先禁止，后逐渐认可并积极推动的过程。在1978年安徽小岗村再次实行包产到户前，就先后五次出现过“包产到户”的土地经营形式，但由于各种原因，未能贯彻始终。第一次“包产到户”的萌芽是在社会主义改造完成前后，而到了1956年底，三大社会主义改造刚刚完成，农民就自发提出了包产到户这一家庭承包方式。安徽芜湖地区、四川江津、温州永嘉、广东中山、江苏江阴、湖北宣恩、河南沁阳、临汝等地的一些合作社都不约而同先后开始了包产到户的实践。这些地方农民虽然也办高级社，宣布生产资料公有化，但不合伙，不搞统一经营，上缴一定数量的产品，多余归自己，叫包产到户。① 这一尝试很快被中央政府觉察，由于当时新中国刚成立不久，国际国内形势比较复杂，而在经济领域“左”的思想比较盛行，因此中共中央于1957年8月开始在农村实行社会主义教育，禁止“包产到户”的经营尝试。在这一阶段中，中共中央对“包产到户”的打击十分严厉，1957年10月人民日报发表了《温州专区纠正“包产到户”的错误》的报告，指出“包产到户”具有“资本主义性质和严重的危害性”，随后提倡包产到户的邓子恢副总理受到点名批评，试点包产到户的永嘉县县委书记被下放改造。第二次发生在1959年，先后出现在河南、江苏等省。当时河南新乡地区推行了“包工到户、定产到田、个人责任、超产奖励”的土地责任制。全区有60%以上的生产队将土地分给了农户经营。江苏一些地方出现了“定产到田，超产奖励”的责任制形式。该时期甘肃也曾出现过包产到户现象。但是最后都遭禁令，原因与第一次相同。1961—1962年发生的第三次包产到户实践扩展到全国20%的社队，但是由于中共中央的极力反对，最终不仅没有成功，而且很多群众遭到政治打击。第四次发生在1964年，规模

① 参见杜润生：《杜润生自述：中国农村体制改革重大决策纪实》，人民出版社2005年版，第86—95页。

不大，但是很多地方都有，主要发生在边远地区和一些贫困地区，这些地方因为老百姓生活困难，没有出路，又自发搞包产到户，如云南、贵州及西北部分地区相继出现了“包产到户”的责任制，但很快在“社教”和“四清”运动中受了压制和打击。第五次发生在1970年，福建、江西、广东等地也先后出现了“包产到户”责任制。①

（二）农村集体土地承包经营制度的建立

党的十一届三中全会前后，安徽凤阳小岗生产队再次尝试包产到户，揭开了新一轮农村土地承包经营的序幕。而这一次实践，最终使得中共中央认识到在集体土地所有制下，包产到户是一种符合农民内在要求的土地经营方式，也是符合中国农村生产力发展水平的土地经营模式。1982年中央的“一号文件”《全国农村工作会议纪要》中，正式肯定了土地的家庭承包经营制度，阐述说明了“包产到户”不姓“资”，它指出“包产到户”、“包干到户”同其他形式的各种农业生产责任制一样，“都是社会主义集体经济的生产责任制”，从而结束了近三十年的关于“包产到户”的争论。随后，从1983年到1986年，中央又连续发布了四个“一号文件”，分别主要解决的问题是：1983中央1号文件指出家庭联产承包制“是马克思列宁主义农业合作化理论在我国实践中的新发展”，“是我国农民的伟大创举”，提出政社分设。第三个1号文件（1984年中共中央发布的《关于1984年农村工作的通知》）强调“土地承包期限一般应延长到十五年以上，生产周期长的和开发性的项目，如果树、林木、荒山、荒地等，承包期应当更长一些”，要建立灵活的农产品流通机制。第四个1号文件重点对统购统销制度进行了改革。第五个1号文件摆正农业的基础地位，大力改善农业生产条件。

通过这些文件的发布，不仅指导了农村的改革与发展，强调了土地的家庭承包制度“长期不变”，而且更为重要的是最终确立了中国农村土地经营模式的正确道路，顺应了社会经济发展的要求。至此，中央与广大农民之间的围绕着土地承包经营制度的建立而进行的缔约活动已经初步完成，土地承包经营制进入了进一步完善与发展阶段。中央与农民通过协商、互动的方式建立起的土地承包经营制，尽管期间代价很大，历经曲折，但最终成功标志着我国政治文明发展进入了一种互信的契约文明新时期。

---

① 参见丁关良：《农村土地承包经营权初论》，中国农业出版社2002年版，第124—125页。

（三）农村集体土地承包经营权的发展和完善

“包干到户”的大力推行，为土地承包经营权制度的最终确立提供了实践基础。国家、集体、农民、城市市民都从中受益。但是随之更为深刻的理论问题浮现出来，包括因为担心土地承包经营权缺乏稳定性而对土地进行掠夺经营的短视经营问题，在传统行政本位主义十分盛行的情况下，农民土地承包经营权经常受到行政干预而无法保障的问题，在计划经济烙下深深印记的市场经济体制下，农产品的流转机制和农民合法权益保障的问题等。而为了解决这些问题，理论界开始对土地承包经营权进行更为深入、系统的研究。随着市场经济体制的建立，政社彻底分开，国家在制度层面开始进一步发展和完善土地承包经营权制度，土地承包经营权物权开始酝酿形成。中央1984年的一号文件要求土地承包经营权的期限原则上应当在15年上，意在使农民享有一项长期、具有对抗性的物权。与此同时，中央出台了多项符合时代需要与农民需求的土地政策。1991年11月，党的十三届八中全会通过的《中共中央关于进一步加强农村和农村工作的决议》强调要把家庭联产承包为主的责任制和统分结合的双层经营体制，作为乡村集体经济的组织的一项基本制度长期稳定下来。1993年11月中共中央、国务院的《关于当前农业和农村经济发展的若干政策措施》明确指出以家庭联产承包为主的责任制和统分结合的双层经营体制是中国农村经济的一项基本制度，要长期稳定，并不断完善；为了稳定土地承包关系，鼓励农民增加投入，提高土地的生产率，在原定的耕地承包期到期后，再延长30年不变；开垦荒山、营造林地、治沙改土等从事开发性生产的，承包期可以更长；为了避免耕地的频繁变动，防止耕地经营规模的不断被细分，提倡在承包期内实行“增人不增地，减人不减地”的办法；在坚持土地集体所有和不改变土地用途的前提下，经过发包方用意，允许土地使用权依法有偿转让；少数二、三产业比较发达，大部分劳动力转向非农产业并有稳定收入的地方，可以从实际出发，尊重农民的意愿，对承包土地进行必要的调整，实行适度的规模经营。1995年3月国务院批转农业部《关于稳定和完善土地承包关系意见》的通知，进一步强调要维护承包合同严肃性，严禁强行解除未到期承包合同，要教育农民严格履行承包合同约定的权利和义务；进行土地调整时，不能改变土地权属关系，不能将已经属于集体经济组织的土地收归村有，在全村范围内承包；严禁发包方借土地调整之际多留机动地，机动地占耕地总面积的比例一般不能超过5%;不能随意提高承包费。1997年8月,中共中央办公厅、国务院发布《关于进一步稳定和完善农村土地承包关系的通知》,要求各地在第二轮土地延包时一定要按照中央规定执行,并明确指出,土地承包期再延长30年,指的是家庭土地承包经营的期限,集体土地承包后要及时向农户颁布由县或县级以上人民政府统一印制的土地承包经营权证书;对"两田制"进行清理整顿;必须将"机动地"严格控制在耕地总面积的5%的限额以内。1998年9月,江泽民主席在安徽考察工作时的讲话也强调:"中央的土地承包政策是非常明确的,就是承包期期再延长三十年不变。而且三十年以后也没有必要再变。"2005年3月,温家宝总理在十届全国人大三次会议的记者招待会上则明确表示,中国农民对土地的经营和生产自主权将永远不变。

上述中共中央关于土地承包经营权的政策,被逐步地转换成法律文件。第一,中共中央对《宪法》的相关规定进行了修改。1993年的《宪法修正案》第6条第一次提出"农村中的家庭联产承包为主的责任制和生产、供销、信用、消费等各种形式的合作经济,是社会主义的劳动群众集体所有制经济"。1999年《宪法修正案》又将"农村集体经济组织实行家庭联产承包经营为基础、统分结合的双层经营体制"写入了宪法,将赋予与维护农民的土地承包经营权作为我国宪政制度的组成部分。第二,在民事立法领域确立土地承包经营权法律制度。1986年颁布的《民法通则》,首先使用了"土地的承包经营权"概念,其第80条第2款规定:"公民、集体依法对集体所有的或者国家所有由集体使用的土地的承包经营权,受法律保护。承包双方的权利和义务,依照法律由承包合同规定"。其第81条第3款则规定了公民、集体对集体所有的或者国家所有的或者国家所有由集体使用的森林、山岭、草原、荒地、滩涂、水面享有承包经营权。《民法通则》将承包经营权并列规定在第五章"民事权利"第一节"财产所有权和与财产所有权有关的财产权利"中,显示了立法者从一开始就试图通过物权的方式对土地承包经营权进行定位的立法意图。第三,1986年和1988年的《土地管理法》第12条也对土地承包经营权进行了规定,进一步明确了土地承包经营权。1998修订后的《土地管理法》第14条明确规定了从事种植业、林业、畜牧业、渔业生产的土地承包经营期限为30年,规定了发包方和承包方的权利义务关系和土地承包经营权调整的相关规则。第四,1993年7月的《农业法》也对农村土地承包经营作出了进一步规定。[1] 第五,1995 年 6 月《担保法》规定了土地承包经营权可以设定抵押。[2] 第六,2002 年《农村土地承包经营法》是对土地承包经营权的比较系统、全面的规定,规定了土地承包经营权的具体内容,并规定土地承包经营权人可以采取转包、转让、出租、互换、抵押、入股等方式流转。土地承包经营权法基本上将土地承包经营权定位为物权,但其中的一些规定还深受债权定位的影响。第七,《物权法》在总结过去立法经验的基础上,在第 11 章对土地承包经营权这一物权作了详细规定。

三、对农村集体土地承包经营权演进中一些问题的反思

家庭联产承包责任的实践推行,是中国农村集体土地所有制条件下农村土地经营模式的重大创新,土地承包经营权制度充分发挥了它的经济功效价值,形成一个经济学上的"帕累托改进",使农民、集体、城市市民与国家普遍从这场经济改革中受益。但不可否认,农村集体土地承包经营权最初的建立和实行仅仅是经验的,缺乏缜密的制度逻辑,也没有立法上的充分支持。因此,在将后的发展中,争论仍然不断。而如何消除广大农民的顾虑,消除这些争论,成为一个重要的课题。其中的核心问题包括:农民与土地之间的关系如何定位?农民和土地之间的契约纽带有没有持久性?什么样的土地权利最能体现出中国集体土地所有制模式下农民与土地间的本质性联系?这些都是土地承包经营制进一步完善过程中必须解决的课题。

从理论上说,中国农村集体土地所有制模式下,农民与土地之间本质性的联系主要体现在以下三个方面:土地是农民赖以生存的最基本的生产资料;土地是农民最为重要的财产;土地是中国当下社会保障制度尚不发达情况下的农民进行自我保障的一种手段。基于这一前提,集体土地承包经营权的制度构造轮廓初步形成,即要求法律要承认和突出土地承包经营权独立的财产地位,重视土地承包经营权的稳定性。就土地承包经营权的私法财产属性和地位来说,无论是理论上还是法律上都没有争议,但是就其是否具有独立性,却存在很大分歧。过去的研究中,我们仅仅注意到应该将土地承包经营权设计成为一种物权,但是这种物权与集体土地所有权的关系如

---

① 参见我国《农业法》第 13 条。

② 参见我国《担保法》第 34 条。

何定位却并没有引起足够的注意，这对保护承包经营权人的利益显然不利。

就土地承包经营权的稳定性这一立论本身来说，实际上是一个似是而非的伪命题。即便我们承认其正确性，但就重视土地承包经营权的稳定性这一点来说，我们在理论上也存在一个重大误区，即认为土地承包经营权的稳定性包括农村具体的集体土地承包经营关系的稳定性，因此将土地承包经营权作为国家基本国策的稳定性理解为农村具体土地承包经营权关系的稳定性，从而要求所谓的“增人不增地，减人不减地”、“三年一小调，五年一大调”，而更为严重的是不允许农村土地承包经营权的流转，认为是违反了土地承包经营权的稳定性。

因此我们必须明确土地承包经营权长期稳定不变的含义，它是指赋予农村长期而有保障的土地使用权，赋予农民对农村集体土地的经营和生产自主权稳定性。[①] 如果循着这一思路，那么农村土地承包经营权制度设计思路是正确的。所以，我国 2003 年 3 月开始施行的《农村土地承包法》以“赋予农民长期而有保障的土地使用权”作为其立法宗旨之一，并在第 20 条针对不同类型的农地对承包期分别进行了规定，即“耕地的承包期为 30 年；草地的承包期为 30 至 50 年；林地的承包期为 30 至 70 年；特殊林木的林地承包期，经国务院林业行政主管部门批准可以延长”。该规定与我国现行农村土地政策和《土地管理法》的基本精神也一致。保持农地承包期限长期稳定不仅已经由我国政策和法律加以具体而明确的规定，而且也为经济学界和法学界的多数学者所认可。但是我们必须注意的是，我们的这一立法思路仍然是在集体所有制的前提下，土地承包经营权依附于集体土地所有权前提下而设计的制度，它在根本上否定了土地承包经营权的独立地位，它在一定程度上维护了土地承包经营权制度的稳定性，却使得土地承包经营权的独立性大打折扣，因此也导致了土地承包经营权私法财产功能的发挥。笔者曾针对土地承包经营权 30 年不变进行合理性问卷调查，结果发现，在将近六百份的问卷调查中，认为土地承包经营权 30 年不变制度合理的农户仅有 313 份，占 52.1%，而认为该制度不合理的却高达 42.07%，而且有 56.69% 的农户认为土地承包经营权 30 年不变制度不合理的原因就是期限

---

① 温家宝在 2005 年 3 月 14 日会见中外记者时表示，中国农民对土地的经营和生产自主权将永远不变。

太长,只有23.10%的农户希望土地承包经营权的期限更长,还有25.11%的农户认为在法律中明确规定土地承包经营权的承包期限限制了农民的土地承包经营自主权,他们要求不规定承包期限。这个调查结果似乎存在着矛盾,但是通过进一步的走访调查后发现,农民在土地承包经营权制度的诉求上其实更加科学合理,他们首先要求土地承包经营权制度是一个稳定的制度,这个制度的稳定性让他们对土地承包经营权的拥有和行使有合理而稳定的预期,这个权利不仅是一项物权权利,而且应该是相对独立的、具有独立对抗性的物权。这个结果和笔者所研究的结论具有一致性,即借助于期限约束的稳定性设计一方面削弱了土地承包经营权的独立性,同时也使土地承包经营权的私权属性减弱。

而将土地承包经营权稳定性地理解为所谓的"增人不增地,减人不减地"、"三年一小调,五年一大调"制度,是对农村集体土地承包经营权制度稳定性要求的误读。而从广大农民对土地调整的要求来看,也与上述认识存在很大差距。笔者在对"增人不增地,减人不减地"土地承包经营调整政策的调查中发现,认为"增人不增地"的政策好的农户仅24.07%,而59.02%的农户表示"增人不增地"的政策不好,另有9.08%的农户表示"增人不增地"的政策在以前没有影响,但在农业增收后出现了新矛盾。关于"减人不减地"的政策,也只有28.13%的农户表示赞同,而54.11%的农户认为该政策不合理,还有9.93%的农户表示"减人不减地"的政策在以前没有影响,但在农业增收后出现了新的矛盾。可见,尽管较长的土地承包期限能够保障农地承包经营权制度的稳定,但在人地之间紧张关系日益突出的情况下,期限长而不能够适时变化且缺乏灵活性时,该政策在相当的程度上失去了其存在的社会基础。这实际上也是农村承包经营土地"法律不准调,年年都在调"的根本原因。而分析其背后的原因,大致可以概括为:第一,国家确定的土地承包经营权稳定性政策的宗旨,是为了保证农村集体承包经营制度的稳定性,是出于对农民利益的保护的目的而设计的制度,但在对该政策的执行过程中,该宗旨却被严重扭曲,加上不同主体之间的利益冲突,使该制度本身的合理性失去社会基础。第二,国家政策要求土地承包经营权较长时期稳定不变,是想从立法的角度赋予土地承包经营权一定的稳定性,从私法的角度来说是为了实现其物权立法的价值目标,褪去土地承包经营权的债权特征,这也是符合农村土地承包经营权制度设计的国家政策目标的。这既要求其具有稳定性,而且要有独立于集体土地所有权的特性,具有独立的财产属性,但从“增人不增地,减人不减地”的制度导向来看,却与上述的国家政策目标背道而驰。第三,将土地承包经营权的稳定性目标用简单的数字来加以表征存在合理性基础。从本质上讲,土地承包经营权长期稳定不变概念宣示的基本宗旨之一是为了表征土地承包经营权的永续性、排他性和独立性,也就是赋予其物权地位,让广大农民真正享有对土地的独立的生产经营自主权、独立的收益权。但政策的执行者却将这一宗旨简单地还原为“增人不增地,减人不减地”,这不符合市场经济的基本理念和原则,这也是笔者认为“保障土地承包经营权的稳定性”是一个伪命题的原因之一。第四,从发展的观念来看,中国目前正处于转型时期,各项制度正在发生深刻变化,包括对土地承包经营权的调整要求也在因时而变。所以用抽象、简单的政策调整,并强制性地用时间要求来加以限制,其结果可能造成不公平,而制度本身也可能成为造成社会分配不公的罪魁祸首。

所以,切实可行的做法是,一方面,立法上要进一步明确土地承包经营权的物权性质和独立的财产地位,另一方面,要正确认识国家农村土地承包经营制度长期稳定不变的真正含义,尽量祛除农村土地承包经营制度的政治隐喻。中国作为一个传统的农业大国,农村人口社会占比很重,在农村,至少目前和未来的很长一段时间,土地不仅是生产资料,而且是农民的生存保障、就业保障及其他社会保障的资源,法律文本规定中强调土地承包经营权的稳定性比长期性更有意义,而且应规定在一般情形下,土地承包期限届满时可自动续期。这样就可能通过保持土地承包经营权的稳定性,最终实现土地承包经营权的长期性,也使得国家政策在物权法中得到体现和贯彻。

第二节 土地承包经营权流转的制度基础

一、土地承包经营权流转的意义

土地承包经营权的流转涉及承包经营权人应该如何利用承包地以及可否对承包经营权进行处分的问题。从历史上看,土地承包经营权的流转经历了一个被逐步获得认可,流转形式不断扩充,流转自由不断扩大的过程。

改革开放初期,法律和政策都不允许土地承包经营权流转,1982 年《宪法》第 10 条规定"任何组织或者个人不得侵占、买卖、出租或者以其他形式非法转让土地",中共 1982 年的 1 号文件《全国农村工作会议纪要》也规定:"社员承包的土地,不准买卖,不准出租,不准转让,不准荒废,否则,集体有权收回;社员无力经营或者转营他业时应退还集体。"但 1984 年中央一号文件《一九八四年农村工作通知》开始有限允许承包地的流转:"鼓励土地逐步向种田能手集中。社员在承包期内,因无力耕地或转营他业而要求不包或者少包土地的,由社员自找对象协商转包,但不能擅自改变集体承包合同的内容。"1986 年 4 月 12 日最高人民法院《关于审理农村承包合同纠纷案件若干问题的意见》规定:"承包人将承包合同转让或者转包给第三者,必须经发包方同意,并不得擅自改变原承包合同的生产经营等内容,否则转让或者转包合同无效",这事实上认可了经过发包方同意的承包经营权流转的效力。1988 年 4 月 12 日的宪法修正案将原《宪法》第 10 条第 4 款修改为:"任何组织或者个人不得侵占、买卖或者以其他形式非法转让土地。土地使用权可以法律规定转让。"这为土地承包经营权的合法流转提供了宪法依据。1988 年 12 月 29 日修改后的《土地管理法》第 2 条第 4 款规定:"国有土地和集体所有的土地使用权可以依法转让。土地使用权转让的具体办法,由国务院另行规定。"1993 年 7 月 2 日通过的《农业法》第 13 条第 2 款规定:"在承包期内,经发包方同意,承包方可以转让所承包的土地、山岭、草原、荒地、滩涂、水面,也可以将农业承包合同的权利和义务转让给第三者。"1995 年 3 月 28 日《国务院批转农业部关于稳定和完善关系意见的通知》第四项明确提出:"在坚持土地集体所有和不改变土地农业用途的前提下,经发包方同意,允许承包方在承包期内,对承包标的依法转包、转让、互换、入股,其合法权益受法律保护,但严禁擅自将耕地转为非耕地。"1996 年 6 月 1 日国务院办公厅《关于治理开发农村"四荒"资源进一步加强水土保持工作的通知》中规定"'四荒使用权'在规定的使用期限内,对于实行承包、租赁的股份合作制方式治理的,可以依法继承、转让、出租;对于购买使用权的,依法享有继承、转让、抵押、参股联营的权利"。此后,国家通过立法对土地承包经营权的流转制度进行了全面确认,而 2007 年《物权法》进一步重申了农村土地承包经营权可以流转的原则。建立规范而完善的土地承包经营权流转制度具有重要的意义:

第一，土地承包经营权的流转有利于土地资源的优化配置和有效利用。随着改革开放的不断深入和市场经济体制的逐步建立，农村生产力有了较大提高，优化农业资源配置的经济规律客观上要求推进土地承包经营权的合理有效流转，促进农业劳动者、劳动资料、劳动对象、科学技术和社会需求等各个方面重新优化配置资源，实现一家一户的小生产与社会化大生产的有效衔接，以适应农业农村经济发展新形势的客观要求。“现代社会的法律，都应以有利于提高效率的方式配置资源，并以权利和义务规定和保障资源的优化配置和使用。”[①]目前在我国农村，实行的家庭联产承包制，与国际性现代化农业经营模式相比较，经营模式事实上体现出人均分地形式，规模效益较差，生产技术也较为落后，不利于资金、技术、知识、管理等现代生产要素在农业技术领域的推广更新。

第二，农村土地承包经营权流转是深化农村土地制度改革、解放和发展农村生产力的必然要求。我国农村的土地所有权形式为集体所有，法律赋予农民长期而有保障的土地使用权，法律禁止土地买卖，因此农民无法成为土地的所有权人。土地承包经营权是农民在土地权利上的主要表现形式，如果允许土地承包经营权流转，农民享有的承包经营权能够成为物权，则将使承包经营权成为一项长期稳定的财产，从而有利于真正形成土地的价值。一方面，流转的土地承包经营权可以作为物权，真正成为一项稳定的财产进入市场，从而产生应有的交换价值；另一方面，土地承包经营权的流转，真正使不动产权利能够作为商品进入市场进行自由交换，作为保障农民利益的重要举措，有助于推动我国农村市场化的进程，促进农村生产力的发展。

第三，土地承包经营权的流转符合土地制度实践发展的必然规律，并在实践中得到检验。土地承包经营权的流转，在加快土地向规模经营集中、优化资源配置、促进农业经营规模化方面成效显著，在提升土地利用率、产出率和农业劳动生产率，构建农民增收长效机制等方面起都起着决定性作用。

---

① 张文显:《法学基本范畴研究》，中国政法大学出版社 1993 年版，第 274 页。

二、集体土地承包经营权物权制度的完善

(一) 明确土地承包经营权的物权性质

农村土地承包经营权到底是物权抑或是债权,目前理论界仍然莫衷一是。认为土地承包经营权是债权的理由主要有:(1) 土地承包经营权不具有独立性,是依附于集体土地所有权而通过土地承包合同所产生的权利。(2) 从土地承包经营权的连带性上看,土地承包经营权连带于联产承包,属于农村双层经营体制的组成部分,农民以"联产"为对价取得土地这一生产资料的承包经营权,而发包人对作为承包经营的标的物的土地,仍有具有物权支配力。(3) 从该概念的措辞来看,"承包经营"是一个典型的债法概念,它通常与"租赁经营"一起,共同作为所有权与使用权相分离的有效经营形式。(4) 从承包人与土地所有人的关系上看,联产承包法律关系,本质上是发包人与承包人之间的内部关系,因这种内部关系而取得的承包经营权实际上只有对人(作为土地所有人的集体)的效力,而并无对世效力。(5) 在土地转包关系中,转包人取得的权利也是土地承包经营权,若该权利性质为物权,这显然违背一般物权法原理,若该权利性质为债权,则立法上和实践上就不得不区别物权性质的土地承包经营权和债权性质的土地承包经营权,这就在理论上存在矛盾和混乱。①

而坚持土地承包经营权是物权的观点则认为:(1) 若将土地承包经营权认定为债权,对保护农民的土地承包权益十分不利,因为其不能有效对抗第三人侵害。债权是对人权,不具有对抗不特定第三人的效力,只能依照合同的约定拘束发包方,这无疑与土地承包经营权的立法宗旨不合。例如,当承包人的土地权利遭受第三人外来侵害时,只能基于债权性质,依照"第三人侵害债权"理论,在第三人有加害他人的故意时才得以主张损害赔偿责任,而不能基于物上请求权和物权的追及效力排除妨害、取回原物。而依土地承包经营权的本质属性,承包人应当享有对其所承包的土地的直接支配的权利,他不仅可以对抗相对人,也应当有权排除第三人的不法干涉,以维护其自主经营的合法权益。(2) 从平衡发包人和承包人之间的利益出发,土地承包经营权的物权定位能够使得承包人有效对抗发包人,有效约束发

---

① 参见梁慧星:《中国物权法研究》,法律出版社 1998 年版,第 706—707 页。

包人,同时也能够有效约束承包人。一方面,债权说以承包合同调整双方的权利、义务关系,而发包方作为具有行政色彩的集体经济组织,利用合同关系来约束双方可能导致发包人任意撕毁承包合同,调整、收回土地承包经营权,造成农村土地承包关系不稳定,损害广大农民的合法权益。另一方面,对承包人来说,债权性质的承包经营权将诱发农民的短期行为和道德风险,滥采滥伐,过度开发,长期性的投入不足,从而不利于土地资源的长期可持续发展。(3) 在国家的征收、征用中对承包人的保护力度不足。作为债权人的承包人只能就地上的附着物、青苗获得补偿,而就土地本身不享有任何权利。这将导致在征收、征用过程中,农民的补偿得不到保障。相反,集体经济组织中的少数干部可能利用手中的权力,违法操作、私分补偿款,侵害广大农民的合法权益。(4) 不利于土地承包经营权的流转。依照债权说,目前我国的土地承包经营权的流转只能以债权让与的方式进行,即承包人转让土地的承包经营权,必须经发包方同意,否则转让不发生效力。

笔者认为,从未来土地承包经营权流转的角度考虑,应该明确土地承包经营权的物权性质,并在立法上将相关的法律规定统一化,而不能各自为政。只有这样,才能更为有效地促进土地承包经营权的流转,保护农民的合法权益。因为:第一,土地承包经营权的物权性质可以克服债权说对转包的限制。在债权说前提下,土地承包经营权的转包需要经过发包人同意。这极容易导致许多转包不能进行,妨碍了土地的优化经营。而在承包经营权物权化以后,允许农民可以对承包经营权进行转包也有利于提高承包经营的效率。第二,可以克服对土地承包经营权转让的限制。土地承包经营权转让的方式包括集体经济组织成员内部之间承包权转让、互换、入股、抵押等。如果承包经营权只是债权,债权作为一种相对权直接关系到合同另一方当事人即发包人的利益,因此就需要在法律上对这种权利的转让做出限制。也就是说,必须经发包人同意才能转让,这就使转让难以实现。只有当承包经营权成为物权以后,作为一项长期稳定的私法财产,当然应该可以转让而不应对这种财产流转施加更多的限制。第三,土地承包经营权物权化,就要受到物权法定原则的约束。按照物权法定原则,物权的种类、内容、效力和公示方法都应当由法律明确规定。《物权法》第 5 条规定:“物权的种类和内容,由法律规定。”物权法定原则是学理上一般均予以承认的原则,也是许多国家依据法律明确规定的原则。如《日本民法典》第 175 条规定:

“物权,除本法及其他法律所定者外,不得创设。”在罗马法中即有物权法定原则“numerus clausus”,即物权的数目和具体类型必须由法律明确规定。目前所说的物权法定原则,还包括另一个方面的意思,即内容强制原则,即各种物权的内容只能是法律规定的,不能由当事人根据自己的意思设定物权的具体内容。[①] 确认了农村土地承包经营权的物权性质,根据物权法定原则,首先要在物权法中具体列举土地承包经营权人所享有的各项权利的内容,包括承包人享有的继承权、赠与权、转让权、设定抵押的权利等,并严格禁止发包方通过土地承包经营合同加以剥夺。这对土地承包经营权人利益的保护显然十分有力。

（二）完善土地承包经营权登记制度

完善土地承包经营权的登记,具有十分重要的理论和现实意义。在中国目前的土地权利登记制度中,土地登记主要是作为确定地籍的方法和手段之一。因此很多观点认为土地权利登记只是土地管理部门管理土地事务的行政工作之一。这种仅仅从行政管理角度认识土地权利登记制度的观点值得商榷,我们不仅要从行政管理的角度去理解土地权利登记制度,更要从民法权利公示的角度去理解土地权利登记制度。所以,如果从物权法的角度去理解,登记作为不动产物权公示的法定方式,它的主要功能就是完成权利的建立、变动或终止,使物权的变动获得社会的承认和法律的保护。其意义在于:因为物权是一种排他权,既然物权要排斥他人,那么必须让社会承认该物权的排他,这样才能在一个物权上建立起客观公正的、有序的法律秩序。如果建立土地承包经营权的登记,依据物权公示的法律原则,社会就有了知悉该土地承包经营权的合法渠道,他人就会在取得该不动产物权时合理避免风险。如果法律没有土地承包经营权登记制度,其流动的安全性无法保障。所以,建立土地承包经营权登记制度,对建立公正而有序的土地承包经营权交易机制非常必要。土地承包经营权在《物权法》中已经被确定为不动产物权,土地权利登记是土地权利建立和变动的法定公示手段。公示原则在土地承包经营权上的运用,就是通过登记为土地承包经营权交易提供具有国家公信力支持的、统一的、公开的法律基础。(1) 土地承包经营权登记是为土地承包经营权变动提供法律基础。土地承包经营权作为不动产

① 参见孙宪忠:《中国物权法总论》,法律出版社 2009 年版,第 234 页。

物权,是排他支配权,承包经营权人可以独占性地控制利用指定土地,并就自己的利用排斥他人的干涉。为了表现土地承包经营权排他的效力,法律根据物权法的公示原则,要求在土地承包经营权建立和变动时进行土地权利登记,本质是对土地承包经营权的法律承认,赋予土地承包经营权的法律效力,并为其变动提供法律基础。(2)土地承包经营权登记是具有国家公信力的法律基础。在建立土地登记的市场经济国家,土地登记的机关有的是法院,有的是司法部门。这种做法的理论依据是因为土地登记直接或者间接地决定权利人的实体权利,故登记应与司法系统建立直接的关系。如在德国,不动产物权登记的争议直接进入诉讼程序,当事人在此程序中已经不必起诉,而是向上级法院直接上诉。但不管是在哪一种机关,这些机关都是国家机关,因为土地权利是涉及国计民生的重要权利,故法律无不要求国家出面承担登记的责任,以国家的信誉和国家行为的严肃性作为保障,使得土地登记具有取得社会一体信服的法律效力。这种法律效力是仅仅依靠国家政策承诺若干年限内稳定不变无法比拟的。(3)土地承包经营权登记是国家建立的关于土地承包经营权物权制度统一的法律基础。目前国内土地承包经营权制度尽管有相关统一的法律依据,但是在实践中却千差万别,没有建立土地承包经营权登记是其中的原因之一。有观点认为,在对土地承包经营权登记制度的构建中,不必建立统一登记,而有些土地承包经营权也未必需要登记。[①] 笔者认为这种观点值得探讨,因为土地承包经营权登记制度并不仅仅是维护交易秩序,保证交易效率和安全,还具有权利确认和国家公信的作用,同时,建立完善、统一的土地承包经营权登记制度,对物权法关于土地承包经营权的实践也具有举足轻重的作用和意义。

三、建立和完善农村社会保障制度

农民社会保障是指国家建立的以保障农民基本生存权为目的的各种医疗保障、养老保障、最低生活保障等基本制度。农民作为国家的公民有获得社会保障的权利。但是长期以来,由于我国的农村经济发展水平有限,农民的社会保障没有被完整地建立起来。学界与实务界从农村土地承包经营权

---

① 参见王利明:《农村土地承包经营权的若干问题探讨》,载《中国人民大学学报》2001年第6期。

是农民自我保障的手段出发，习惯性地认为在农民没有获得必要的社会保障的情况下，允许农民流转土地承包经营权特别是转让会最终危及到农民的生存利益，并以此为依据主张对农民处分承包经营权的行为进行限制，进而对农民的宅基地使用权的转让进行限制。现实地看，对于土地承包经营权转让的限制与对宅基地使用权转让的限制导致农民的上述两项土地权利的财产权功能难以显现，社会保障体制的建立使各种以农民欠缺社会保障为由限制农民土地财产权的观点再也难以成立。

推进土地承包经营权流转改革必须首先要建立和完善农村社会保障制度。土地承包经营权的交易对不同的交易主体来说，其交易内容及交易行为不同，这对农村土地承包权交易市场的形成和功能发挥会产生深刻的影响。这可以概括为三种交易内容及交易行为：第一种，是土地作为农民的最基本的生活保障的交易；第二种，是土地作为农业的基本生产要素的交易；第三种，是土地作为增值财富的交易。这三种交易内容及有此决定的交易行为则受到完全不同的交易规则支配。

在土地作为农民的最基本的生活保障的情况下，尽可能地保有自己的土地承包经营权是农民唯一的选择，农民不愿轻易地转让其土地。而且，在这种情况下，其产权配置更倾向于服从平均分配和相对稳定的原则，而不是频繁交易或易手。在当前的中国农村，土地仍承担着为农民提供基本生活保障的功能，承包农户还不能完全脱离土地，这是影响当前农村土地承包经营权交易的最主要的制约因素。另一更重要的因素是，对进城务工农民的社会保障制度是否完善。在现实中可以看到，进城务工农民特别是举家进城的农民工是土地流转中最大的潜在供地者，但是，由于进城务工农民在很大程度上被排斥在城市社会保障体系之外，所以，他们从规避风险的角度，更多地采取找人代耕方式，或者将土地承包经营权转让给亲朋或邻里，而不会轻易地进入更大范围的土地交易市场。因此，创造让农户离开土地的制度条件，使进城农民拥有对其承包地的最终处置权，同时，设置让农民在城市永久户地的制度，是加速农用地市场权流转的重要宏观制度环境。

不可否认，我国农村集体土地制度长期以来承担着农民的社会保障功能，并越来越被强调。很明显，这样的思路和逻辑严重地束缚了农村土地物权制度的改革和发展。本质上来说，依赖于农村土地上的社会保障体系存在着与生俱来的缺陷：第一，对农民的不公平性，表现为城市市民和农民之间社会保险待遇的不平等性,并强化了市民和农民之间的差距。第二,依靠土地作为社会保障的来源十分局限,表现为农民依赖土地作为社会保障的来源,不仅要求以家庭作为生产单位必须稳定存在,而且由于中国人多地少的国情,依赖土地收入的社会保障可谓捉襟见肘。第三,由于中国疆域辽阔,地区差异很大,很多地区依赖土地的社会保障其实根本无法满足广大农民的社会保障需求,实际上是没有社会保障。笔者在对农村社会保障的调查中也发现,农民依赖于土地上的社会保障体系根本无法满足民众社会保障需求,农村大量的劳动力通过出外务工的方式实现社会保障需要。而依赖于农村承包地之上的收入作为其基本生活保障的农民生活环境和生存条件都很差。

值得欣慰的是,国家已经发现这一问题,并开始加大力度建立和完善农村社会保障制度,把依赖于土地的社会保障体系逐步改变为依赖于国家公共财政支持的社会保障体系。首先,农村的最低生活保障制度正在逐步建立。中国农村最低生活保障制度实践探索始于1994年前后,浙江省于2001年10月1日正式实施《浙江省最低生活保障办法》,在全国率先将全省农民纳入社会保障范围。随后,北京、上海、天津和广东、江苏、辽宁、山东等省市也建立起了农村最低生活保障制度。2002年2月底,全国享受最低生活保障的农村人口338万人,约占农村贫困人口的10%,享受对象大部分是失去劳动能力的五保户、残疾人等。国务院2007年发出的《关于在全国范围内建立农村最低生活保障制度的通知》,要求符合条件的农村贫困人口全部纳入保障范围,稳定、持久、有效地解决全国农村贫困人口的温饱问题。民政部副部长李立国在2007年7月31日接受中国政府网在线访谈时表示,到2007年6月底,全国31个省区市都已经建立了农村最低生活保障制度,覆盖了2068万人。来自民政部份的调查数据显示,截至2007年底,有3452万农村居民享受了最低生活保障。最低生活保障的建立可以起到使农民免因过度穷困而被迫出让或者流转自己土地承包经营权的效果。其次,农村合作医疗制度正在农村逐步推广,并取得显著效果。为了保障农民的基本医疗需要,减轻农民因病带来的经济负担,缓解因病致贫、因病返贫问题,我国政府于2003年开始建立以大病统筹为主的新型农村合作医疗制度,由政府组织、引导、支持,农民自愿参加,政府、集体、个人多方筹资。自农村合作医疗推广开来以后,截至2004年6月,已覆盖9540万农业人口,实际参加人达6899万人，截至2007年3月，开展新型农村合作医疗的县达到2319个，占全国总县数的81.32%，到2008年初新农合已经覆盖到全国86%的县(市、区)，参加农民达7.3亿。农村合作医疗制度缓解了疾病给农民带来的巨大经济负担，避免农民因一时的窘困而被迫出让与流转自己的土地权利。2006年，全国新型农村合作医疗共筹资213.6亿元，医疗基金支出155.8亿元。农民医疗负担有所减轻，因病致贫有所缓解，受到广大农民的普遍欢迎。在农民多年积攒的积蓄都无法支付巨额医疗费的情况下，限制农民转让土地的权利也于事无补，它只能起到迫使农民以更低的价格出让土地财产权的效果。

笔者在对农村合作医疗情况进行调研的过程中，发现很多因为农民缺乏医疗费用而忍受病魔折磨的案例。在农村，多数家庭依靠土地产出的收入十分低微，农民根本负担不起日渐高昂的医疗费用。小病扛，大病拖，实在不行就回家听天由命，这是许多患病农民的真实状况。

除了在农村建立起最低生活保障与合作医疗的社会保障制度，政府需要继续努力履行自己的职责，尽快在农村为农民建立起养老保险制度，实现农村的老有所养，为农村土地物权制度的进一步完善创造条件。在中国几千年的封建社会中，以家庭为单位的社会经济单位承担着社会保障的职能，其中也包括"养老保险"功能。在中国，"养儿防老"观念可谓根深蒂固，而"父母在，不远游"的儒家纲常也在为这种社会保障方式提供强大的支持。从比较法的角度看，为从事农业人员设置养老金是发达国家的一个基本经验，在日本，农业人在60岁时就可以获得养老金，而在65岁会获得附加支付的国民养老金。目前我国地方政府也正在逐步为农民提供养老保障。

建立完善的社会保障体系对推行农村土地承包经营权的流转具有十分重要的意义。它是推动农村土地承包经营权市场流转中从作为农民的最基本的生活保障的交易转变为作为农业的基本生产要素的交易，再进而作为生殖财富的交易的条件。目前土地承包经营权在流转方面的最大障碍是土地依然是农民生老病死的基本保障，因此它不是单纯的生产资料，而事实上成为了生活资料。所以，欲真正实现土地承包经营权的流转就必须在减轻农民税负的同时，大力完善农村社会保障基金，在农村落实各种社会保障措施。只有这样，才能防止农民离开土地后因缺乏必要的社会保障而带来严重的社会问题。

要在中国推进土地承包经营权市场化,必须完善农村社会保障制度,以满足失地农民因人地关系持续紧张和对未来预期不尽乐观而不断强化的社会保障需求。而要在中国农村真正建立起完善的社会保障体系,除原有的社会保障模式以外,还应做好以下几个方面的工作:(1) 循序渐进建立健全覆盖农村经济的医疗、失业、养老社会保障体系,将乡村社会发展纳入国家公共财政支持体系。首先应建立农民失业保险制度或最低生活保障制度,以解决失地农民的最基本生活费用问题;其次逐步建立农民养老保障制度和医疗保障制度,使广大农户真正做到"病有所医,老有所养"。(2) 将农民的土地补偿与社会保障分离,在农村建立政策保险与商业保险相结合的社会保障体系,农村社会保障体系应由公共财政支持,不能仅依附于农民的土地补偿款。现阶段可采取强制保障与自愿保障相结合的方式,对卖出一定份额(即以失去土地保障为标准,根据不同地区设定)土地承包权的农民采取强制社保,而对仍有足够土地保障的农民采取自愿社保。(3) 积极探索多种形式的土地资本化,形成土地的积极保障模式。鼓励土地承包权流转制度的创新,通过土地承包权的自由转让、出租、抵押、入股投资等方式,探索多种形式的土地资本化,以此活跃农村经济,加快土地流转,协调土地利用效率与公平的矛盾,实现土地的社会保障功能与其生产资料功能的有效结合,推动土地保障模式由消极向积极转变。

四、完善农村的土地金融制度

(一) 农村土地金融的含义及特征

农村土地金融是以农地作为信用保证(抵押)而获得的资金融通,作为农村金融的重要组成部分,是围绕农地的开发、生产、经营而展开的资金融通活动。建立土地金融制度,通过土地抵押融通资金,可以充分发挥土地的财产功能,将固定在土地上的呆滞资金转化为流动的开发经营资金。由于土地是位置固定,具有恒久性并不可以再生的稀缺资源,因此由其所决定的农地金融的主要特点是:(1) 债权可靠,较为安全。这是由土地恒久性的特点决定的。同时土地的自偿性和增值性也保证所担保的债权的价值比较安全。(2) 贷款偿还期较长,利率较低。这是因为土地为抵押进行贷款,其资金的投向多是回收期较长的土地开发和建设。(3) 将土地债券化后,就可将土地财产变成可分割和流动的财产,可扩大流通范围,广泛吸收社会资金。(4)兼具商业金融和政策金融双重属性,一般需要专门机构推行。

(二)中国农村土地金融制度的基础和存在的问题

而针对中国来说,农地金融制度又有一些独特特征,这是因为中国实行土地的集体所有制,中国农地金融抵押的标的是土地的使用权而不是所有权,土地所有权被排除在融资的信用基础之外。中国《农村土地承包法》规定,土地承包经营权在法律许可范围内可以采取多种方式转让、抵押,从而使土地承包经营权完全可以在信用上代替土地所有权,成为资金融通的信用保证;而《物权法》则将土地承包经营权明确规定为"用益物权",承包人可以享有自主将土地承包经营权流转的权利。由此可见,中国农地金融的内在基础是土地使用权的可抵押性,而不是土地所有权的可抵押性。这是中国农地金融与其他国家与地区农地金融的最大不同之处。

但是,这一设计也给农村土地承包权的抵押带来一些制度障碍。主要是:

第一,《土地承包法》和《物权法》对可以抵押的土地承包经营权的范围的限制对农地金融制度的建立构成巨大制约。《土地承包法》第32条规定,通过家庭承包取得的土地承包经营权可以依法采取转包、出租、互换、转让或者其他方式流转。在此提出了土地承包经营权的流转方式,而土地承包经营权得以流转实际上已经为农地制度的建立提供了基础性条件。在该法第42条,进一步规定了承包方之间为发展农业经济,可以自愿联合将土地承包经营权入股,从事农业合作生产。这种方式在中国最早进行的农地金融试验中已经被采用。从《农村土地承包法》相关规定来看,虽然并没有从法律角度明确农地承包经营权可以抵押,但明确提出了其可依法流转,且提供了多种流转方式,这为农地金融的开展提供了基础。而2007年颁布的《物权法》第128条规定:"土地承包经营权人依照农村土地承包法的规定,有权将土地承包经营权采取转包、互换、转让等方式流转……"但对于通过家庭承包取得的土地承包经营权和通过招标、拍卖、公开协商等方式取得的土地承包经营权两种情形,承包经营权的流转方式也不同。前者的流转方式包括了转包、出租、互换和转让,而后者包括转让、出租、入股和抵押。在此,值得关注的是土地承包经营权的抵押问题,《物权法》和《农村土地承包法》均未对于采取家庭承包方式取得的耕地、林地、草地等的承包经营权的抵押问题加以规定,而仅允许通过招标、拍卖、公开协商等市场化方式取得的“四荒”土地承包经营权进行抵押。《物权法》第180条中规定，债务人或者第三人有权处分的下列财产可以抵押，其中第3款即“以招标、拍卖、公开协商等方式取得的荒地等土地承包经营权。”由于“四荒”等土地仅仅少数人能够取得，而通过家庭承包获得的土地承包经营权对于农户才具有普遍性，因此相关法律的规定事实上对于农地金融制度的建立形成了一定的制约。显然，农村土地金融的法律风险成为开展土地承包经营权抵押业务中最大的风险。

第二，土地承包经营权抵押价值评估机构和评估机制的缺失对农村土地金融制度的发展构成障碍。对农村土地承包经营权的合理估价是承包经营权流转的一个必不可少的环节，由于缺乏农村土地价值评估机构，使土地流转的透明度降低，贷款人主观意愿成分比较大，抵押权人实现农村土地经营权这个抵押物的价值也相对比较困难。加上土地流转监督机构不健全，出现各种不正当的土地流转，土地承包经营权的商品性就不可能通过市场表现出来。在试点实践中采取由贷款人对土地承包经营权抵押价值进行认定具有短期性，从业务发展的角度看，只有建立有资质的农村土地价值评估中介机构，才能使土地流转、抵押、清偿等行为做到公正、合理。

第三，高风险与信贷门槛降低了农村土地金融交易双方的积极性。农业抵御自然灾害的能力弱，而中国农业保险业务尚未全面展开，如遇到较大的自然灾害或市场因素影响，将给开展土地经营权抵押贷款业务的金融机构带来不可预知的风险，影响金融部门对这项业务的全面开展。此外，金融部门为了保障其既得利益，最大限度降低金融风险，设立了防范信贷风险的有关措施，手续繁杂，加上评估机制不健全，影响了农户参与的积极性。

另外，必须注意的是，土地承包权流转市场及中介组织发育迟缓影响农村金融实践。

（三）完善中国农村土地金融法律制度

1. 完善中国农村土地金融法律制度的原则

第一，立法为本原则。立法为本是世界各国构建农地金融制度遵循的共同原则。例如，美国农地金融管理体制的建立和运营都是以1916年颁布实施的《美国联邦农场贷款法案》(the Federal Farm Loan Act)为依据的。该法案在序言中，开宗明义地提出了其立法宗旨：“本法案旨在为农业发展提供资本；旨在创造以农场抵押贷款为基础的标准投资工具；旨在使农场贷款利率均等化;旨在向市场提供美国政府债券为农业筹集资金;旨在为美国农业发展创设各种政府受托人组织和各种金融中介组织。"这一制度的成功推行为美国的农业发展作出了巨大贡献,并有很多的有益经验值得学习。因此,笔者建议立法机关尽快进行调研,将农地抵押贷款的相关法律起草纳入立法议事日程,并尽快颁布实施。同时,要对 2002 年 8 月 29 日颁布、于 2003 年 3 月 1 日生效的《中华人民共和国农村土地承包法》中与农地抵押制度不符合的有关农地产权制度的规定予以修正和补充。

第二,市场安排与非市场安排并重原则。新制度经济学的相关理论表明,节约交易费用是经济组织代替市场机制的重要原因之一。在农地金融制度的安排中,必须高度重视提高信贷交易的组织化程度。这可以从两个方面着手:一方面,利用现有的农村信用社、农业银行和农业发展银行等农村金融机构,组建股份合作制性质的非盈利组织——国家农地抵押信贷系统;另一方面,向私人资本和其他社会资本开放农地抵押市场,鼓励私人创设股份土地银行,鼓励成立农地抵押公司和其他中介组织,鼓励人寿保险公司和信托投资公司等金融机构参与农地抵押贷款业务。

第三,信用扩张与风险控制相结合原则。这一原则是由现代农地金融的特征所决定的。从金融史的角度看,现代农地金融是现代信用制度的产物,它是在现代商业银行体制已经建立、金融市场比较发达的情况下产生的,从一开始它就采用了与商业银行体系不同的信用扩张机制。众所周知,商业银行体系的信用扩张机制是建立在部分准备金制度基础上的,商业银行体系的信用扩张机制与风险控制机制是相互分离的,风险控制主要依赖中央银行的监管。然而,现代农地金融的信用扩张机制是建立在资本金制度基础上的,信用扩张机制与风险控制机制是合二为一的:信用扩张机制以风险控制机制为前提,风险控制机制以信用扩张机制为动力,两者互为因果。这一原则在实践中具体表现为一系列管理制度,如贷款额与股本认购额相挂钩制度、农地金融机构经营许可证管理制度和土地证券发行评估审批制度等。

2. 完善中国农村土地金融法律制度的具体设计

完善中国农地金融制度建设的现实问题主要是相关法律制度的完善,主要包括:(1) 改变农地产权主体虚置的状况。根据中国现行的农地产权制度,农村土地产权存在着多元主体,且主体界定模糊,有主体交叉、虚化及缺位的现象。例如,我国《宪法》规定:农村和城市郊区的土地除由法律规定属于国家所有的以外,属于集体所有;《民法通则》则规定:集体所有的土地,依照法律属于村农民集体所有,由村农业生产合作社等农业集体经济组织所有,已经属于乡(镇)农民集体经济组织所有的,可以属于乡(镇)农民集体所有。从两法中可以明确看出,农村土地产权的法定所有者,即所有权主体可以是国家、乡(镇)农民集体经济组织,也可以是村农业生产合作社等农业集体经济组织,却没有真正的土地所有权的代表机构和组织、个人。因此,农村土地真正的所有权主体,在法律中并未给出明晰的定义,农地所有权主体本质上是虚位的。要发展农村金融制度,必须将农村集体土地使用权主体明确化。(2) 承包经营权物权化,权利内容明确。农民能够拥有长期有保障的土地承包经营权,国家承认土地权利的商品性及可货币化,这是农地金融制度得以开展的先决条件。然而,中国土地承包经营权界定不明、权能残缺以及缺乏对农地长期使用权的保障措施的现状,构成了中国农地金融制度构建中的现实障碍。尤其是农地承包经营权的内涵、地位、界限、法律形式、实现方式等问题至今在制度上还没有明晰的界定,而农村土地承包经营权主体的经济地位、法律地位、财产地位和职能范围、行为方式等也没有明确的规范。上述问题不解决,就无从对所抵押农地进行承包经营权的估价,从而也谈不上建立真正意义上完善的农村土地金融制度。(3) 消除对土地承包经营权抵押的法律限制。传统民法上的担保物权,主要有抵押权、质权和留置权三种,而抵押权则是土地担保物权的基本形式。农地金融制度正是以农地抵押权作为信用保证而取得的资金融通,因而也被称为农地抵押贷款或农地抵押信用。在这里,农地抵押权是作为农地金融制度的核心要件存在的。但根据"土地不得买卖或以其他形式非法转让"的法律原则和《中华人民共和国担保法》的规定,中国现行的立法对集体农地承包经营权抵押采取的是严格限制的立场,即农地使用权除"四荒"土地使用权外不得抵押。这在立法上亟待改变。同时,农村土地承包经营权抵押贷款的中心环节,是农民将使用权抵押给贷款银行,当农民逾期不能清偿贷款时,银行即拥有对农地的使用权,这就必然发生农地使用权的转让及流转。因此,农户是否拥有土地使用的转让权,就成为农地金融制度创制的关键。然而,在中国现阶段国情条件下,由于农业用地实行的是集体所有制,土地在农户间的分配是以集体的"有形之手"进行的,即市场并非是中国农村土地的资源配置基础，这就产生了农民是否具有农地转让权的问题（即农民是否有权将农地使用权转让给银行）。在中国，如果农民个人没有承包经营使用转让权，就不能作为贷款的合法抵押品，从而建立农地金融制度就不具有可行性。同时，由于缺乏有效的农地流转机制，在贷款户看来土地的拍卖变现实际上只是一种不可置信的威胁，贷款偿还缺乏硬性约束，承包户往往缺乏按期偿贷的积极性，投放于农地上的贷款难以如期收回，从而大大增加了农地金融的潜在风险性，可能形成大量不良贷款，不利于中国农地金融业务的健康发展。（4）完善农村土地估价体制。改革开放以来，中国已成立了很多土地评估机构，并拥有了一大批高素质的估价人员，然而他们估价的对象主要是城市土地，还未涉及农村土地。农村土地不同于城市用地，它没有土地交换的实例估价参考，可以用市场法进行比较，也没有城市土地那样明显的级差收益，可以用收益还原法进行测算，加上农业生产率长期低下，农产品价格偏低，农村土地收益难以确定，农地价格评估起来具有一定的难度。此外，中国还缺乏全国统一的农用土地分等、定级估价体系，对农地估价的探索则主要集中在对农用地整体价格的评估，对土地追加投资后单块土地价格的评估却鲜有研究。没有完善的农村土地估价体制，农地金融制度难以推行。

第三节 土地承包经营权流转方式

我国《土地承包经营法》第32条以及《物权法》第128条分别对土地承包经营权的流转做出了规定。从其内容来看，我国将土地承包经营权区分为家庭承包方式获得的承包经营权和通过非家庭承包获得的承包经营权，并分别对其做出了规定。通过家庭承包取得的土地承包经营权可以依法采取转包、出租、互换或者其他方式流转，但不能抵押，流转方式受到一定的限制。通过非家庭承包方式取得的承包经营权的流转则几乎不受限制，可以转包、出租、互换和抵押。下面就各种流转方式分别加以探讨。

一、转让和互换

转让、互换是土地承包经营权流转的主要方式。土地承包经营权的转让是对农村土地承包经营权的最彻底的处分方式，是指土地承包经营权人将其拥有的未到期的土地承包经营权移转给他人的行为。土地承包经营权的转让导致了原承包经营权人的承包经营权的消灭和受让人的土地承包经营权的产生。为了保障农地被合理用于农业经营，《农村土地承包法》和《农村土地承包经营权流转管理办法》都要求"受让方须有农业经营能力"。除此之外，法律针对"家庭承包"和"其他方式的承包"做出了不同规定。对于家庭承包，转让前提是原土地承包经营权人有稳定的非农职业收入或者有稳定的收入来源，并经发包方同意[①]；对于"其他方式的承包"，农村土地承包经营权的转让未设限制。土地承包经营权的互换，是土地承包经营权人将自己的土地承包经营权交给他人行使，自己行使从他人处换来的土地承包经营权。互换一般只限于在集体经济组织内部进行。[②] 互换所导致的物权法效果是两个土地承包经营权的权利人发生变动。

在农村土地承包经营权转让与互换时，物权变动效力何时发生？《物权法》第 129 条规定："土地承包经营权人将土地承包经营权互换、转让，当事人要求登记的，应当向县级以上地方人民政府申请土地承包经营权登记；未经登记，不得对抗善意第三人。"从该条的规定来看，农村土地承包经营权的转让与互换不需要经过登记就可以实现，即农村土地承包经营权转让与互换合同发生效力则农村土地承包经营权发生变动，登记仅是发生对抗效力的要件。将登记作为农村土地承包经营权变动的对抗要件，优点是农村土地承包经营权的变动可较易实现，缺点是其可能会引致纠纷并危及交易安全。由于未经登记就可以产生土地承包经营权变动的效力，土地承包经营权人客观上可以将土地承包经营权多次转让，产生一个土地承包经营权多次转让问题。于此情形如何确定各权利人的地位和权利？确立"未经登记的不得对抗第三人"的规则仅仅在有限范围内解决了这一问题，它明确了登记人的享有的"土地承包经营权"具有最优的效力，从而确立了一个判定谁是真正权利人的规则。但是这一模式在理论上存在着内在矛盾。在理论上转让土地承包经营权的行为是一个处分行为，权利人仅能进行一次该种行为，即原土地承包经营权人在将权利转让给第一个受让人时，他就应不再享

① 参见我国《农村土地承包法》第 21 条。

② 参见我国《农村土地承包法》第 40 条。

有土地承包经营权，将不能再次进行以下的土地承包经营权转让，即按照物权变动的基本法理，在仅依转让合同就可以实现土地承包经营权转让的情况下，第一受让人将取得承包经营权。转让合同产生转让效力的逻辑结果应当是仅仅第一个受让人才能取得承包经营权，其承包经营权的绝对性应当具有排他效力。但问题在于由于未经登记，原承包经营权人依然享有权利的外观，依然会有第三人与之签订转让协议而受让承包经营权。严格地讲，由于原承包经营权人已经将土地承包经营权转移，其第二次转让行为就成为了无权处分，不能再直接发生权利变动的效力。在现实的生活中，很多第三人都会信赖原承包经营权人的权利外观，而与之共同进行再次转让的行为。在这种情况下，由于第三人代表了交易的秩序，保护第三人的利益就具有合理性，"未经登记的不得对抗第三人"的规则正是在这种意义上提供了一个保护第三人的合理规则。"未经登记的不得对抗第三人"的规则的一个形式前提是原承包经营权人的受让人都取得了"承包经营权"，只是效力上有所不同，登记的"承包经营权"的效力强于未经登记的"承包经营权"，其贯彻的结果也正是登记的权利人的权利排斥了其他权利人。显然，"未经登记的不得对抗第三人"的规则与其前提即转让合同生效时权力转移的规则相矛盾，必须在立法上及时解决。

二、出租

出租是产生租赁关系的土地承包经营权流转方式。《农村土地承包经营权流转管理法办法》规定："出租是指承包方将部分或全部土地承包经营权以一定期限租赁给他人从事农业生产经营。出租后原土地承包关系不变，原承包方继续履行原土地承包合同规定的权利和义务。承租方按出租时约定的条件对承包方负责。"出租会导致在出租人与承租人之间因承包经营权出租合同而产生债权债务关系。出租承包经营权除了需遵守农村土地承包经营权流转的原则外，可以由出租人与承租人自由协商确定。由于出租双方一般通过规范的租赁契约规定各自的权利义务关系，法律关系比较明确，因此出租这一流转方式在实践中获得普遍认同，相关纠纷也较容易按照租赁合同约定而解决。

三、转包

转包是一种产生时间最早的土地承包经营权流转方式，它最初发生在集体经济组织成员之间，后来也主要被界定为集体经济组织成员之间的农村土地承包经营权流转方式。《农村土地承包经营权流转管理办法》将农村土地承包经营权转包定义为“承包方将部分或全部土地承包经营权以一定期限转给同一集体经济组织的其他农户从事农业生产经营”，转包农村土地承包经营权的农户一般被称为“转包户”，接受转包的同一集体经济组织内的农户被称为“接包方”。由于转包是来源于实践而且未经过准确定义的词汇，因此，在调研中笔者发现该词在农村土地承包经营权的流转实践中词义很不确切。转包这一词汇在实践几乎包含了集体成员之间大部分的农村土地承包经营权流转关系，短期的、长期的、不定期的转包都存在。

从法律规规定来看，转包是一种与农村土地承包经营权出租、互换、转让并列的流转方式，但转包与农村土地承包经营权的出租、转让之间有何区别？从《农村土地承包经营权流转管理办法》（以下简称《管理办法》）第35条来看，该办法依据中国农村中对这一用语的现实使用状况，将转包和出租的区别主要界定为流转对象不同，前者限于集体经济组织内部，后者无限制性规定。但这种区别显然不是本质性的，如果仅仅是流转的对象不同，但是权利属性上却完全一致，那么土地承包经营权的转包就可以并入到农村土地承包经营权租赁范畴。然而，法律一直以来都是将转包作为与租赁相区别的方式，二者如何区别？从《管理办法》对承包经营权转包定义的说明来看，转包是将部分或者全部土地承包经营权以一定的期限转给同一经济组织的其他成员，即转包带有从原土地承包经营权中转出一个新的“承包经营权”的含义。“包”字在中国农村的实践中出现了一种用来指称农地物权设定的趋势，“包”的这种含义最初起源于农村土地承包经营权的设定，在转包的实践中得到进一步应用。在农民群众朴素的法律意识中，“包”和“租”字是有区别的，这种区别就是通过“包”获得的农地权利在效力上强于通过“租”获得的农地权利。在农民的观念中，在转包的过程中，原承包经营权人所享有的承包经营权所具有的效力（绝对效力）通过“包”的方式传递给了“接包方”。因此，转包所产生出来的效力高于出租。这种权利传递的结果使得“转包户”不得以任何理由干涉“接包方”，不得以支付违约金解除承包合同为由而排斥接包方对接包地的权利，正如同在农村土地承包中发包方不得干涉、收回承包地一样，即一旦转包后接包方就形成了一个直接对农地的权利，在转包合同规定的范围内即使原承包经营权人也难以排除接包人的农地权利。这一内容蕴含着物权与债权区分的法理。转包后既使转包人也不得排除"接包方"的农地权利，说明"接包方"的农地权利是一种对物的支配权，是一种绝对性的权利。这样，通过转包设定的农地权利与通过租赁设定的农地权利就有了很大的不同：通过转包获得的农地权利是直接针对农地的一项绝对性的权利，具有物权属性。它一旦设定就对原承包经营权形成了强有力的限制，使原承包经营权在一定期限内完全虚化，甚至价值化。原承包经营权人的承包经营权虽然依然存在，但是，它只能通过收取地租的方式来实现，它对承包地的支配权变为了一种观念上的、间接性的支配。通过租赁方式设定的农地权利首先表现为承租人对出租人的权利，这种权利对出租人的约束性使得承租人可以以此为纽带而使用农地，即在租赁关系中，承租所获得的权利首先是指向出租人的，以此为基础才表现为对农地的权利。在租赁关系中，出租人负有一项将农地提供承租人使用的义务，在他遵守契约的情况下，他可以通过自己履行契约的行为而使承租人得以使用农地。但是，他同样可以选择不履行契约义务，承担违约责任而排除承租人的权利。所以，转包是一种产生新物权性土地权利的行为，而租赁仅仅是一种产生债权性土地权利的行为。同时，转包与转让的区别也是明显的，转让的结果是原土地承包经营权人的土地承包经营权消灭，受让人取得土地承包经营权。在转包的情况下，原承包经营权人的承包经营权并不消灭，只是在其上又产生了一个物权性的农地权利。

四、入股

针对土地承包经营权入股的情况，笔者从 2007 年到 2009 年曾分别对广东佛山和浙江绍兴等地区进行调查。调查结果发现，广东佛山土地入股模式早在 20 世纪 90 年代就开始，是最早实行土地入股的地区。其主要做法是：在不同地区采取不同的作价形式，按照每个劳动力的贡献、劳动年限和原来承包地的质量，把土地和固定资产折股量化给农民，实行农民股权"生不增，死不减"，建立股东大会、董事会和监事会，把土地重新拿来招标发包，进行按股分红。但实践结果并不理想，截止到 2007 年笔者调查时为止，实行土地股份制的15年中,农民没有从中受益,管理机制十分落后,而村土地股份公司由于没有健全的治理结构或者治理结构十分落后,不健全,导致了大量损害农民股权人利益的案件,村民和村集体经济组织之间的积怨颇深。从调查问卷中还可以发现,农民对这一制度的满意度仅仅为9.13%。

随后,笔者又深入调查了浙江省部分地区土地股份制实行情况:

案例1　绍兴县王坛镇南岸村土地股份合作社

2007年南岸村建立土地股份合作社,农民将自己的土地承包经营权投资入股,每1田为1股,农民无需种地即可获得每亩租金收益。如果土地股份合作社经营情况好,年底还可以拿到分红。土地股份合作社成立董事会和监事会,并从入股农户中选出股东代表行使股东权利。在实行土地股份合作制的运行过程中,着重把握三方面工作:一是公开选定流转受让单位(大户)。在公平、公开环境下,引入有一定规模和实力的萧山弘阳农场承租农户流出的土地,建立出口蔬菜基地。对经土地整理后的山地,实行公开招标、择优发包。二是合理商定流转期限和价格。对于农户承包田的流转,经与萧山弘阳农场商定,期限为10年,并约定灵活性承租政策,在租赁期内如农户学会技术后,提出自行连片种植要求的,可分包田块,其种子、技术、产品销路由农场负责,以保护农民的合法权益。流转价格实行灵活的租金政策,租金每亩每年随着市场粮价的提高将相应增加租金。对土地整理后的山地的流转租期分别商定为20年、10年。三是规范签订流转合同。南岸村土地股份合作社与萧山弘阳农场及2户大户签订规范的土地租赁合同,明确土地流转形式、流转期限及双方的权利和义务。

案例2　上虞市永和镇虞东粮食合作社

其运行特点主要有几方面:一是土地承包经营权作价入股,实行资金入股和土地入社相结合的方式,合作社生产管理层以股金入社;一般农户以土地承包经营权作价入社,将土地交给合作社种植,与货币出资认购享受同等权利和义务。在利润分配时按股权实行二次分红,第一次分红通过对社会上种粮大户、一般农户等多层次的生产成本和总产量调查,核算每亩种粮净利润,由合作社与社员按照一九比例分成,剩余稻谷由合作社处理;年底通过合作社内部经济核算后再次分红,根据合作社全年的盈利状况,提取一定比率的公积金、公益金后,入社农户及生产管理成员可按入社土地合同面积

(每亩折算20元作为股金计算)或入社股金对剩余利润进行再分配。二是合作社实行规范化管理。制订《粮食专业合作社章程》、《粮食专业合作社内部管理责任制度》等一系列规章制度,对工作职责、生产资料及农机具管理、财务管理、奖惩管理等方面作出严格规定,规范合作社运作机制。同时规定"不得用于非农建设,不得给土地造成永久性损害",以维护土地的农业用途。三是合作社实行统一品种、育秧、种植、管理、收割、销售"六统一"的一体化经营模式,实现生产管理一条龙。四是合作社享受与其他农民专业合作社同等的税收减免、粮食直补、购机补贴等一系列优惠政策。镇农技信息中心还在品种选购、农资供应、病虫防治、栽培技术等方面为粮食合作社提供全程服务和指导。

案例3 海盐县武原镇双桥村土地股份合作社

该村在"明确所有权、稳定承包权、搞活经营权"的前提下,建立土地股份合作社。主要工作分四步走。一是2007年6月成立双桥土地股份合作社筹备小组,召开土地股份制改革专题动员会议。深入农户宣传建立土地股份合作社的意义和对农户的好处。二是入社自愿、手续规范。坚持入社自愿,凡入社农户均要填写《海盐县农村土地承包经营权入股(委托)协议》,申明"愿意将土地承包经营权以股份形式参加双桥土地股份合作社",并注明田块的坐落、四至和面积,并规定不得改变土地的农业用途性质,签订承包土地流转合同。三是制定章程、明确股权。章程初稿经村组干部和农户代表反复讨论和修改形成章程草案,提交股东代表大会表决通过。《章程》明确合作社的经济性质、股权设置、社员入社条件、权利和义务、组织机构、收益分配和财务制度等。以每亩田的承包经营权折算股份。四是建立机构、依法经营。土地股份合作社选举产生董事会和监事会,实行董事会领导下的董事长负责制,重大决策由股东代表民主讨论决定,按章办事、民主管理,股东代表会议和监事会发挥监督作用。

土地承包经营权股份化方式流转,对于完善我国土地承包经营制度和农业生产的发展具有积极意义。首先,土地承包经营权入股可以形成新的资源配置机制。其次,土地承包经营权入股方式可以克服分散经营的局限性。但是以入股方式对土地承包经营权进行流转会涉及很多的法律风险,包括土地用途的改变、农户对土地入股后经营风险的承担等。为了规避这些风险,我们首先要规范的核心问题是土地入股后的农民的股权保护。从上述案例的调查中发现,佛山模式中土地入股后的农业股份集团公司的内部治理结构几乎缺位,农民股权保护无法得到保障;而浙江省的这些土地承包经营权入股实践却抓住了公司治理和股权保护这一核心。

从理论上看,土地承包经营权入股后,承包权人丧失土地承包经营权,获得对所成立的农业公司的股权。但是在我国农村土地入股的实践中,却并非按此进行。在实践中,农村土地承包经营权的入股一般都是将具有一定期限的农村土地承包经营权入股或者是将一个承包期内剩余期限的农村土地承包经营权入股。在此情况下,可以认为承包经营权入股是一个异于原有农村土地承包经营权的次级农村土地承包经营权设定并转移的过程,承包经营权人原来的承包经营权在入股后依然存在,只不过是受到新的次级农村土地承包经营权限制。农业部《农村土地承包经营权流转管理办法》第 19 条规定"承包方之间可以自愿将承包土地入股发展农业合作生产,但股份合作解散时入股土地应当退回原承包农户",基本上反映了农村土地承包经营权入股中的上述思路。

五、抵押

关于土地承包经营权是否可以抵押,1995 年颁布的《担保法》第 34 条允许荒山、荒沟、荒丘、荒滩等荒地的土地使用权在获得发包方同意后抵押,第 37 条第 2 款明确规定耕地、宅基地、自留地、自留山这些集体所有的土地之土地使用权不能抵押。1996 年国务院办公厅发布的《关于治理开发农村"四荒"资源进一步加强水土保持工作的通知》,重申了四荒土地使用权可以抵押的法律政策。最高人民法院《关于审理涉及农村土地承包纠纷案件适用法律问题的解释》第 15 条规定:"承包方以其土地承包经营权进行抵押或者抵偿债务的,应当认定无效。对因此而造成损失的,当事人有过错的,应当承担相应的民事责任。"该解释否定了在通过家庭方式承包取得的土地承包经营权进行抵押的可能性。在此基础上,《农村土地承包法》基本上继承了《担保法》的相关规定,其第 49 条规定农民可以通过抵押方式将"四荒"土地的承包经营权流转。在物权法制定过程中,土地承包经营权是否可以抵押一直存在争议。反对者认为农村的社会保障尚未建立,允许土地承包经营权抵押会导致农民丧失农地,从而诱发农村社会的不稳定;同时,土地承包经营权抵押后，执行抵押后的土地承包经营权也存在着困难。支持者认为农民存在通过土地承包经营权进行抵押从而获取贷款的巨大需求，不允许土地承包经营权进行抵押会妨碍农民的自主权，使土地承包经营权的财产权价值难以显现；在农村金融体系还不健全，农民融资渠道不畅的情况下，禁止农民土地承包经营权的抵押会进一步造成农民从事农业资金的短缺。这一争论最后以反对者胜利而告终。最终，《物权法》仍旧沿袭了《担保法》与《农村土地承包法》的相关规定，禁止了通过家庭方式的农村土地承包经营权的抵押，而认可了通过招标、拍卖、公开协商方式获得的农村土地承包经营权的抵押。①

笔者认为，建立土地承包经营权统一的抵押制度是必要的，也是可行的。有人担心，如果允许农民以土地承包经营权抵押，农民一旦不能清偿到期债务，在实现抵押权的过程中，就会失去生存之本。我国农民多数刚刚解决温饱问题，承受债务的能力相当弱，允许土地使用权抵押将刺激农民举债。农业本身是风险很高的产业，农业大户因自然灾害或市场变幻而倾家荡产的事例不胜枚举，鼓励农民抵押贷款其实是在增大农民破产的风险。发展农业需要强有力的资金支持，但不能让农民冒破产的风险筹措资金。政府应在农业生产资金支持上承担责任，例如政府担保贷款、贴息贷款、生产补贴等。农民也可以依据《物权法》第 184 条的规定将现有的以及将有的农作物作抵押以取得贷款。② 这种担心其实是不必要的，因为：首先，土地承包经营权的抵押中，不能清偿变现毕竟是少数；而且，土地承包经营权抵押时，其价值需要进行评估，一般按照一定比例给予授信额度，一定程度上能够防范风险。其次，土地承包经营权人是理性人，他们有自己的利益判断，我们的立法者不能总是把自己当做他们的守护人，他们的家长，其实我们根本就不能把本来应该由他们自己做的事情做好，这从过去到现在都是如此。而过多干预的结果往往牺牲了农民的利益，而并没有保护他们。所以，在私权尚未发育的社会，我们纯粹地进行道德的呐喊是不够的，而应该首先发展我们的私权法律。再次，农民通过承包经营权抵押融资都有一定的用途，并且这一用途要受到贷款人的审查，这在一定程度上也能防避风险的发生。

① 参见我国《物权法》第 184、133 条。

② 参见孟勤国：《中国农村土地流转问题研究》，法律出版社 2009 年版，第 66 页。

另外,理论上我们还必须认识到,抵押本质上是一种担保行为,它并不必然导致流转,它与土地承包经营权的流转也不是同一概念。

所以,以耕地为主的农地承包权排除在可以抵押的财产之外,显然已经不能适应我国农村经济发展的实际要求,更是对农户土地承包权的一种法律束缚,与现行的《农村土地承包法》立法宗旨相违背,也不能发挥土地承包经营权作为用益物权的价值。从实践的角度来看,这种限制或者禁止已经为农民所反对。在现实生活中,出现了很多农民在交往中自愿签订"抵押协议",在债务不履行或者无法履行情况下,协议将土地承包经营权变现抵债的情况。这种情况说明,法律禁止土地承包经营权抵押的情况下,并不能达到防止农民因债务负担等而被迫转让土地承包经营权的可能性,相反,它只会造成农民的融资渠道不畅与财产价值的低估。

因此,笔者认为,应该建立土地承包经营权统一的抵押制度标准,而不再区分家庭承包权和其他承包权并单独设置规则。因为:第一,在土地承包经营权转让获得法律认可的情况下,而法律却限制土地承包经营权的抵押,存在矛盾和不足。因为既然《农村土地承包经营法》、《物权法》已经允许土地承包经营权在一定条件下转让,而土地抵押的最为严重的预期法律后果就是土地承包经营权的转让,因此,按照举重以明轻的原则,既然法律允许了土地承包经营权的转让就应当允许土地承包经营权的抵押。第二,从法律上讲,土地是可分物,农民都可以对土地承包经营权进行量上的分割,对部分土地承包经营权进行抵押。在时间上,既可以在全部承包期中的承包经营权抵押,也可以抵押一段期限内的承包经营权。如果农户对土地承包经营权进行部分抵押或者一定期限内的抵押,农户仍然在一定程度上保留着土地承包经营权。第三,农户用土地承包经营权进行抵押融资的目的一般是从事新的生计行业,可能为承包经营权人最终提供新的生活支持。另外,我们必须注意到,随着我国农村的非农产业的发展和非农就业的途径的增加,农民对土地依赖性已经大大降低,农民的就业渠道日益多元化,非农收入在农民收入中的比重也日益增大,土地对农民的自我保障功能日趋弱化。在东部的很多地方与中西部城镇郊区,农民已经不再以农业收入为主要生活来源,很多农民需要通过融资来转换自己的身份,从事新的产业经营。而农地的不能充分流转导致了西部很多地方出现了弃田抛荒现象,土地资源出现浪费,允许农民在土地上设定抵押权可以起到整合土地资源的作用。

六、反租倒包

反租倒包是指村集体作为承租主体,"反租"农户的土地,再转租给从事农业经营的企业,或者是村集体作为中介,从事农业经营的企业直接向农户成片地承租土地;农业经营企业对承租的零散土地进行整理,建设成标准化的种植或养殖基地,然后,再"倒包"给种养植大户或原承包户。农业经营企业按照承租合同,将租金交纳给村集体,村集体将其中一部分租金发放到原土地承包户,另一部分租金则留给村集体作为公共使用。"反租倒包"形式在20世纪90年就已经出现。由于当时农业产业化的发展尚在起步阶段,大多数农业经营企业规模较小、实力较弱,有些农业经营企业就是村集体自办的企业,因此,实际运作的效果并不理想。一些村集体以很低的租金强行租回农户的承包地,再以较高价转包给农业企业或种植大户,将"反租倒包"作为村集体获得收入的手段,引起农民的强烈不满,也有一些农业经营企业不能兑现对原承包户的租金承诺,造成原承包户与农业经营企业的矛盾,甚至发生冲突。为此2001年中央曾明确指出"'反租倒包'不符合家庭承包经营制度,应予制止"[①]。随着农业产业化发展水平的提高,一些大企业、大资金开始介入农业经营领域,"反租倒包"的土地流转形式逐渐成熟。越来越多的地区采取农业企业直接与承包户签订承租合同的方式,而村集体只是作为中介和组织者。由于大企业实力比较雄厚,抗风险能力较强,而且比较注重信誉,并希望与农户建立长期稳定的合约关系,所以,出现违约可能性比较低。农业企业直接与承包户签订承租合同,也减少了村集体的代理人从中获利的机会。因此,虽然"反租倒包"已被明文制止。但实践中,"反租倒包"及其变种形式仍是农业企业与农户打交道,取得对土地支配控制权的主要方式。而且"反租倒包"的土地流转规模均较大。规模较小的农业经营企业承租的土地规模至少也在上百亩,较大规模的农业经营企业承租的土地一般都在几千亩,甚至上万亩。从实践来看,这种反租倒包的方式能够极大地解放农村生产力。笔者在对广东、海南的一些调查中发现,很多农业企业规模经营的形式都采用了"反租倒包"模式。

---

① 中发2001年18号文件《中共中央关于做好农户承包地使用权流转工作的通知》。

从法律上看,反租倒包这一模式的特点是农民将自己承包的土地以租赁的方式,出租给村集体,通过签订租赁合同,明确集体与农民之间的权利义务,村集体向农民交付租金,再由村集体出面把土地成片包给种粮大户。[①]它主要是通过合同的方式解决各方的利益关系。其主要包含以下三种合同关系:第一,农户与村集体之间的土地承包经营合同。第二,农户与集体之间的"反租合同"。由村民大会形成决议确定对价及其他权利义务。农户以合理对价将土地承包经营权租给村集体。第三,村集体与农业经营企业签订的承包合同。从这些关系分析,反租倒包实质上是将土地承包经营权经过二次移转:一是初次流转,即农户将土地转包给发包方村集体,村集体支付转包费给农户;二是再流转,即村集体与第三方之间的转包,将土地承包经营权流转给第三方,由第三方支付转包费给发包方。两个合同所涉及的流转其实是多次转包,不是独立的土地流转方式。需要注意的是,在法律明确规定集体经济组织不能随意收回承包地的条件下,反租倒包有可能成为村集体变相收回农户承包地的合法形式。因此,必须明确反租倒包及其条件由农户自主决定,不得采用村民大会决议的形式强迫农户接受反租倒包,村民大会的反租倒包协议对农户没有法律约束力。[②]

七、土地承包经营权继承

土地承包经营权能否继承,理论界存在分歧。赞成土地承包经营权可以继承的学者认为,不管是家庭承包还是其他方式承包取得的土地承包经营权,都具有可继承性。[③] 有观点认为:在承包期内,继承人可以依法继续承包,继续承包的法律性质应当为合同主体的变更。[④] 还有学者认为土地承包经营权具有部分继承性:继承人可以依法继承家庭承包的林地承包经营权或以其他方式承包取得的土地承包经营权。

从现行法律规定来看,《物权法》第 126 条第 2 款、第 130 条、第 131 条等内容规定,承包期内发包人不得调整、收回承包地;因自然灾害严重毁损承包地等特殊情形,需要适当调整的,或者农村土地承包法等法律另有规定

① 参见王利明:《物权法专题研究》(下),吉林人民出版社 2009 年版,第 906 页。
② 参见孟勤国:《中国农村土地流转问题研究》,法律出版社 2009 年版,第 82 页。
③ 参见梁慧星、陈华彬:《物权法》(第 4 版),法律出版社 2007 年版,第 265 页。
④ 参见江平:《中国土地立法研究》,法律出版社 1999 年版,第 306 页。

的,依照其规定办理。承包期届满,由土地承包经营权人按照国家有关规定继续承包。没有提到土地承包经营权的继承。《继承法》第 4 条规定:个人承包应得的个人收益,依照本法规定继承。个人承包,依照法律允许由继承人继续承包的,按照承包合同办理。最高人民法院《关于贯彻执行〈中华人民共和国继承法〉若干问题的意见》第 4 条对“承包人死亡时尚未取得的承包收益”作了进一步的解释,即“可把死者生前对承包所投入的资金和所付出的劳动及其增值和孳息,由发包单位或者接续承包合同的人合理折价、补偿,其价额作为遗产”。承认了承包收益的继承,但未规定土地承包经营权的继承。《农村土地承包法》将土地承包经营权按照其不同的取得方式,分为家庭承包和以其他方式承包两种。以家庭承包的,该法第 31 条规定:“承包人应得的承包收益,依照继承法的规定继承。林地承包的承包人死亡,其继承人可以在承包期内继续承包。”第 50 条规定:“土地承包经营权通过招标、拍卖、公开协商等方式取得的,该承包人死亡,其应得的承包收益,依照继承法的规定继承;在承包期内,其继承人可以继续承包。”明确的也是承包人应得的承包收益可以继承。对土地承包经营权本身,现行法律只规定了“继续承包”。

从上述规定可以看出,立法上对土地承包经营权是否可以继承,并未明确规定。笔者认为,土地承包经营权可以继承。因为:第一,《继承法》对土地承包经营权不能继承的规定在当时的情况下主要考虑的是因为基于承包合同而产生的土地承包经营权具有一定的身份性质,同时也为了土地的有效利用之考量。尽管这种考虑在当时有其合理之处,但是现在已经时过境迁,社会经济条件已经发生了很大变化,再固守陈规将不合时宜。第二,《农村土地承包法》和《物权法》已经将土地承包经营权定位为土地用益物权,在此情况下,如果不允许继承,与物权性质相互冲突。

第三章　宅基地使用权流转法律问题

第一节　中国宅基地使用权的基本描述

一、宅基地使用权的概念和性质

宅基地使用权是宅基地使用权人依法享有的占有、使用农村土地，并利用土地建造住宅的附属设施的权利。《物权法》第 152 条规定：“宅基地使用权人依法对集体所有的土地享有占有和使用的权利，有权依法利用该土地建造住宅及其附属设施。”从宅基地使用权的最初产生来看，宅基地使用权是几乎与集体土地所有权同时产生的物权，宅基地使用权多由农民原来的宅地所有权转变而来，因此，宅基地所有权的历史状况对宅基地使用权的主体构造有深刻影响。鉴于土地改革前后很长的时间里，宅基地基本上是以自然人为主体构造单位，或者为个人单独所有或者为共有，因此，宅基地使用权在历史延续中首先呈现出个人所有或者准共有的形式。从人民公社化运动开始一直到现在，在宅基地使用权的设定过程中，宅基地使用权设定的主体一直是农户。这就形成了宅基地使用权主体上的个人与农户共存的局面。改革开放后，按照《土地管理法》的规定，宅基地使用权申请主体为符合宅基地建房申请条件的集体经济组织成员，在实践中宅基地的使用权仍然以户为单位分配。目前宅基地使用权的主体在形式为户或者个人，户在外部呈现出主体性，在内部仍为共有。

就宅基地使用权的性质而言，它是带有民族特征的用益物权。宅基地使用权比地上权更加类似于所有权，基本上是一种可以等同于所有权的权利，因为它直接从农民的土地所有权转变而来，除了在观念形态上，集体土地所有权归属于集体以外，对于大部分农民而言，他们长期以来一直是在像所有权人一样使用着宅基地。这样的一种权利行使状况一直以来都获得了集体成员、第三人与政府的认同。《物权法》也将宅基地使用权定位为一项农民享有的用益物权。

二、宅基地使用权的产生和历史演进

中国现行的农村宅基地使用权制度，诞生于新中国成立之后的土地改革运动。它是新中国成立以来中国农村土地制度的重要组成部分，经历了从确立到发展完善的过程。

（一）短暂的宅基地所有权时期

新中国成立后，农村开展了废除封建土地制度、实行“耕者有其田”的土地改革运动。根据1950年《中华人民共和国土地改革法》的规定，农民对其分得的土地和土地上的住宅拥有完全的所有权。在1953年—1957年的社会主义改造时期，中国完成了土地所有制的第二次变革，农村通过合作化将农民的土地所有制改造为集体土地所有制，但是从有关法律文献看，农民的宅基地仍然由农民享有绝对的所有权，对其自由处分没有禁止性的规定，法律允许农村宅基地自由买卖和出租。

（二）宅基地使用权形成

1958年3月《中共中央关于把小型的农业生产合作社适当地合并为大社的意见》、1958年8月29日《中共中央关于在农村建立人民公社的意见》颁布后，人民公社化运动在全国农村广泛展开。1962年9月27日中共第八届中央委员会第十次全体会议通过的《农村人民公社条例修正草案》（又称“六十条”）第21条规定：“生产队范围内的土地，都归生产队所有。生产队所有的土地，包括社员的自留地、自留山、宅基地等等，一律不准出租和买卖。”这是新中国成立后最早对农村宅基地使用权问题作出规范的文件，自此以后，农村宅基地所有权与使用权相分离，其中，所有权归生产队，使用权归社员。由人民公社化的进程可以看出，农村宅基地所有权的变更并不是通过等价交换原则建立，而是通过无偿平调完成，这种土地权利制度得到了1975年《宪法》的确认。这一时期具体调整宅基地法律关系的是1953年3月20日《中央关于各地对社员宅基地问题作一些补充规定的通知》中转发的国务院农林办公室整理的《关于社员宅基地问题》以及最高人民法院《关于贯彻执行民事政策几个问题的意见》（1963年8月28日修正）。这些规定明确指出，宅基地归各户长期使用，长期不变，生产队应保护社员的使用权，不能想收就收，想调剂就调剂。宅基地上的附着物等永远归社员所有，社员有买卖房屋或租售房屋的权利，房屋出卖后，宅基地的使用权即随之转移给新主，但宅基地的所有权仍归生产队所有。在宅基地使用权的取得上，先由本户提出申请，经社员大会讨论同意，由生产队统一规划，予以解决，但尽可能利用闲散地，不占有耕地，必须占有耕地时，应根据“六十条”的规定，报县人民委员会批准，1972 年“大四清”时又规定，一户如有两片宅基地，空闲的一片即归集体。同时，新建住宅无论是否占有耕地一律不收地价。

在人民公社时期，中共中央的各项涉及宅基地使用权的政策和文件都得到普遍遵守。由于农民的宅基地使用权是从农民的土地所有权直接转化而来，宅基地使用权从一开始产生就具有极强的物权效力。从农民对土地权利的观念认知角度来看，农民对宅基地使用权的认知状态并没有伴随着宅基地权利性质的转变而立刻完成。人民公社运动初期，绝大多数农民都是从所有权的观念出发来理解其所享有的宅基地使用权。农民群体对宅基地使用权权利属性的认知伴随着人民公社时期以及以后集体土地所有权的长期行使与宅基地使用权的申请与分配才逐步完成。即使到了集体土地所有权长期运行以后的改革开放时期，部分农民也没有彻底完成从宅基地所有权到宅基地使用权的认知，而仍旧认为他们享有的是宅基地所有权而不是宅基地使用权。宅基地使用权与农民个人的房屋和竹木等的所有权保有密切关联性，住宅作为私人空间的不可侵犯性进一步强化了宅基地使用权的效力。宅基地使用权的产生标志着物理形态的土地与其上的土地物权观念在进行进一步的分离。静态地看，宅基地使用权在权能方面表现为宅基地使用权人对宅基地有进行占有、使用的权能。虽然人民公社时期，自然人、法人通过买卖等措施处分自己财产的权利受到极大的限制，但是，这一时期房屋等不动产的买卖也没有被完全禁止。最高人民法院的司法解释归纳出了一个宅基地使用权随着房屋所有权转移，随着宅基地使用权的租赁而租赁的原则，即在房屋等地上定着物的所有权发生变动要求时，宅基地使用权可以发生变动。

（三）改革开放后的宅基地使用权的发展

1978 年党的十一届三中全会后实行家庭联产承包责任制为核心的农村经济体制改革，但这一改革并没有触动已经确立的土地所有权格局，也没有改变宅基地所有权属于集体、宅基地使用权属于农民的权利分配格局。但是在改革开放后，由于改革首先从农村开始，广大农民的观念变化很快。随着家庭联产承包责任制的推行，农民收入增加，农村建房用地的需求也大幅增加。集体建设用地行政配置、无偿使用的制度助长了农村建设用地规模失控和乱占滥用耕地的发生。针对这些问题，国务院等发布相关文件，加大了管理的力度。根据这些规定，宅基地面积标准由省、县级人民政府确定，农村宅基地（包括买卖房屋引起的土地使用权转让）向所在生产队申请，生产大队审核，公社管委会批准；占用耕地的由县批准；重申禁止买卖、出租和违法转让宅基地，出卖、出租房屋的，不得再申请宅基地。1986 年《土地管理法》废止了《村镇建房用地管理条例》，其第 38 条规定："农村居民建住宅，应当使用原有的宅基地和村内空闲地。使用耕地的，经乡级人民政府审核，报县级以上人民政府批准；使用原有宅基地、村内空闲地和其他土地的，由乡级人民政府批准。农村居民建住宅使用土地，不得超过省、自治区、直辖市规定的标准。出卖、出租住房后再申请宅基地的，不予批准。"该条进一步明确了宅基地使用权程序，与《村镇建房用地管理条例》相比并无实质区别。1988 年《土地管理法》修订时对该条未作修改。从 1989 年开始，中共中央在全国范围内试点宅基地有偿适用制度，并很快在全国范围内展开。[①] 1991 年 1 月 4 日国务院发布《中华人民共和国土地管理法实施条例》对宅基地使用权的审批权限作了补充。

1990 年 1 月 3 日国务院批转了《国家土地管理局关于加强农村宅基地管理工作请示的通知》，其中就宅基地用地的审批手续做了更为具体的规定，同时确立农村宅基地有偿使用试点。但在 1993 年，为减轻农民负担，中共中央办公厅、国务院发布《关于涉及农民负担项目审核处理意见的通知》，取消了农村宅基地有偿使用费和农村宅基地超占费，以减轻农民负担，至此宅基地使用权的有偿使用的试验结束。1998 年和 2004 年修订后的《土地管理法》强化了对耕地的保护，宅基地使用权的设定等方面基本上沿袭了《土地管理法》的原有规定，要求宅基地使用权的设定必须依法经过法定审批手续。2004 年 11 月 2 日国土资源部发布了《关于加强宅基地管理的意见》，对宅基地的管理问题作出了详细的规定。实践中涉及宅基地的一个突

---

① 参见黄小虎：《新时期中国土地管理制度》，当代中国出版社 2006 年版，第 24 页。

出问题是宅基地是否可以流转。人民公社时期，所形成的关于宅基地使用权流转的一般原则(即宅基地使用权附随房屋的转移而转移)，仍然在实践中发挥作用，但是宅基地使用权流转的一般规则并没有明确建立起来，宅基地使用权的流转处于一种缺乏相应法律规范的自然状态之中。在《物权法》制定中，关于宅基使用权是否可以流转以及如何流转的问题曾有热烈争论，但是从立法结果来看并不理想。

第二节 流转语境下宅基地使用权制度的反思

一、农村宅基地使用权制度设计中存在的问题

我国《物权法》生效之后，关于农村宅基地使用权法律制度的探讨仍然十分热烈，其中的一些争议问题尚未得到有效解决。农村宅基地使用权制度是物权法上的一项重要用益物权制度，是中国现有物权法律体系的重要组成部分。宅基地使用权是中国农村土地集体所有权制度和社会主义实践相结合的结果，宅基地使用权上负载着社会主义的价值理念和政治伦理价值。这一特点对宅基地使用权制度的设计起到了正反两个方面的影响。一方面，这种政治伦理价值与中国的主流意识形态相互一致，这使得宅基地使用权制度能够作为一种被官方认可的土地物权形态而存在下去；另一方面，宅基地使用权因为其所承载的政治伦理价值而被意识形态化，从而长期偏离了私法权利的属性。这一矛盾特征在立法上也明显体现出来。首先，《物权法》回避了对宅基地使用权的性质的明确。《物权法》立法过程中，如何确立此种权利的性质一直引起立法者的高度关注，但是最终立法还是采取回避的方式，尽管避开了很多矛盾，但是留下的问题也十分突出。其次，对宅基地使用权功能定位的偏颇。改革开放以来，中国的经济、政治和法律已经发生了巨大变化，新中国成立初期宅基地使用权制度的经济、政治和法律背景已经不复存在，但是在宅基地使用权立法过程中，还是过多地考虑了其社会保障功能，从而使得立法明显保守。再次，宅基地使用权的取得和变动规则是该物权的重要规则，但是，立法上对宅基地使用权取得和变动制度的规定存在一些问题。在取得制度上，《物权法》第 153 条规定："宅基地使用

权的取得、行使和转让,适用土地管理法等法律和国家有关规定。”而《土地管理法》规范的主要是土地行政管理关系,对私权范畴的宅基地使用权的取得之规定并不明确。而就变动规则来说,立法也只用上述《物权法》第153条加以规定,并不具有可操作性。同时,对于不动产物权的权利公示,根据现有法律规定,采取登记公示原则。而从《物权法》现有规定来看,对不动产物权变动显然采纳了登记生效主义和登记对抗主义并存方式,这样,如何在体系上协调统一,也是一个问题,且不说中国农村宅基地使用权登记还未开展。所有这些问题只是给本书的研究提供了一个线索,笔者认为,合理设计中国宅基地使用权法律制度,必须基于体系化的视角,对各种具体的规则加以梳理和整合。

二、宅基地使用权性质的反思

宅基地使用权是宅基地使用权人依法享有的占有、使用农村土地,并利用土地建造住宅和附属设施的权利,是一种带有民族特征的用益物权。《物权法》第152条规定:“宅基地使用权人依法对集体所有的土地享有占有和使用的权利,有权依法利用该土地建造住宅及其附属设施。”

从宅基地使用权的最初产生来看,宅基地使用权是几乎与集体土地所有权同时产生的物权。1950年6月30日颁布的《中华人民共和国土地改革法》第1条规定:“废除地主阶级封建剥削的土地所有制,实行农民土地所有制。”自此开始,全国掀起了土地改革的高潮,没收地主的田产,分给无地少地的农民,实现了“耕者有其田,居者有其屋”。最终,革命的胜利果实进一步在宪法上得到确认:1954年我国第一部《宪法》第8条规定:“国家依照法律保护农民的土地所有权和其他生产资料所有权。”在这段历史中,土地的所有权是私人所有权。后来,土地私有的弊端开始显现,中国土地制度又开始从私人所有向集体所有或者国家所有的转变过程。经过土地私有向土地集体所有的社会主义改造之后,农村通过合作化方式将农民的土地所有制改造成为集体土地所有制。但是,从相关的法律文件来看,社会主义改造并没有影响到宅基地的权利状况。[①] 随着社会主义实践的不断深入,后来宅基

① 参见高圣平、刘守英:《宅基地使用权初始取得制度研究》,载《中国土地科学》2007年第2期。

地所有权发生了变化。1962年9月27日，中共八届十中全会通过了《农村人民公社工作条例修正草案》（即“六十条”），肯定了农村土地的集体所有制，规定：“生产队范围内的土地，都归生产队所有。生产队的土地包括社员的自留地、自留山、宅基地等等，一律不准出租或买卖。社员新建房屋的地点要由生产队统一规划，尽可能不占耕地”。这是最早对宅基地使用权作出明确规定的法律文件。随后，1963年3月20日，中共中央的《关于对社员宅基地问题作一些补充规定的通知》，对宅基地进行了更为详细的规定，进一步明确了农民对宅基地只有使用权而没有所有权。这一法律文件也成为调整宅基地法律关系的基本依据之一。自此之后，农村宅基地所有权与使用权相分离，其中，所有权归生产队，使用权归社员。宅基地所有权的变更不是通过等价交换原则建立的，而是通过无偿平调完成。根据这一时期的文件的规定可以看出，农民手中的宅基地使用权具有身份性和永久性，以申请无偿取得，实行一户一宅，实行用途限制原则，但是并不禁止房屋的买卖。房屋出卖后，宅基地使用权随之转移。改革开放后至今农村宅基地使用权经历了逐步收严、取得程序不断完善的演进过程。从这一过程可以看出，宅基地使用权的立法尊重原来的社会基础，未对之进行深入的理论研究，也缺乏系统的制度设计。

这就造成了对宅基地使用权制度的认识的差异。目前，对宅基地使用权的性质的认识，学界见仁见智，各不相同。梁慧星认为，应该以基地使用权取代土地使用权以构建我国的用益物权体系，基地使用权是与传统民法中的地上权相对应的法律概念，其内涵包括了现行法中的国有土地使用权和宅基地使用权。在梁慧星主持的物权法建议稿中，专门将基地使用权列为第11章。其第11章第406条将基地使用权定义为：“基地使用权，是指为在他人所有的土地上建造建筑物或其他附着物而使用他人土地的权利。”这一概念与大陆法系“地上权”概念相一致，力图运用传统物权理论将我国城乡土地使用权法律制度统一起来，实现国有土地使用权与宅基地使用权制度的融合。[①] 这一观点谓之基地使用权说，与之类似的观点是地上权说。笔者认为，基地使用权和地上权观点与中国农村的宅基地使用权有很大差

① 参见梁慧星：《中国民法典草案建议稿附理由·物权编》，法律出版社2004年版，第209、248页。

异:基地使用权和地上权一般是平等主体之间依协商有偿取得的民事权利,而宅基地使用权是集体经济组织无偿取得的权利,其中有严格的法律审批程序;基地使用权和地上权一般有一定期限,期满后权利即消灭,而宅基地使用权具有无期限性。地上权的取得主体和取得的数量没有限制,但是,宅基地使用权的权利主体被限定为本农村集体经济组织的成员,且有数量限制。王利明则认为宅基地使用权是一种独立的、具有中国“固有”地位的用益物权。他在其《民法典(草案)·物权编》第 892 条规定:“宅基地使用权,是指农村集体组织的成员依法享有的在农民集体所有的土地上建设住宅的权利。”①这一观点也是《物权法》立法所采纳的观点。这一观点肯定了宅基地使用权的物权属性,在这一定义中,他强调了宅基地与集体经济组织成员的权利和利益的不可分性,是特定主体对集体土地的用益物权。但是,从用益物权的基本内涵来说,与使用权本质并无不同。用益物权概念在德国民法中即为“Nutzungsrecht”,即使用权,包括对一切不动产的使用与收益的物权权利。所以,将宅基地使用权与用益物权等同起来,不能准确反映中国宅基地使用权制度设计的本来意义。高富平认为宅基地使用权相当于自物权,他指出,大陆法系传统的“所有权——用益物权”模式是以土地所有权私权性质为基础设计的,缺失这一基础,即不能成立用益物权。我国固有法中的宅基地使用权制度,只是一项政治制度而非民法上的权利,相当于大陆法系国家的所有权,而非所有权派生或分离的结果,是一种自物权而非他物权。也就是说,由于我国实行土地公有制,土地所有权只是一个抽象的概念,因而土地所有权基础上设定的宅基地使用权或土地使用权,对于民事主体而言,相当于自物权。② 自物权说一定程度上认识到了我国土地使用权的“名不符实”实质,认识到了中国《物权法》因为实行土地公有制而对现实民众私权的严重扭曲,具有合理性。但是,“所有权——用益物权”模式并非完全是以土地所有权私权性质为基础而设计。同时,我国固有法中的宅基地使用权制度,也并非仅仅为一项政治制度,这在前面的历史演进分析中也可略见一斑。

---

① 参见王利明:《中国民法典学者建议稿及立法理由·物权编》,法律出版社 2005 年版,第 272—280 页。

② 参见高富平:《物权法的十个基本问题——物权法草案修改意见》,载《法学》2005 年第 8 期。

从宅基地使用权发展的脉络来看，它是在中国土地制度变迁中所形成的一种带有习惯特点的土地物权。从外在形式来看，宅基地使用与传统民法中的地上权比较相似。它们都是权利人用来建造并保有建筑物的权利。由于宅基地使用权人是集体土地的集体共有人，因此，宅基地使用权并不能完全定位为他物权，并不与地上权完全相同。从其法律属性而言，宅基地使用权与土地承包经营权基本类似，具有相当于所有权的属性。事实上，国内学界已经认识到，中国的土地使用权制度名实不一，使用权早已超越了使用权的内容而演化为准所有权特性的物权。从德国的立法经验来看，德国1919年颁布《地上权条例》，创设了一种在他人土地上进行建筑并长期保有建筑物的物权，即地上权。由于地上权所具有的对土地的长期排他支配性，地上权被认为是一种类似所有权性质的物权，享有此种地上权的，在其权利有效期间，被认为是土地的所有权人，而作为"虚有人"的真实所有权人，则收取可事先加以约定的年租。地上权最长不得超过99年，而在实践中，他通常被限制在一个较短的期间内，如66年，50年，或33年。在期间届满时，土地将归还给其所有人，而土地的所有权人则必须偿付土地改良费用。[①] 在德国，由于地上权基本上具备了所有权的权能，而且具有所有权的恒久性，因此，从外观上来看，地上权与所有权并无不同。因此，德国学者将地上权称为"相似所有权"（Eigentumsaehniliche Rechte）或者"等同于土地所有权的权利"（Grundstuecksgleiches Recht）。而从具体实践来看，它最早直接从农民的土地所有权转变而来，除了在观念形态上，集体土地所有权归属于集体以外，对于大部分农民而言，他们长期以来一直是在像所有权人一样使用着宅基地。这样的一种权利行使状况一直以来都获得了集体成员、第三人与政府的认同。从宅基地使用权的时间结构来看，宅基地使用权是一种用来支撑地上建筑物的权利，它一般是与地上建筑物所有权同寿命。在很多情况下，当地上建筑物倒塌后，宅基地使用权人仍然可以通过重新建造建筑物的方式来继续利用宅基地。宅基地使用权的这种永恒性，与所有权的永恒性完全吻合。实际上，从现实的农民持有的对宅基地使用权的观念来看，农民也是以对待所有权的观念来对待宅基地使用权。因此，宅基地使用权的

---

① 参见〔德〕罗伯特·霍恩等：《德国民商法导论》，托尼·韦尔英、楚建译，中国大百科全书出版社1996年版，第196页。

“准所有权”性质之定位，既有理论上的合理性，也有现实实践基础。

三、宅基地使用权生存保障功能论反思

有观点认为，农村宅基地是与集体经济组织成员的资格密切联系在一起的，宅基地在一定程度上具有福利和社会保障功能。[①] 笔者认为这一认识从历史的角度来说毋庸置疑。新中国成立后乃至现在，我国农村没有建立社会保障制度，属于农民集体所有的土地是农民最基本的生产资料，宅基地使用权的设计具有资源分配的意义，基于农村村民成员的事实，集体经济组织需要以其所有的土地资源平等保障其成员生产和生活条件，这既是中国共产党和广大人民之间的政治契约的实现，也是当时社会经济条件所决定。那时的宅基地使用权的设定是按照国家有关规定进行的、人人有份的分配。农村村民基于集体经济组织成员的身份，有权依法获得派生于本集体经济组织所有土地的宅基地使用权。任何组织和个人不得剥夺和非法限制农村集体经济组织成员取得宅基地使用权的权利。集体经济组织成员依法平等地行使获得宅基地的权利。

但是时过境迁，在中国目前的环境下，再将农村宅基地使用权的生存保障功能作为宅基地使用权制度设计时首要考虑的因素则值得商榷。不能否认，中国是农业社会，土地是农民的命根子，农民仅有的就是自己拥有的土地，对社会保障制度很不发达的中国来说，土地确实对农民具有社会保障作用。但是，目前，如果继续坚持这一原则，并用以指导中国农村经济改革，必将产生很大的负面影响。因为：首先，坚持这一原则必将继续推行城乡二元结构，甚至将其推向极端。这将会导致城市建设用地使用权和农村宅基地使用权地位不平等，集体土地资源难以实现优化配置，从而阻滞农村的经济改革和发展。其次，社会保障功能是依靠国家依法建立和完善的社会保障机制来实现的，它是国家对公民社会的义务和责任。牺牲广大民众的权利而建立起来的所谓的社会保障机制，不仅与现代法治国家的理念相背离，甚至本末倒置。再次，退一步说，即便放开宅基地市场，允许宅基地自由流转，也并非就必然有很多人流离失所，无法生存。相反，通过宅基地的流转，可能会更进一步改善农村的经济环境。根据经济学上的“理性人”假说，经济

---

① 参见王利明：《物权法研究》，中国人民大学出版社 2002 年版，第 473 页。

活动中的当事人都具有完全的理性，他们总能够依据实现自身利益最大化的原则对其所面临的一切机会和目标以及实现目标的手段进行优化选择。最后，建立在集体土地所有权制度上的宅基地使用权制度过去曾面临着集体所有权法律人格化困难的问题，这一问题到目前仍然没有得到解决。集体土地所有权是一个与社会主义国家制度联系起来，具有社会主义潜在内涵的所有制形态，因此，从集体土地所有权制度建立的过程来看，集体土地所有权是传统的社会主义的价值目标与中国的具体实践相结合的产物，是农民个体的土地所有权聚合在一起形成的一种所有权形态，集体土地所有权身上负载着集体主体与社会主义的价值观念与伦理道德。集体土地所有权的建立是为了扬弃土地归属于不同的农民个体所可能诱致使的土地兼并、贫富加剧弊端，实现土地共同支配，利益共享，实现共同富裕。这本质上是一种平均主义的所有制形式。但是，正是这种具有原始平等价值是平均主义兑现了中国共产党人与农民在历史上所缔结的政治契约。这一契约在新中国成立后很长一段时间实现了多重功能，其中生存保障功能可谓至为重要。但是，改革开放之后，尤其实行社会主义市场经济以来，集体所有权的处境十分窘迫，与国家所有权的不平等，集体所有权人格化难以实现，公法价值和私权的冲突难以平衡等。这一切都可能将其推向不归之路。皮之不存，毛将焉附？集体土地所有权的生存保障功能已经逐步开始退却甚至消失，宅基地使用权的生存保障功能也必将随之而消灭。

因此，从未来的制度改革目标来看，宅基地使用权应该是农民享有的一项基本而独立的土地物权，而不是国家为农民提供的一个社会保障机制，更不是国家为农民提供的一项福利措施。一些片面甚至错误的认识会掩盖宅基地使用权的物权性质，会导致适用行政法律关系对宅基地使用权进行调整的后果。说宅基地使用权是国家给予农民的福利性待遇，实际上是对农户本来就应当享有的财产权利的另一种剥夺，其否定了宅基地使用权是农民享有的一项独立而基本的土地物权这一正确观点，支持了乡村规划与小城镇化中各种对农民宅基地使用权进行侵害的行为，甚至酿成制度性侵权行为。

四、农村宅基地使用权流转的探讨

（一）基于民事法律行为的宅基地使用权取得

从表面看，目前宅基地使用权已经普遍存在于集体土地之上，宅基地使用权的设定和取得因此而变得无足轻重。相反，宅基地使用权的变动与流转问题却十分重要。而事实恰恰相反，就农村宅基地使用权目前的实践情况来看，目前全国还没有普遍而通行的物权法意义上的宅基地使用权设定规则。《土地管理法》主要是从对土地进行行政管理的角度对宅基地使权的设定问题进行了规范，它并没有解决宅基地使用权因何种法律行为设定以及何时设定等物权法上的问题。《物权法》第153条所规定的将宅基地使用权的取得、行使与转让等规定委由土地管理法等其他法律作出，再次在宅基地使用权的设定与变动方面留下了立法的空白。这十分值得探讨。正如有学者所指出的，物权法立法的重要目的就是明确我国土地上的基本权利状态，既然宅基地使用权涉及九亿农民的切身利益，立法者没有理由将如此重要、并且立法技术上并无太大困难的问题交给特别法调整。而且更为重要的是，物权法应当就宅基地使用权取得的条件、取得程序等重要内容作出细致的规定。[①] 因此，笔者在此欲结合《土地管理法》以及其他涉及宅基使用权的法律规范，并参考现实中宅基地使用权设立的具体情况，对宅基地使用权的设立和取得制度加以研究。

如上所述，《土地管理法》关于宅基地使用权设定和取得的相关规定，仅着眼于规范土地行政管理关系，并不解决宅基地使用权人与作为"源权利"的集体土地所有权人之间的利益关系，而《物权法》则要当仁不让地担此重任。根据《物权法》的立法旨趣，宅基地使用权这一用益物权制度必须解决利益并不相同的所有权人、他人都要使用、收益同一个所有物所引发的利益冲突，法律解决这个冲突的办法是：使所有权人依其意思"让出"其所有权的若干权能，准确地说，是让他人分享所有权的若干权能，该他人对分享的这部分利益具有法律上之力。[②] 依此鉴之，则问题自现：宅基地使用权来源于"源权利"，系自集体土地所有权上派生出来的用益物权。依此逻辑，则派生

---

① 参见朱岩：《"宅基地使用权"评释》，载《中外法学》2006年第1期。

② 参见崔建远：《准物权研究》，法律出版社2003年版，第89页。

于源权利是宅基地使用权唯一可能来源。着眼于宅基地使用权人与集体土地所有权人之间的关系,关于宅基地使用权的设立和取得方式应当属于《物权法》应予调整的问题,但法律却欠缺适当的规则,显示了这个调整的违反法律文件体系性要求的不圆满性。

如何处理这种体系处理的不足和因此而带来的制度漏洞?事实上,从体系的角度考察,我们可以找到一些正确的思路。正如上文所述,宅基地使用权是一种准所有权,它并不是完全意义上的用益物权,它具有严格的身份性和成员性特征。取得宅基地使用权是农村村民成员权的基本权能。因此,在法律的设计上,农村村民请求所属集体经济组织与其签订宅基地使用权合同,为其设定宅基地使用权的权利,系基于集体经济组织成员的身份而依法获得,这是依据法律行为而取得的宅基地使用权,符合《物权法》特性和旨趣。因此应该将其作为宅基地使用权取得的基本手段,而并非《土地管理法》所规定之依申请的行政批准行为。

值得注意的是,农村宅基地使用权合同的成立与一般的民事合同有所不同。宅基地使用权合同的一方当事人为农村集体经济组织,另一方为该组织的成员,两者之间具有身份性和成员性,其订立和生效都受制于国家强制力的约束,受到强行法的约束。从合同的成立方面看,作为要约人的农村村民发出的要约同时就是其行使成员权的意思表示,由于以成员权的行使为基础,如果要约人的要约内容合法,则受要约人不得拒绝承诺,应当与要约人订立合同,履行保证实现要约人合法权利的义务。而就该合同的生效方面来说,其亦受制于国家对土地行政管理方面的法律规范的制约,这是其生效的国家强制性方面。因为利用契约机制安排宅基地使用权设定和取得的法律结构,必须保证国家土地管理目标的实现。在这个意义上说,宅基地使用权设定和取得的行政行为机制在于它是宅基地使用权合同的生效条件,而不是它的产生基础。

另外,宅基地使用权在设定前首先存在着一个宅基地使用方案。宅基地使用权分配方案的确定由于属于集体土地所有权的行使行为,所以应当由集体成员共同确定。《村民委员会组织法》第 19 条也明确规定宅基地使用方案由村民会议讨论通过。在宅基地使用权分配方案确定以后,必须由代行集体土地所有权的组织来根据村民宅基地的申请情况,根据法律以及宅基地使用权方案来确定是否为村集体经济组织成员设定宅基地使用权。

在现实中，由于村民委员会的组织相对比较健全，通常都是由村民委员来按照国家法律[①]与宅基地使用方案来决定是否为集体成员设定宅基地使用权。在这里集体成员申请设立宅基地使用权的意思与集体为村民设定宅基地使用权的意思，共同构成了宅基地使用权设定的民法基础。在此基础上，宅基地使用权的设定需要报乡（镇）审核，并报县（市）批准或者乡（镇）政府批准。[②] 为了进一步规范宅基地使用权取得制度，立法上在程序方面也有所约束。2004 年国土资源部《关于加强农村宅基地管理的意见》（国土资发［2004］234 号）第 6 条规定：农民村民建住宅需要使用宅基地的，应向本集体经济组织提出申请，并在本集体经济组织或村民小组张榜公布。公布期满无异议的，报经乡（镇）审核后，报县（市）审批。经依法批准的宅基地，农民集体经济组织或村民小组应及时将审核结果张榜公布。

宅基地使用权设定中还有一个重要问题是宅基地使用权最终在何时设立？笔者认为在集体土地所有权代行主体批准了农户的申请后，则设立宅基地使用权的行为成立。但是，只有在宅基地使用权经过最终经过批准后，该种设立行为才发生法律效力。长期的习惯性做法也使大部分农民都认为此时宅基地使用权设立。在宅基地使用权设立以后，县级国土管理部门一般会发证确认农民取得的宅基地使用权。

宅基地使用权是否需有偿设定？笔者认为这样一个需要由全体集体成员共同决定的事由，集体成员可以在确定宅基地使用方案时共同确定宅基地使用权是否需要有偿设定。国家不应该通过政策和立法的形式来替农民决定。如果国家认为需要调节宅基地的使用状况，国家可以依法开征土地使用税，以此来调节宅基地使用状况，但是税费负担必须合适。

---

① 我国现行《土地管理法》第 62 条集体中对宅基地使用权的设定做出了公法上的限制要求。其规定：农村村民一户只能拥有一处宅基地，其宅基地的面积不得超过省、自治区、直辖市规定的标准。农村村民建住宅，应当符合乡（镇）土地利用总体规划，并尽量使用原有的宅基地和村内空闲地。农村村民住宅用地，经乡（镇）人民政府审核，由县级人民政府批准；其中，涉及占用农用地的，依照本法第 44 条的规定办理审批手续。农村村民出卖、出租住房后，再申请宅基地的，不予批准。

② 我国 1988 年修订的《土地管理法》第 38 条的规定是使用耕地的，经乡级人民政府审核后，报县级人民政府批准；使用原有的宅基地、村内空闲地和其他土地的，由乡级人民政府批准。

（二）宅基地使用权的流转

与宅基地使用权密切相关的另外一个备受关注的问题是宅基地使用权流转。宅基地使用权的流转涉及两个相互关联的问题，一是宅基地使用权能否流转的问题，二是宅基地使用权如何流转的问题。从宅基地使用权的流转方式而言，宅基地使用权的流转涉及宅基地使用权的租赁、转让、抵押、入股等方式，但是目前备受关注的是宅基地使用权的转让与抵押。本书着重探讨能否流转的问题，而对如何流转，因为其设计相对简单，故不赘述。

关于宅基地使用权的市场化改革，目前存在着禁止流转与允许流转两种观点的对立。禁止宅基地使用权流转的主要理由是：宅基地使用权具有成员性和身份性；宅基地使用权大多是农户无偿获得的，具有福利性；放开宅基地使用权流转会导致大量“无房可居者”，不利于社会稳定；放开宅基地流转会造成耕地流失；放开宅基地市场会导致土地兼并；放开宅基地使用权流转会冲击当前的城市建设用地使用权市场；等等。孟勤国还曾总结指出：“农村宅基地不得交易是农村宅基地分配制度的有机组成部分，农村宅基地分配制度是维系亿万农民基本生存权利的重要制度，物权法必须重申禁止农村宅基地交易的现行法律政策。开禁或者变相开禁农村宅基地交易的主张不过是强势群体的利益诉求，不具有正当性和公平性，物权法应当在完善宅基地分配制度上做出应有的努力。”①

笔者认为禁止宅基地使用权流转的上述理由不能成立。第一，理论上说，宅基地使用权具有一定的身份性，但是这种身份是相对于权利的取得而言，农户无偿取得宅基地使用权后，其对宅基地使用权的控制力和支配力便不再受身份的影响，因此宅基地使用权原则上可以向任何人转让。同时，宅基地使用权的无偿取得不能成为限制宅基地使用权流转的理由。通过家庭承包方式获得的农村土地承包经营权的流转的成功实践就是一个很好的例证。农村土地承包经营权流转所达到的良好的社会效果，对宅基地流转制度的设计是一个很好的启示。从宅基地使用权的流转对集体土地所有权的影响来看，宅基地使用权的流转特别是宅基地使用权的转让，提供了一个重塑集体土地集体共有人的机会。宅基地使用权的流转会使一些成员失去与特定范围的集体土地之间的联系，从而失去成员资格；也会使某些自然人因

① 孟勤国：《物权法开禁农村宅基地交易之辨》，载《法律评论》2005 年第 4 期。

取得宅基地使用权而建立起与集体土地之间的联系,从而取得集体成员的资格。宅基地使用权取得无偿性不能理解为宅基地使用权的福利性,土地权利本身就是与相关的土地利益联系在一起的。农民通过宅基地使用权流转获得相关土地利益,有利于缓解当前城乡二元结构所带来的城乡收入差距。第二,宅基地使用权流转并不必然会产生城镇居民大量到农村购买房屋,而农村居民无房可居的现象。取消对城镇居民购买农村房屋与宅基地的限制,可能在最初或者某一特定的时刻,出现城镇居民到农村置地的浪潮。但是,宅基地使用权流转必然是受到市场因素制约的,城镇居民可能会选择到城乡结合部置房与置地,但是可能很少有人会愿意到偏远的农村去买房置地。在购买需求增加的情况下,农民房屋与宅基地使用权的价格必然会上涨,价格上涨会对需求形成有效的制约。房屋与宅基地的价格与土地的位置因素决定了农村房屋与宅基地购买的需求不可能是无限的,而农民对自己土地与房屋的珍爱也决定了房屋与宅基地的供给也不可能是无限的。第三,在国家宏观调控与城乡规划的制约下,市场价格因素最终会对购买情况进行制约,形成有利的资源配置市场化机制。农村居民也是理性人,他们完全可以根据自己的情况来决定是否转让自己的房屋与宅基地。他们会根据自己的居住情况与市场价格信息去决定是否转让。第四,宅基地使用权的流转能够使农村房屋与宅基地的价值充分显现出来。宅基地使用权流转后,城镇居民到农民购买宅基地并不是一件坏事,它可以使农民的房屋与宅基地使用权一同增值。伴随着宅基地使用权的流转会使农民获得更多的收入,带来的资金流会有利于农村的建设与发展。当然,农村房屋与宅基地的流转会吸引资金进入农村,从而会影响城市中的房屋与土地的价值,最终会影响城市房地产市场。这种情况可能出现,但是不能以此作为限制农村宅基地使用权流转的依据。不能以限制一部分居民的财产权为代价,而保证政府、国家与另一部分居民的财产权。第五,允许宅基地使用权流转能够提高宅基地的集约利用率,优化资源的配置,会最终促使城乡统一的房地产市场最终形成。中国目前宅基地的面积非常巨大,据统计当前我国农民集体所有的建设用地约 1800 万公顷,其中农民宅基地约 1000 万公顷[①],而

① 参见黄小虎:《新时期中国土地管理研究》(上卷),当代中国出版社 2004 年版,第 40 页。

且很多都处于闲置状态。由于国家政策和法律禁止城镇居民到农村购买宅基地,对农村房屋与宅基地使用权的需求受到极大限制,农村房屋与宅基地使用权的财产权属性受到了极大的制约,房屋与宅基地使用权应有财产权属性在转让中表现出为了低廉的价格,很多农民宁肯闲置其住房与宅基地也不愿出卖,"空心村"等现象的出现也正好说明了这一点。最后,从统筹城乡发展的角度来看,宅基地使用权的流转有利于城乡的协调发展。中国人地矛盾的高度紧张与农业经济的相对低效率,决定了农村中的剩余劳动力必须转移到工业与服务业等其他行业才能创造更高的价值。而由于宅基地自由转让受到农地转让制度和集体成员共同意志的制约,因此对耕地保护不会造成损害。当然,这里有一个前提,即向集体经济组织以外的其他主体转让宅基地使用权,须经过集体经济组织的同意。

五、宅基地使用权的登记制度

从物权法的一般理论来说,基于法律行为的物权变动,需要对物权加以公示,才能具有公信力。根据《物权法》第6条和第9条之规定,不动产物权变动采取的是登记要件主义。对于宅基地使用权的设立和流转,也应该贯彻登记要件主义原则。但是,根据《物权法》第155条"已经登记的宅基地使用权转让或者消灭的,应当及时办理变更登记或者注销登记"之规定可见,对宅基地使用权的设立及其变动,亦存在实行登记对抗主义适用余地。这就出现了关于宅基地使用权变动公示制度设计的体系上的矛盾。对此,有观点认为,按照《物权法》第9条的规定,宅基地使用权应当在登记时设定。由于目前农村不动产登记制度未能有效的建立与运作,《物权法》将这一问题暂且搁置起来。但在农村土地动产登记机关普遍建立起来以后,立法应当在承认历史上已经设定的宅基地使用权的基础上,明确贯彻宅基地使用权应当在登记时设立的原则,并分析原因指出:(1)宅基地使用权的原始取得必须经过行政审批,因此在操作层面上很容易做到宅基地使用权取得上的登记要件主义,从而强化对农村土地的管理。(2)宅基地使用权的流转具有严格的条件,由于集体享有事后的审查权利,以及对其他流转方式的控制权利,所以,将登记作为宅基地使用权变动的要件,可以很好地平衡宅基地使用权的农民社保功能与保护农民私人财产、促进物尽其用的双重价值。(3)由于目前城市中采取土地和房屋的双重登记体系,存在很多弊端。规定农村宅基地使用权登记要件主义，可以建立以宅基地为基础的房地统一登记体系。[①] 但是也有观点认为，采用登记生效主义并无太大意义，因为按照现行规定，只允许宅基地使用权在本集体经济组织内部流转。而在同一集体经济组织内部，仍然属于熟人社会，是否办理登记对于物权公示并没有太大意义。[②] 有学者进一步分析指出，坚持合同的生效构成宅基地使用权设立的充分必要条件，登记并不是宅基地使用权取得的生效要件，宅基地使用权合同通过行政确认而生效，即使未经登记，也不影响宅基地使用权的设立，法律承认这种物权取得方式的合理性，并认可其效力。但登记具有左右宅基地使用权人的处分权利的效力，宅基地使用权非经物权登记，权利人不得处分其权利。这样，既符合《物权法》的立法态度，也有利于对农村村民依法用地利益的保护，并顺应宅基地使用权的权利属性。[③]

笔者认为，上述观点都有一定的合理性，但是，从体系的角度考察，《物权法》所采取的登记要件主义和登记对抗主义并存的"双轨制"模式，对中国国情来说，既是无奈之举，也是务实之举。就登记要件主义来说，它的本质为物权公示是物权变动的必要条件，无此条件，则物权变动不生效力。登记要件主义能够保障交易安全，并清晰完满，便于司法。[④] 采纳这一模式的先驱是德国。而从德国采取这一模式的背景来分析，德国对不动产设有登记簿，因此土地地籍清楚，理论上承认物权行为理论并坚持物权行为的无因性，这都为实行登记要件主义提供了制度基础[⑤]，而德国人的严谨也为登记要件主义提供了主观条件。因为实行登记要件主义，德国登记制度规定登记机关实行实质审查原则与之相辅相成，这种实质审查实质上是对当事人的意思表示的审查。但是，对于实行登记对抗主义的法国来说，因为登记内容对不动产的物权变动只具有确认或者证明作用，因此具有很大的局限性。为弥补这一缺陷，法国发展起来了十分发达的公证制度，这在一定程度上实

① 参见朱岩：《"宅基地使用权"评释》，载《中外法学》2006 年第 1 期。

② 参见王利明：《关于物权法草案中确立的不动产物权变动模式》，载《法学》2005 年第 8 期。

③ 参见蔡立东：《宅基地使用权取得的法律结构》，载《吉林大学社会科学学报》2007 年第 3 期。

④ 参见孙宪忠：《中国物权法总论》，法律出版社 2009 年版，第 277 页。

⑤ 参见孙宪忠：《论物权法》，法律出版社 2001 年版，第 711 页。

现了德国法上的实质审查的效果。

就中国宅基地使用权登记制度的模式选择来说,必须考虑这样的因素:第一,《物权法》的现实立法依据。根据《物权法》的立法内容,登记机关在登记审查时实行形式审查原则,这与德国登记法上的实质审查原则大相径庭。第二,中国农村目前没有实行宅基地登记制度,实行登记要件主义没有基础,制度即便设立起来,也是空中楼阁。第三,登记制度缺位。所以,在这些问题没有彻底解决的情况下,中国即使实行不动产物权变动登记要件主义,也只能是"半截子的不动产登记要件主义"。

所以,总体来说,尽管从理论上分析,《物权法》关于农村宅基地使用权的制度设计有很多成功之处,但是,基于体系性的考察,我们发现了很多的制度缺陷。这是因为在针对农村土地物权的立法过程中,立法者过多地考虑了政治的和政策的因素,而较少地考虑法律制度因素和立法技术因素。现实地考察,我们发现农村宅基地使用权确实维系9亿农民,无数家庭。如果法律本身存在体系上的不足,法律和现实实践也不协调,那么这种立法只能阻碍农村土地制度的革新和发展。所以,我们要从物权法层面展开,对农村宅基地使用权进行体系的、科学的考察。必须认识到,农村宅基地使用权是私权,但是现有的立法却是从对其限制的角度来设计制度,没有真正反映私法的权利法属性;宅基地使用权是一种类似所有权性质的独立的财产权利,但是现有的立法却并未赋予其独立的地位;宅基地使用权本质上与城市建设用地使用权没有差别,但是现有的立法却是在加深他们的对立,这势必强化城乡差别。认识到这些问题的症结,然后才能设计出植根于中国市场经济发展进程中的合理的宅基地使用权制度,发挥宅基地使用权在农村经济改革和发展中的应有的作用。

第三节　宅基地使用权的流转方式

一、宅基地使用权转让

转让是土地使用权最常见的流转方式,但是理论和实践中争议最大的是宅基地使用权能否流转,这一争论到目前仍然十分激烈,甚至已经变成为无谓的争论。笔者认为,由于宅基地使用权的本身特征和宅基地使用权在中国农村所具有的功能,应当允许其转让,而不应该禁止或者限制其转让。应当明确,宅基地使用权的成员权性、无期限性以及取得上的无偿性,这都是特殊历史时期的产物,在目前的市场经济条件下,社会条件已经发生了很大变化,因此不可再墨守成规。目前理论界多数人都主张宅基地使用权可以有条件地转让。但是笔者调查发现,目前的城市化在多数农村地区仍然如火如荼地进行,而国家惠农工程的核心内容也是对农村居住条件进行改造,本质上说这都是对过去限制或者禁止宅基地流转的婉转否定。目前大量城市人口有迁往农村的意愿,应该允许宅基地的转让。限制或者禁止论者认为这样会吞噬农村的土地,对中国耕地保护不利。其实这种担心没有必要,因为尽管有很多城市人口有迁居农村的意愿,但是也有很多的农村人希望到城镇居住。增加农村和城市之间居住人口的流动性,对中国农村经济的发展和人口素质的提高,可以说是有百利而无一害。同时,农民对是否转让宅基地,何时、能否转让,自己完全有能力去判断和选择。必须注意的是,宅基地使用权的无偿取得制度并不是阻碍宅基地流转的理由,因为宅基地无偿取得制度是在特殊的历史时期形成的制度,它已经完成了其历史使命,并成为农民的财产。但是未来宅基地的取得,则仍然要实行有偿取得制度。尽管在20世纪90年代前后实行的宅基地有偿取得试点最后并未推行,但是从中国未来农村宅基地科学管理的角度讲,实行有偿取得制度合理可行,这也是遏制农村"一户多宅"和其他不公平现象的必然选择。

遗憾的是,《物权法》在宅基地使用权流转的问题上只是概括地留了一个制度接口①,而并未明确规定,这无疑给农村宅基地的混乱状况再次注了一支强心剂。

从法理上来分析,如果不允许宅基地的转让,那么相关制度之间存在的矛盾和冲突,将加剧农村宅基地转让的无序化。因为允许宅基地上的房屋自由转让和"地随房走"的原则,是我国房地产立法的两个基本点,其中,前者立足于保护公民的私有财产权,后者有利于对房地产的统一管理,并有利于减少土地和房屋分离而引起的交易中的各种纠纷。这一基本原则要求宅基地必须能够转让。但是立法者在制定这一规则时也是颇费心思,如何在

① 参见我国《物权法》第153条。

保护私人财产权和强制性规定之间寻找一个平衡点就显得很重要。立法者也正是基于这样的考虑才规定宅基地使用权在住房转让时一并转让。但是,还应看到,现实中“地随房走”的原则过于僵化,并已经成为我国处理宅基地使用权和房屋所有权关系的巨大障碍。

另外还要注意的是,宅基地使用权的转让不仅可以在集体经济组织内部进行,也可以在集体经济组织外部进行,易言之,宅基地使用权的转让不应该受到集体经济组织成员的限制。因为:第一,宅基地使用权的身份限制最终的结果会使允许转让形同虚设。从法理角度分析,宅基地使用权所具有的身份性,是相对于宅基地使用权初始的权利取得而言的,农户取得宅基地使用权后,其即具有宅基地使用权这一物权,其对宅基地的控制力和支配程度便不再受身份性的影响,因此,宅基地使用权原则上可以向任何人转让。第二,从实践来看,农村宅基地流转制度与农村土地承包经营权的流转制度是相辅相成的,农地承包权流转机制的建立客观上要求宅基地使用权的流转不应该再局限于本集体组织内部。因为如果农地承包权的流转不限于本集体经济组织,那么当外来人员受让或以其他方式取得农地承包权后,其建造住房所需的宅基地不可能通过申请取得,但是可以通过受让本集体农户的宅基地使用权来解决。因此,非本集体经济组织成员受让宅基地使用权,有利于保证农地承包权的顺利流转。第三,从中国未来户籍改革的趋势来说,限制宅基地使用权的转让会阻碍户籍制度改革。尽管目前宪法尚未赋予公民迁徙自由,但逐步放开户籍限制是未来制度发展的趋势。在此情况下,城镇居民和农村村民的区分已经没有太大的实际意义,而强行禁止城镇居民取得农村房屋及其宅基地使用权,不仅在操作上难以实现,在制度上也会不得人心。第四,从中国农村宅基地拥有情况来看,根据笔者调查结果发现,目前在全国范围内,一户多宅情况十分普遍,全国平均几乎占30%,而在一些发达地区高达53%,在此情况下,供需双方不平衡越来越明显。而随着中国计划生育工作的深入开展,城市化步伐的加快,越来越多的农户将会通过继承、商品房买卖等方式拥有两处以上的宅基地或城镇住房,其急需转让宅基地使用权以筹集更多的资金;另一方面,一些城镇居民因工作、休闲等原因需要在农村购置宅基地。禁止宅基地使用权向集体外转让,不仅有违“物尽其用”的原则,而且加剧了供求双方的矛盾。

从上述分析可以看出,无论是为了提高土地利用效率、促进土地资源的优化配置、充分实现集体土地资产的价值,还是为了适应发展市场经济的需要,农村宅基地进入市场流通都是必要的。在现代商品经济条件下,市场经济将市场作为资源配置的基础性手段。我国社会主义市场经济体制已经建立,土地作为一种特殊的具有使用价值和价值的商品,也必须遵循市场价值规律,以寻求自身的经济效应。从未来宅基地使用权有偿转让制度的要求出发,未来在宅基地取得方面是否采取有偿,应该交给农民集体经济组织来解决,而不应该由法律进行整齐划一的规定,从这一要求出发,未来发展农村民主,让农民参与集体组织管理,已经势在必行。

二、宅基地使用权租赁

农民在依法取得的宅基地上建房后,将多余的房屋在一定期限内出租,个人获得租金收益,承租人将其作为住宅、办公、仓库或其他经营服务场所。这样,农民在出租房屋的同时也出租了宅基地使用权,承租人在居住的同时也获得了土地使用权。除一些经济尚不发达的偏远地区外,此类流转形式几乎遍及城乡结合部、都市村庄、县城和中心集镇等经济活动较为活跃的地区。出租房屋已成为经济发达地区农民收入的重要来源之一,也是目前最为普遍的一种流转方式。

近几年的农村宅基地租赁流转中,出现了"以租代卖"的现象,变相买卖宅基地使用权,很多人士对之忧心忡忡,实际上并无必要,而关键的是要完善现行的法律制度,防范各种可能的负面效应。

三、宅基地使用权抵押

宅基地使用权抵押是将宅基地或宅基地上的建筑物以及附属物为债权设定担保,当农户无法偿还债务的情况下,以抵押物款优先受偿债权的形式。严格来说设定抵押权时,由于并不转移占有抵押物,农户仍享有宅基地使用权。但由于农民贷款困难,常以抵押地上物进行筹款,当其无力偿还时,抵押人则以变卖地上物的形式使抵押权人变相取得宅基地使用权。在实践中,2010 年成都宅基地抵押贷款尝试破冰,《关于成都市农村产权抵押融资总体方案及相关管理办法的通知》中明确提出土地性质为宅基地的农村可以进行房屋抵押。

四、宅基地使用权赠与

宅基地使用权赠与是指将宅基地使用权无偿转移给他人行使的移转形式。实践中主要存在两种情况的赠与,一是通过赠与房屋,使受赠人取得赠与人的房屋所有权和相应的宅基地使用权,二是因某些原因不再建房的赠与人将宅基地使用权赠与亲属或其他农村居民,由他人行使宅基地使用权,由于农村房屋不是必须登记办理房产证,相关管理机关因此难以干预。

五、宅基地使用权置换

宅基地使用权置换是指村民之间以便利生产生活为目的的互换。村民之间互换宅基地在实践中也是存在的。除了村民自主互换,也存在政府主导或者集体主导的互换形式。例如,2004 年,上海市政府在郊区划定了 15 个村做宅基地置换试点,实践证明,这些试点进展情况良好。但是,在推进农村城镇化改革过程中,大量的宅基地使用权置换流转损害了农民的利益,如何从制度上保证农民的利益不受侵害?这就要求不仅要有健全的利益表达机制,也要建立和完善农民基本的社会保障体系。

六、宅基地使用权继承

宅基地是以户或者个人为单位申请的。宅基地的继承是指户主死亡后,由其继承人继续享有户主名下的房屋和宅基地使用权的移转方式。目前理论界对于宅基地使用权是否可以继承还有争论。事实上,允许宅基地使用权的继承是宅基地使用权作为土地用益物权的内在要求。我国宅基地使用权制度产生于计划经济时代,一定程度上是基于政治的需要,缺乏私权角度的考虑。随着市场经济体制的建立和完善,逐渐暴露出农村宅基地使用权流转制度理论准备上的不足,表现为:(1) 农村宅基地使用权的权能是残缺的,特别表现在处分权能的禁止上,没有适当处分权的用益物权,其独立的用益物权地位难以体现。(2) 农村宅基地使用权的人身限制性与用益物权的基本法理冲突。从现实出发,完善农村宅基地使用权继承制度,是发展我国现代用益物权制度的内在要求。

随着社会主义市场经济的发展,公民可以继承的财产将会更多、更丰富。我国继承制度的功能就是家庭成员之间的经济互助,养老育幼。其目的在于更好地保护公民的个人合法财产,保护公民的劳动积极性,促进社会的进步。正因为此,2008 年 10 月 19 日,中国共产党十七届三中全会通过的《中共中央关于推进农村改革发展若干重大问题的决定》中,明确要求要"完善农村宅基地制度,严格宅基地管理,依法保障农户宅基地用益物权",这表明国家在正确处理宅基地使用权物权制度方面的方向的正确性。

值得注意的是,在此种方式中,有时会出现继承人农转非之后继续占有农村宅基使用权的情况,是否承认和允许非农村居民继承房屋及其相应的宅基地使用权,对此各地有不同的规定。笔者认为,如果允许宅基地自由转让,这方面不应该有所限制。

七、宅基地使用权征收

因开发区建设、基础设施建设、旅游景点及文物古迹的建设与保护等需要征占农民宅基地而将农村部分居民搬迁,原宅基地改作他用,或因城市规划调整,城乡结合部的部分原宅基地被用做城市建设用地的,这些均需征收宅基地,转变为国家所有权,给村集体和农民以经济补偿。

从以上流转的形式中可见,宅基地使用权的流转包括两大类,一是以交易为目的的出让、变相出让、租赁和抵押等形式的流转;另一种是不以交易为目的的继承、赠与、置换、征收等形式的流转。

第四节 城镇建设用地流转法律问题研究

一、现有法律规定述评

我国 2004 年修订的《土地管理法》第 43 条第 1 款规定:"任何单位和个人进行建设,需要使用土地的,必须依法申请使用国有土地;但是,兴办乡镇企业和村民建设住宅经依法批准使用本集体经济组织农民集体所有的土地的,或者乡(镇)村公共设施和公益事业建设经依法批准使用农民集体所有的土地的除外。"该法第 60 条第 1 款还规定:"农村集体经济组织使用乡(镇)土地利用总体规划确定的建设用地兴办企业或者与其他单位、个人以土地使用权入股、联营等形式共同举办企业的,应当持有关批准文件,向县级以上地方人民政府土地行政主管部门提出申请，按照省、自治区、直辖市规定的批准权限，由县级以上人民政府批准；其中，涉及占用农用地的，依照本法第 44 条的规定办理审批手续。”在流转方面，该法第 63 条同时规定：“农民集体所有的土地的使用权不得出让、转让或者出租用于非农业建设；但是，符合土地利用总体规划并依法取得建设用地的企业，因破产、兼并等情形致使土地使用权依法发生转移的除外。”而《担保法》和《物权法》对该立法精神都予以继承。[①]

由此可以看出，现行法律所规定的集体建设用地包括宅基地、乡（镇）村企业建设用地和乡（镇）村公益性建设用地三种类型。从市场化的角度分析，将这三类建设用地统一进行规定，即对此类用地的主体和用途有严格限制，在流转上，一方面禁止此类用地的主动流转，另一方面又对其被动流转予以承认，这样的规定值得商榷。乡（镇）村企业建设用地、乡（镇）村公益用地和农村宅基地三者之间的差异很大，因此该类土地使用权的取得、权利设定、流转等都各有特点，如果用同样的规范进行调整，难说合理，而这样的制度设计在实践中产生的问题也是比比皆是，不仅损害了法律的权威，法律制度的统一性也受到威胁，而且还影响到土地利用的效率，土地分配公平也大打折扣。

正是因为上述不合理因素的存在，因此农村集体建设用地使用权流转屡禁不止，灰色流转市场大量存在；而有些地方政府也顺势而为，制定了各个地方的集体建设用地流转制度，而且呈现愈演愈烈的态势。调查发现，无论是在沿海经济发达地区还是中西部经济欠发达地区，集体建设用地使用权流转均普遍存在；而在城乡结合部，则是集体建设用地流转的主要区域。笔者在 2007—2008 年对广东省的集体建设用地流转情况进行调查发现，私自流转大量存在，法律规定流于形式，但是粤东、粤中和粤西因为发展程度的不同而存在较大差异。对村民的调查问卷中显示，在广东珠海、东莞、深圳等地，集体建设用地有 48% 的比例通过在市场上转让而取得，而在广东西部和北部地区，这一比例也占 20% 左右不等。而在一些大型城市如北京、上海，这种情况也大量存在，如在北京城乡结合部，大量的小产权房问题一直没有得到妥善解决。而在经济比较落后的地区，集体建设用地使用权的流

① 参见我国《担保法》第 36 条、《物权法》第 183 条。

转同样比较普遍。

从上述情况可以看出,对农村建设用地流转进行限制或者禁止是不合时宜的做法,它违背了市场经济的基本规律,并极大地限制了农村经济改革的顺利进行,束缚了农村经济的快速发展。为此,政府部门近些年来一直在积极调研,开展试点,寻找符合农村集体建设用地市场化的新路径。

二、集体建设用地流转的具体实践及评析

(一)广东佛山南海模式

1. 主要做法

广东南海是最早实行集体土地入股经营的试点地区。自 1992 年开始,南海市地方政府广泛地对外招商引资,积极推进外地资金和本地资金的结合。在此过程中,企业经营需要大量的建设用地,为了满足这一需要,当地政府在确定集体土地所有权归属集体的前提下,征地入股,政府统一规划建设用地,以土地或者厂房向企业出租。这一模式后来被称为是南海模式,并引起学者的广泛讨论,甚至有很多人对之赞誉有加。

南海模式在当时情况下应该是一个很大的土地制度创新。在当时,广东省刚取消粮食订购,放开粮食市场;而农业耕作的小规模和低效率使土地产出量很低,农民耕作经营的积极性较低;而整个广东省工业产业正在蓬勃发展,企业建设对土地的需求十分旺盛。正是这些条件的聚集和推动,使得南海模式初步形成。

当时所进行的一些制度突破主要包括以下几个方面:

第一,通过集体决定农用地转为非农业用地。根据《土地管理法》的规定,农用地变为非农用地,不仅有严格的程序要求,而且可能性极低。根据《广东南海市下柏企业集团农业发展公司章程》第 2 条的规定,农业发展股份有限公司由董事会领导,公司可按国家和市场需要调整生产布局,实行独立核算,自负盈亏按股分红的原则进行经营。并逐步把公司办成一个现代化、企业化和农、工、贸易体化的企业。南海模式中,在村集体的领导下,以行政村和村民小组为单位,对集体土地进行"三区"规划,分为农田保护区、经济发展区和商住区,以实施城镇规划、保护农田、促进土地资源的有效利用。要改变土地用途,必须经过农民以土地折股而建立的农业股份集团的董事会批准,数量大的要经过股东大会批准。显然,这一权力是很大的,而

从法律的角度来说,也是违法的。

第二,以村集体经济组织为单位,以村集体农业股份公司为组织的统一农村土地经营模式。具体做法是将集体财产、土地和农民的土地承包经营权统一折算成股份,成立以行政村为单位的农业股份公司,农民以其投资入股的股份额为基础对公司享有股东权。通过这种方式,将全部土地集中起来,实施统一规划、管理和经营。根据《广东南海市下柏企业集团农业发展公司章程》的规定,从解决产业结构不合理的目的出发,将产业结构逐步从过去单一的粮食生产过渡到农业为基础,以第二、三产业为主体的形式,农村劳动力已大量转移到二、三产业。为了适应该区农村经济的发展,提高农业生产水平,在稳定家庭联产承包制的前提下,把经联社投资与经济社集体投资和农民以现在经营的土地、鱼塘、竹园、果园使用权合股的形式,实行农业生产股份制集约经营。股份公司的入股充分尊重农民的意愿,坚持入股自由,对不入股的农民要统一管理,实行土地统一规划,坚持土地有偿使用,坚持有偿服务。根据该《章程》的规定,折股方式和股东组成坚持:(1)承包经济社土地的农民,以土地使用权向经济社入股,其中:男16周岁至57周岁、女16周岁至55周岁每人作一股;16周岁以下未成年的男女作半股;男57周岁、女55周岁以上作半股。结婚嫁出当年还可继续享受股份分配、第二年起取消股份。娶入的,上半年户口迁入,下半年享受股份;下半年迁入,第二年享受股份。死亡者当年可享受分红,第二年取消股份。应征青年服兵役期间有股份享受权,其分红由公司承担,在部队提干或退伍如户口迁出后,不再享受股份。凡户口迁出包括自理口粮在内一律不再享受股份。违法犯罪从执行期起取消股份,刑满后户口迁入可视情况经过审核确定恢复股份。凡不符合计划生育超生的第三胎者要满16周岁后才能享受股份。不够间隔抢生第二胎要到间隔时间才能享受股份。(2)经济社会接受农户以土地使用权入股后将耕地、鱼塘、竹笋、山林、岗地以及社会属企业作出价向经济社的农业发展股份公司入股。(3)经联社将原有的农业机械、水电设施等全部固定资产作价入股,连同相当于公司以上的流动资金入股。(4)农户是经济社的股东,经济社是农业发展股份公司的股东。从当时的章程规定来看,其制度设计的成功之处在于将集体土地的分散经营变为统一经营,对于土地的集约化开发、利用和管理有利,适应了农村的城市化发展。

第三,在土地的经营管理方式上,农业发展股份有限公司有权对土地进行统一规划、管理和经营,公司与集体经济组织实质是同一组织。它们有权负责土地的规划、开发、招商出租、收益等,成为土地经营主体。

2. 法律评析

南海模式是在特定时期所进行的土地制度创新,它推进了土地的集约利用,明确了集体和农民之间的利益分配关系,改变了农民的身份和地位。而在土地经营方面,采用土地分类管理,将集体土地分为农田保护区、经济发展区和商业居住区,促进了土地的有效利用,便于管理。从经营效果上看,土地非农化的级差收益被保留在集体内部,村集体和农民个人均得以分享土地非农化进程中土地级差收益上涨的利益,既壮大了集体经济实力,也使得农民生活水平得到极大改善。

但是,南海模式在理论上也有一些问题未能解决,而从实践来看,我们不能简单地说是成功的,其所凸显的一些矛盾和问题十分突出,对农民的权益侵害也十分严重。

第一,公司治理结构不合理,也不完善,集体经济组织的资产管理机制不完善,对领导层缺乏必要的制约和监督,村集体组织干部和村民之间的利益冲突十分尖锐,村干部和村民之间的关系也很紧张。① 在对南海下柏的调查中发现,南海下柏农业发展公司是南海市下柏企业集团属下企业之一,是经联社、经济社共同投资、共同管理、共担风险的联合企业、行政上属管理区领导。与这个公司组织体系相平行的还有行政村委员会这一组织机构。这些组织机构林立,行政本位和官僚主义都比较严重,能否管理好集体财产值得怀疑。

第二,代理机制不完善,管理者缺乏法律约束,道德风险也很大,因此代理成本高昂。从南海下柏的公司的运行的内在机制分析,经济社是农村集体土地的所有者,但由于经济社的管理者以"代表土地所有者"的名义自居并控制着土地,这样避免不了既是委托人又是受托人,资格重叠和利益交叉。在此情况下,如果没有完善的法律控制和约束,多数经营收益将归集体组织管理者支配,或是进入他们自己的私人钱袋,由此产生了巨大的代理成

① 笔者在调查中得知,在南海下柏的一次村委会干部选举中,因为各方利益矛盾尖锐,难以达成一致意见,村委会干部使用的一些手段十分极端,甚至动用国家武装力量加以干涉。

本。近些年来,许多经济社在换届选举时暴露的财务问题,充分说明这一问题的严重性。在广东省的调查中,我们发现不仅在最早实行土地股份合作制改革的佛山,而且在后来的东莞等地,村集体经济组织损害农民利益的情况十分普遍,而农民却无法保障自己的权益。而这些问题在其他学者的研究中也十分严重。[①]

第三,对法律的突破没有依据,农民利益陷入不利境地。根据《土地管理法》的规定,集体建设用地用于企业经营性用地的,仅限于两种情形:一是农村集体经济组织自身兴办企业,二是农村集体经济组织以土地使用权入股或联营与他人共同举办企业。然而,20 世纪 90 年代末期以后,随着乡镇企业改制,这两种模式均显示出其弊端:集体利用自己的土地办乡镇企业,由于产权天然不清,且缺乏有管理经营能力的企业家,往往导致这类企业负债累累,最终纷纷改制。而用土地入股合办企业,由于集体土地所有权主体缺位,常常形成资金入股方内部控制企业,企业盈利,土地方也往往得不到分红,企业亏损。而在企业经营者与土地管理方形成利益关系后,黑箱操作又不可避免,损害土地使用权入股人利益的情况也就难以避免了,甚至在因为亏损时,土地方股东还要承担亏损。[②] 在南海模式中,村集体的土地经营活动后来也仅限于出租土地或建厂房后出租,而不再办企业或以地入股。但这种做法却显然与现行法律规定相违背。实践中的规避方式通常是签订“假合作、联营真租地”的合作或联营合同,或者是完全的黑市交易,根本不到国土部门办理相关用地和登记手续。由于这类行为不受法律保护,一旦出现纠纷,往往不能妥善解决,既损害了农民的财产利益,也影响了中小企业发展利益。此外,此类土地的融资也受到限制,银行不愿接受此类土地使用权的抵押,也影响企业获取后续发展的资金。而这些都会直接影响到集体的租地收益,进而影响农民的利益。

(二) 广东顺德模式及建设用地市场化改革的深入发展

顺德是由国土资源部和国务院法制办批准作为广东唯一的农村集体非农建设用地流转试点地区,基于实践制订的《顺德市农村集体土地管理改革

---

① 参见冯善书:《“南海模式”遭遇变局》,载 http://www.zgxcfx.com/Article_Show.asp?ArticleID=23935,访问日期:2010 年 7 月 15 日。

② 参见高圣平、刘守英:《集体建设用地进入市场:现实与困境》,载《管理世界》2007 年第 3 期。

试点方案》和《顺德市集体非农建设用地流转试点方案》与《顺德市集体所有建设用地使用权流转管理暂行办法》(2002 年 11 月)集中体现了集体建设用地使用权流转的改革创新意义,可概括为:其一,流转的集体建设用地必须符合土地利用总体规划和城镇建设规划,且在流转前须经村委会和镇土管机构确认所有权人,权属无争议;其二,流转须通过合同约定使用年限,不得超过同类国有土地使用权出让的最高年限,再流转的年限不超过出让合同约定的剩余年限;其三,流转的集体建设用地不得用于房地产开发建设,使用者不得擅自改变原土地用途;其四,建立集体建设用地基准地价,由区政府定期公布,作为政府向土地所有者核收流转收益金的收据;其五,集体建设用地流转可采取招标、拍卖、竞价或协议方式进行,须签订定制的流转合同并经区规划国土局审查备案后方能生效等,构成了顺德集体建设用地流转的基本管理制度和规范机制。除了有组织的类似于顺德试点做法外,广东南海、东莞、中山等地还普遍存在出租集体非农用地或以出租地面建筑物(厂房等)的形式连同土地一并出租的自发流转现象。

于 2005 年 10 月 1 日实施的《广东省集体建设用地使用权流转管理办法》(下称“《办法》”),使得广东成为第一个允许集体建设用地“合法”入市流转的地区,打破了“非经政府征地,农村土地不得合法转为非农用途”的传统旧制,也是对前述顺德模式的立法落实。

但是,广东的农村土地流转现状和立法现实也有一些问题需要我们去研究。一是两种流转形态的配套协调。总体原则上,广东《办法》确立了土地流转中的集体土地使用权与国有土地使用权“同地、同价、同权”的原则,但是具体操作层面上,原来由国家单一供应的土地供应体制转变为国家和农民集体供应时,二者关系如何处理,国有土地和集体土地流转的经济收益如何分配却亟待解决。实施农村集体建设用地使用权流转制度的目的,就是为了把农村集体的非农建设用地纳入国家统一管理,强化国家对土地市场的宏观调控,保护农民的切身利益。但现实情况是,政府在土地市场中是一个重要的利益主体,政府,尤其是地方政府与农村集体之间有着很大的利益冲突,其最终必然表现到两种流转形态上来。二是农村土地产权关系不明晰,流转主体不明确。这在前面论述我国集体所有权时已有所述。但需要注意的是,现实中,农村集体经济组织往往成为地方政权的附属机构,这在很大程度上使主体归位更加困难。三是农村集体组织土地流转收益分配及其监管问题。四是土地流转的配套程序制度设计方面,《办法》还缺乏相应规定,这在一定程度上制约了其实施。五是集体土地入市的决策机制的完善,这也有赖于集体组织性质的确定。所有这些都在一定程度上制约了《办法》的具体实施。

(三)三联集团开发模式中农村建设用地使用权市场化路径及评价

山东三联集团是在山东省济南市实施的集体建设用地成片综合开发的使用模式,它实行成片开发,有偿使用。

山东三联集团的综合开发模式基本思路是首先把将要进行开发的周围几个村成建制的加入到三联集团,而三联集团给农民提供长期的生活保障,从教育、医疗以及基本生活费用等,然后对所在的地区进行综合性的城市改造。山东三联集团的综合开发模式特点是,土地获取并非由政府征用,而是采取把村庄整建制协议加入企业,三联接受的不仅是用于开发的土地,而是村民先变成了企业员工,再通过提供高额补偿、住房、生活保障方式,使其成为真正意义上的市民。具体实施中这种开发模式是在如下几个前提下进行的:(1)村庄作为一个经济组织整体加入企业,这种加入需要以政府授权、村民代表大会表决通过为前提,农民则是村级经济组织的一员,三联不仅接受农民与土地,还包括债务等其他生产资料。(2)通过接受村级组织,取得的仅仅是对该区域的开发权,而非对土地的所有权与使用权,企业对区域内任何土地的使用都必须取得政府部门的审批。这样便能保证国家对用地的控制与配置,防止非法圈占、倒卖获利等违法行为发生。(3)必须以保障失地农民的长期生产生活资料为前提。①

三联集团农村建设用地开发的具体做法是:(1)在政府授权、村民代表大会表决通过后,山东历城区管辖的四村庄成建制地作为经济组织整体加入企业。三联集团不仅接受农民与土地,还包括债务和其他生产资料。在此过程中,政府只是公共权力的代表给予政策支持,三联集团作为开发商和城市规划运营商,与农民平等协商。(2)接受对该区域的开发权而不是对土地的所有权与使用权,企业对区域内任何土地的使用必须取得政府部门的审批,以保证国家对用地的控制和配置,防止非法圈占、倒卖获利等违法

---

① 参见张继升:《积极探索造福农民的城市化发展之路》,载《光明日报》2005年3月25日。

行为。根据2000年济南市历城区政府8号文件的规定,由三联集团对该区域进行依法统一规划、统一建设、统一销售、统一招商引资,并承诺三联享有除国家重点工程和法律另有规定者外的优先用地权。该模式涉及政府、三联集团、农民三方当事人,从权利义务关系分析,三联集团的主要权利是在政府的支持下取得该大片区域内的优先用地权或者说综合开发权,其主要义务是为农民提供补偿和长期的生活保障、福利等,并负责该区域内的环境保护和基础设施建设;农民集体土地转为国有,农民的主要权利则是得到三联集团为其提供的补偿和保障;政府的义务是监管和协调。(3) 开发商土地的获取必须以保障失地农民长期生产生活资料为前提。三联集团先后对济南市郊阳光舜城社区和凤凰城社区进行了综合开发。阳光舜城社区原有土屋与太平两个自然村,可耕地300亩,村民3000人。由于人多地少,村民主要以开山采石、生猪饲养、租放垃圾场为收入来源,比较贫穷落后,生存条件恶劣。三联集团在这里规划面积8.71平方公里,建设面积269万平方米,建成可容纳5.6万人居住的新型社区。凤凰城区域内有4个自然村,5000多名村民。这里交通闭塞,土地贫瘠,农民生活贫困,社会治安很差。三联集团在这里规划10平方公里建设凤凰社区。作为城市运营商,三联集团改变过去单纯征地开发的商业运营模式,将土地获取与村民安置、区域社会经济发展、环境改善、村民向市民的转化、村民的生活保障、就业发展统筹等问题一并考虑统一解决,化解了失地农民的后顾之忧,有效控制了开发成本,实现了社会效益、环境效益和经济效益的统一,避免了一些城市开发商只要土地不要人,导致"种地无田、就业无岗、社保无份"现象的发生。这种综合开发模式是一种多赢的模式,开拓了农村集体土地使用的新思路。

另外值得注意的是,三联集团还帮助村民们建立了村级党组织和行政管理委员会。两个城区的社区管理、教育、治安和从前相比,出现了较大改善。

从效果来看,三联集团的成片综合开发模式取得了较好的成效,产生了重大的社会效应。概括地说,主要表现为:(1) 村民得到了充分的生活保障,生活水平也大大提高。在物质补偿方面,村民享有一次性补偿费;在生活保障方面,村民如同城市居民一样享有养老保障、失业保障和医疗保障;在居住条件方面,村民住进了宽敞明亮,具有现代城市水准的楼房;在就业方面,三联为符合条件的村民安排就业岗位,发放工资,从而吸纳了大量劳动力；在福利方面，村民子女享有教育补助；在社区环境方面，环境卫生得到改善，社区治安明显好转；在社区精神文明方面，社区文化活动丰富，由于生活有保障，村民观念也发生变化，广大农民尊老爱幼，自愿遵守国家计划生育政策。总体表明，广大农民不管是物质文明领域还是精神文明领域，都得到了提高和改善，“救了一批穷人，发了一批能人，提前幸福了三代人”。(2) 促进了土地资源的规范管理和合理利用。由三联集团在一个较大的区域内有计划地进行统一规划、统一安置、统一招商和统一管理，得以最大限度地高效合理利用土地资源、保护生态环境，也方便了土地资源的规范管理，可以更好的实现土地利用的科学规划和合理配置。(3) 有效保护了耕地，农业效益也得以提高。(4) 实现了村庄的就地城市化，因地制宜，让广大农民充分参与城市化进程，分享城市化带来的便利和繁荣。

不过，需要注意的是，尽管山东三联集团的土地综合开发模式极富创新，但笔者认为还是应该对其进行冷静的法律思考。该模式尽管认为获取的仅仅是土地开发权，但土地法律、法规上对土地开发权的性质未有界定，笔者认为其实质还是获得了土地使用权，农民通过土地使用权换取了自己的身份改变和安居乐业。对此模式，有一些问题仍然值得进一步商榷：第一，这种综合开发模式之本质，是农民集体建设用地使用权的变通、曲线入市，王卫国教授观点认为其并未违反法律规定①，殊值讨论。我国对于土地市场，国家严格控制土地一级市场，并不允许民间土地交易市场的存在，所以，这种灰色交易没有法律依据。第二，在该模式中，尽管农民获得了很好的安置，生活有了很好的改观，社会保障也很到位，但是，对于开发商来说，其风险却很大，风险不匹配。这种风险将会导致政府利益和开发商利益的藕断丝连，甚至导致权利寻租。一般来说，三联集团成片综合开发模式要持久发挥其良好效果，就应该做到政府、运营商、农民三方的“共赢”。就目前来看，政府的受益体现为节省了财政支出，同时发展了当地经济；农民受益则体现为上述的补偿、安置、保障、福利等各个方面；三联集团则享受到了开发所带来的经营收益。由此可以看出，三联集团的经济效益是支持该模式长期良性运行的核心，只有三联集团通过该区域的开发取得良好的经济效

---

① 参见王卫国：《论集体建设用地市场化的法律分析》，载中国民商法网，http://www.civillaw.com.cn/weizhang/default.asp? id =27816，访问日期：2009-8-14。

益,其才有财力对农民进行各个方面的安置和保障,才能够长期履行其承诺。然而三联集团毕竟是一个经营性企业,企业在经营过程中也存在风险,将如此大量农民的切身利益全部系于三联集团的经营业绩之上,存在很大风险,一旦三联集团经营状况不好,势必影响农民利益的持续实现。这种风险一旦变成现实,其带来的后果将无法低估。第三,这种模式具有射幸性质,社会、开发商甚至于地方政府,都不能有合理的法律预期。第四,这种模式中,开发商获取土地方式与国家土地使用的指标控制手段密切相联,国家对集体土地的征收标准不再依据公共利益,而是根据国家指标标准,这样,法律文本规则和现实实践出现了巨大差异,可能导致土地征用和土地开发更加混乱的局面。另外,这也与国务院新近关于城市建设用地的招标、拍卖和挂牌交易的市场化改革方向大相径庭。另外,将农村村庄成建制地并入经营型企业,此种做法是否合法、妥当,存在哪些风险和弊端,还需要从实证的角度加以探讨。

(三)四川邛崃市农村集体土地流转的实证分析

2005 年,邛崃市在四川"金土地工程"基础之上,依托土地整理,大力推进农村集体土地的流转与集中,并引进农业经营业主和龙头企业,实施农业产业化经营,以此促进农民就业方式和收入渠道的多样化。有观点分析认为,现有的小规模、分散化的土地经营制度在支撑农业产业化与现代化的现实需求方面有一定的不足。具体而言,主要包括以下几个方面:首先,小规模、分散化的土地制度会增加农民的生产成本,降低农民的收入。其次,小规模、分散化的土地制度不利于规模经营。再次,现有土地制度不利于农业基础设施的投入。最后,现有土地制度会影响农户的长期预期。因此,现有的以家庭联产承包责任制为主体的土地制度,在某种程度上表现出一定的局限性。为了提高农业产业化与现代化水平,有必要对现有的土地制度做出一些现实的调整。四川省邛崃市以"金土地工程"为契机、以土地整理为基础所实施的集体土地流转就是对现有土地制度改革的一种探索。邛崃市结合自身特点、因地制宜,从多方面入手,打造远郊农村建设的新模式。例如,在农民居住上,采用中心村或聚居点的形式集中居住,有利于居住环境的改善,乡风文明的建设;在土地流转上,采用农户以经营权入股或租赁等形式,将土地转让给龙头企业、经营大户,以形成"龙头 + 基地 + 农户"的农业产业化格局;将土地资源转变为土地资本,以土地入股组成农业股份公司,再由农业股份公司对土地进行经营与管理。①

总的来说,四川邛崃市农村集体土地流转模式是城市远郊农村建设中土地产权市场化的有益探索。其成功之处主要在以下几个方面:第一,流转方式的灵活性与多样性结合。邛崃市在实施“金土地”工程中,土地流转同样采取了多种形式,紧紧依托农产品加工龙头企业、农村专业合作经济组织和种田能手,通过租赁、农民土地经营权入股等形式,加大土地流转力度,使土地向龙头企业、农村专合组织、种田大户以及基地集中。第二,农民以土地承包经营权入股,实行股份合作经营,成功构建“汤营模式”。② 该模式成功之处在于:克服了单个农户谈判的弱势地位,与其他公司的谈判能力较强;克服了单个农户获取信息能力较差的缺点,公司获取信息的能力相对较强;单个农户抗风险能力较差,公司抗风险能力则较强;单个农户市场化、商业化水平较低,而公司的市场化、商业化水平相对较高。第三,成功建立以土地产权流转为核心的互动链条,形成正向影响效应。邛崃市在“金土地”工程的探索过程中,成功地以土地整理推动农村土地流转、土地流转后形成农村土地规模经营,从而为农业产业化和现代化奠定了基础,在城市远郊农村解决“三农”问题上做出了卓有成效的探索,具有极其重要的理论价值。

但是,四川邛崃市农村集体土地流转模式也存在一些不足之处。

第一,农业股份有限公司的治理结构需要完善。作为土地流转制度的一种创新模式,邛崃市汤营模式是股份公司模式,农业公司经营状况的好坏直接关系到农民的切身利益,而公司治理结构是公司制度发挥作用的基础,为此,应完善农业股份公司的治理结构:一是政企分开。二是建立股东会、董事会和监事会,分别代表公司制企业的权力机构、决策机构和监督机构。

---

① 以上参见四川省成都市:《以土地制度变革为主线的城市远郊新农村建设模式研究——四川邛崃市农村集体土地流转的实证分析》。

② 目前已有506户入股,土地面积已达1060亩,占农户承包土地经营面积的45%。当前,汤营农业股份有限公司已与农业产业化龙头企业振鹏达食品有限公司合作,以订单农业的方式,建立了400亩芦笋标准化种植基地;与龙旺菇业合作建立了200亩食用菌种植基地;与浙江台州商人以股份合作方式,建立了400亩“早春红玉”西瓜规范化种植基地;与成都市农科一所合作建立了100亩苦瓜新品种试验推广基地。预计上述项目投产后,年产值将达到850万元,汤营公司纯收入将达到380万元,农民仅入股分红一项户均每年可达4000余元。参见同上。

村民依法进入股东大会,选举董事会成员,再由董事会聘请经理人员,由监事会监督董事会和经理人员的工作。实现所有权、经营权、和监督权的有效分离。三是健全农民行使权利的程序机制。

第二,政府在股份有限公司中的作用和地位有待进一步探讨和合理安排。市场经济条件下的农业生产不仅面临着自然风险,而且也要面临市场风险。市场风险来自于市场的供求失衡和价格波动。理论上来讲,农业产业化可以有序地将农户组织起来,从整体上增强其抵御市场风险的能力,但若政府行为主导农业产业化进程的情况下,农户的市场风险是否能够有效降低就成为一个值得思考的问题。按照正统的西方经济学理论,政府行为是作为市场行为的补充而发挥作用的,是对"市场失灵"现象的弥补。但在我们目前的"赶超型"发展战略下,政府行为往往不是处于补充地位,而是处于主导地位。这在邛崃市"金土地工程"的实施过程中也表现突出。羊安镇"汤营农业有限公司"的成立是以政府投资为主要资金来源,政府通过一家国有投资公司注入资金 100 万元,折合 50% 的股份作为公司的巨额启动资金。另外,从邛崃市"金土地工程"的两种模式——政企合作模式和政府直接投资模式中可以看出,地方政府的意志和意图在当地农业产业化进程中起着主导性作用,土地的集中要以政府的诱导和宣传为前提条件,资金的筹集和运作过程中政府也扮演着十分重要的角色。这种行为固然对邛崃土地整理和农业产业化进程的启动起着关键性作用,但也不可避免地使这场自下而上的制度变迁深深地打上了政府行为的印记。政府不是万能的,政府也存在"失灵"的时候,一旦政府行为在当地农业产业化进程中主导性过强,一旦作为"经济人"的政府出于某种利益的考虑而偏离了自己的初衷,农业产业化经营的市场风险就会被放大,在极端情况下甚至会导致整个村社经济的破产。所以,如何规范政府行为,有效规避市场风险,就成为邛崃市"金土地工程"的实施过程中所面临的一个重要问题。

第三,农民参与应该坚持意思自治原则,进出机制有相应的程序引导,农业股份公司破产或解体如何处理,这都需要在理论上再做研究,也是摆在面前的重大课题。

三、集体建设用地使用权流转的方式

（一）集体建设用地使用权的出让

所谓集体建设用地使用权的出让，根据《广东省集体建设用地使用权流转管理办法》，是指农民集体土地所有者将一定年期的集体建设用地使用权让与土地使用者，由土地使用者向农民集体土地所有者支付出让价款的行为。以集体建设用地使用权作价入股（出资），与他人合作、联营等形式共同兴办企业的，视同集体建设用地使用权出让。[①] 从本质上看，集体建设用地使用权的出让表现为乡镇政府或村集体等以所有者身份，将土地使用权在一定年限内让与土地使用者，并由该土地使用者向集体经济组织支付出让金的行为。此种流转方式模仿城镇国有土地使用权出让模式设计的，是土地所有者设立并分离土地使用权的行为，属于土地使用权的初次流转。

（二）集体建设用地使用权的转让

集体建设用地使用权的转让是指取得集体建设用地使用权的主体将其使用权再次转让给新的土地使用者的行为，其实质是土地使用权的买卖行为。转让的具体方式有买卖、互易、赠予和继承。

（三）集体建设用地使用权出租

根据出租主体的不同，可以将集体建设用地使用权出租分两种：一是集体土地所有者为出租主体，主要表现为村集体等土地所有者直接将集体建设用地使用权出租给企业或者个人，或者通过出租厂房而出租集体建设用地使用权，并收取一定的租金。这在各地的“招商引资”活动中均普遍存在。二是集体建设用地使用者为出租主体，即取得集体建设用地使用权的主体将其使用权出租给他人并收取租金的情形。实践中主要表现为村办企业以其全部或部分土地或厂房出租并靠收取租金盈利，以及农民个人出租住房而引致宅基地使用权出租等。

（四）集体建设用地使用权抵押

集体建设用地使用权抵押在实践中表现为集体建设用地使用权的单独抵押以及连同厂房在内的一同抵押两种形式。这种情况多存在于民营经济较发达的东南沿海一带，由于开办企业或经商的资金不足，企业或个人以取

---

① 参见《广东省集体建设用地使用权流转管理办法》第 12 条。

得的土地使用权进行抵押融资。

另外,实践中还存在集体建设用地使用权出资或作价入股的方式,以及各种隐形的集体建设用地使用权流转方式,如乡镇企业的兼并、破产、重组、改制以及因为司法裁定等导致的集体建设用地使用权的流转。而值得注意的是,在各地的具体实践中,因为农民自发进行的流转方式创新具有地域性,因此流转方式也呈现了多样化,极不统一,这也亟待在法律制度上加以解决。

第四章　土地征收基本理论及我国土地征收制度

第一节　土地征收制度的国际比较

一、土地征收制度的历史流变

（一）从古罗马至资产阶级革命初期的征收制度

西方土地征收制度滥觞于古代罗马法时代的征收制度。[①]《欧洲古代史》记载古罗马的执政官有一项权利，即在他认为必要时可以以城邦名义征收一切财产，其中包括土地。[②] 古罗马的所有权观念具有浓厚的个人主义色彩。欧洲古希腊和古罗马等奴隶制国家，确定奴隶占有制度初期，就出现了土地和奴隶的私有制，形成了城邦经济、奴隶主大庄园经济、寺院地产经济以及家庭奴隶制等私有经济。作为对所有权的限制，土地征收制度在罗马法中也已经出现，尽管严格意义上的土地征收实际上还不存在。[③] 罗马法规定，傍河的公路被洪水冲毁或因其他原因崩坍时，则傍河修筑的新公路的土地即可无偿地被征收。[④] 由此可见，土地征收制度的存在是以私有权的存在和确认为前提。虽然罗马法奉行个人主义色彩明显的所有权制度，但由于

---

① 参见陈新民：《德国公法学基础理论》（第 1 版），山东人民出版社 2001 年版，第 420—422 页。

② 参见刘杨：《人权旗帜的高扬——谈〈宪法〉对土地征收条款的修正》，载《中国土地》2004 年第 4 期。

③ 参见王富博：《土地征收的私权保护——兼论我国土地立法的完善》，载《政法论坛》2005 年第 1 期。

④ 参见周枏：《罗马法原论》（上册），商务印书馆 2002 年版，第 327 页。

社会经济情况的限制,所有权绝对性的观念还未如后世一样强大,所以征收制度更多地还是体现了对所有权的限制,对所有权的保护还不充分。本质上来分析,国家强制进行土地征收实际上是对私有财产行使支配权,是对私有财产的一种"侵犯"。这也就是所谓的"超经济的强制"。[①] 对此,恩格斯曾以税收为例对之有过精辟的论述:"纳税原则本质上是纯共产主义的原则,因为一切国家的征税权力都是从所谓国家所有制来的。的确,或者是私有制神圣不可侵犯,这样就没有什么国家所有权,而国家也就无权征税,或者是国家有这种权利,这样私有制就不是神圣不可侵犯的,国家所有制就高于私有制,而国家也就成了真正的主人。"[②]

到了中世纪,由于国家缺乏统一的公权力,君主对其臣民相对独立,君主高权之行使须受制于臣民之既得权,但是后来公权力之概念逐渐形成,遂认为既得权并不具有不可侵犯性,君主可以基于"紧急权"而得以对既得权予以侵害。[③] 此种紧急权,在当时被认为是国家征收权的基础,直到 17 世纪荷兰学者 Hugo Grotius 才对征收权给予近代意义,并奠定了其哲学基础,其认为"共有财产为私有财产制之开始,起初个人依其所需取得所欲之物,消费得消费之物。不久,共有遭受破坏,遂产生私有财产制,个人持有分得之土地,但此持有非仅以'意思表示'为之,而是依'分割时之明示、占有时之默示'之一种契约为之。依此契约,私有财产制并非毫无限制,财产权可以分为有关个人利益之一般权能与为公共福祉而优先于该一般权能之特别权能。职是,为公共福祉君主具有优越于私有财产权之权利,个人对国家负有较债权人更大之义务,但上述情形,系具有两个先决条件,即臣民之既得权,

---

① 这种强制和侵犯因为国家的产生和存在而必须存在的,是国家公共管理的物质基础。国家与旧的民族组织的不同在于:第一,是按地域来划分它的国民,而不是如氏族公社那样以血缘关系维系的原始制度;第二,是公共权力的设立,这种权力是为适应和满足社会的公共需要而服务的。恩格斯曾谈到过这种权力的来源。他指出:"在每个这样的公社中,一开始就存在着一定共同利益,维护这种利益的工作,虽然是在全社会的监督之下,却不能由个别成员来担当,如:解决争端;制止个别越权;监督用水,特别是在炎热的地方;最后,在非常原始的状态下执行宗教职能。这样的职位,在任何时候的原始公社中……还可以看到的。这些职位被赋予了某种全权,这就是国家权力的萌芽。"恩格斯得出结论:"政治统治到处都是以执行某种社会职能为基础的,而且政治统治只有在它执行了这种社会职能时才能持续下去。"以上引文分别参见《马克思恩格斯选集》第 3 卷,人民出版社 1972 年版,第 218、438 页。

② 《马克思恩格斯全集》第 2 卷,人民出版社 1958 年版,第 615 页。

③ 参见叶百修:《从财产权保障观点论公用征收制度》,台湾 1989 年自版,第 55 页。

得因刑罚或因统治权而受侵害，但如因公益上之必要，致其权利受到侵害时，应由公有财产予以补偿”。[①]

总体来看，这一时期国家进行征收是基于国家权力基础。[②] 在欧洲封建制时期，国王是全国土地的主人，对全国土地享有最高的所有权和支配权。

（二）古典征收理论及其制度发展

在17、18世纪，依Grotius理论，君主基于公共用途纵无法律依据，只要给予补偿者，即得恣意侵害人民之财产权。直至法国大革命后，于《人权宣言》内明定“公用征收须依法律始得为之”的条件后，公用征收才成为宪法上之法律制度。这一思想为德国法所继受，普鲁士邦于1794年之一般邦法序章第74条及第75条揭示公用征收之条件。到这时，均认为“为特定公益事业之需要，得依据法律征收私有所有权，但应给予补偿”。故公用征收之特征系在于依据法律规定做成行政处分，将私有所有权予以征收后，移转于具有公益性之事业，但应给予补偿。此种征收概念学者称认为“古典之公用征收”。然而在此时期，因仍受自由法治主义之影响，认为所有权是神圣不可侵犯的权利，如因公益事业之需要，不得不征收私有所有权时，须满足一定严格条件后才可以进行，亦即要求公权力尽可能避免侵犯具有绝对性质的私有所有权。总之，古典征收理论之特征在于是行政征收，得基于公共利益之目的，以一定程序并给予全额补偿方可为之。不过，需要说明的是，古典征收并非只存在于近代这一历史阶段，即使在当下，这种为公用而取得私人土地的方式仍是征收的主要形式。[③]

（三）现代以来的扩张的征收理论

所有权绝对主义主导下的制度设计虽然促进了社会经济繁荣，但亦发生贫富不均等种种弊端，故德国于1919年公布《魏玛宪法》时，改采社会法治主义，于第153条明确规定所有权具有社会义务：如因社会公共利益上的需要，国家可直接以法律，或依据法律规定以行政行为对私有财产权予以限制或剥夺，不再以“为特定公益事业之需要”始能为之；对公用征收所生之损

① 参见叶百修：《从财产权保障观点论公用征收制度》，台湾1989年自版，第56页。

② 参见张千帆：《“公共利益”的困境与出路——美国公用征收条款的宪法解释及其对中国的启示》，载《中国法学》2005年第5期。

③ 参见李蕊：《中国土地征收制度研究》，中国人民大学2005年博士论文，第5页。

失，只须给予“适当补偿”即可，必要时甚至得依联邦法律排除其适当补偿。① 《魏玛宪法》的此项规定，尽管仍然未脱离传统征收概念，但颁布之后德国法院通过判例作了扩张解释，演变为“扩张之征收概念”。《魏玛宪法》下的扩张的征收概念，在西德基本法公布后，原则上仍为该法所接受，并继续予以发展。基本法第 14 条之规定，大致与《魏玛宪法》第 153 条的规定相当，只是基本法第 14 条的规定，对于征收补偿之要求较严，明定：“公用征收应给予补偿”、“须于规定公用征收之法律中明定补偿之方法与范围”与“补偿之决定应公平衡量公共利益与关系人利益”等原则，同时要求公用征收应注意到“比例原则”与“必要性原则”，凡此均为其要点。另外，在实物上又创造出“类似征收侵害”以及“具有征收效力之侵害”等概念，以济公用征收制度之穷，凡此均较魏玛时期更为扩张。②

扩张的征收理论，相对于古典征收而言，具有很大的变化：征收标的突破了不动产和动产，包括权利都可以成为征收标的；征收形式上尽管以行政行为为多，但立法征收也日益发展；征收目的扩张至一般的公共利益目的；在补偿上进行适当补偿，必要时可以排除补偿，尽管在德国司法实践中仍遵循《普鲁士土地征收法》成例，仍以全额或市场价格进行补偿③；征收的过程方面，除了原来的交付财产，还包括现在的财产限制。④

美国也经历了土地征收由公用征收到公益征收的发展过程。1791 年《美国宪法修正案》第 5 条规定：“未经正当法律程序也不得剥夺任何人的生命、自由或财产。凡私有财产，非有公平补偿，不得收为公用。”在 20 世纪 30 年代以前，美国对于土地征收权的看法还停留在政府征收私有财产限于公共使用的程度上，如道路、学校、医院、公园、公共建筑等，如果允许政府征收私人财产后授予或者出售给另一私人所有，则是滥用公权力。但是自 20 世纪 30 年代开始，法院将公共使用的概念加以扩充，突破了征收私人财产供传统“公共”使用的限度。纽约最高法院于 1936 年 New York City Housing

① 《魏玛宪法》第 153 条第 2 款规定：财产征收，惟有因公共福利，根据法律，方可准许之。除帝国法律有特别规定外，征收必须给予适当补偿，有关征收之争讼，由普通法院审判之。

② 参见叶百修：《从财产权保障观点论公用征收制度》，台湾 1989 年自版，第 58 页。

③ 参见陈新民：《德国公法学基础理论》（第 1 版），山东人民出版社 2001 年版，第 424 页。

④ 参见〔德〕哈特穆特 · 毛雷尔：《行政法学总论》（第 1 版），高家伟译，法律出版社 2000 年版，第 665 页。

Authority v. Muller 案[1]，法院支持纽约住宅局行使征收权，但是，美国将“公共使用”一词加以扩张，将土地征收的目的从公共使用转为公共利益的标志性的判例，是联邦最高法院在 1954 年判决的 Berman v. Parker 案。[2] 在该案中，以道格拉斯(Douglas)大法官为首的判决意见中对宪法所使用的“公共”概念进行了详细的阐述[3]，概而言之，只要立法者立法为了是达成任何公共目的，即合乎宪法之要求。本案之私人土地被征收后，将会转由私人承购或承租，法院认为，若假借私人之整建行为，仍符合规定之“整建计划”，即可以收到整建之效果，故不必一定必须由政府来接手这些被征收之土地及亲自从事整建计划。“只要目标是在国会的授权范围内，则行使征收权达成之，征收只是手段而非目的；如果目标是在国会的授权范围内，则达到此目标的方法也可以由国会来决定，本案国会所选择的方法是授权私人企业来开发穷败区。但申诉人辩称，这是政府利用工程计划征收一位商人的土地，图利另一位商人。国会则认为公共目的经由私人企业来做要比政府自己执行要有效率得多。”[4]该案件明确将“公用”要件改变为“公共利益”要件，顺乎时代要求；法院在该案件中也承认司法权力在对公共利益的判断上也应该有所节制，原则上极其尊重立法权和行政权力对公益所作裁量，而只注意立法权和行政权的运作程序。但是，该案判决中，将立法者之警察权力和征收权力混在一起，将征收权力视为达到警察权力的手段，未免有混淆警察权力与征收权力之虞。

(四) 征收内涵的进一步扩张及类型化分析

德国近来对征收概念进一步扩张，主要表现为准征收侵害和征收性侵害的发展。德国联邦最高法院根据帝国法院的具体行为理论[5]，创造了特别

---

① New York City Housing Authority v. Muller 270. N. Y. 333. N. E. 2d. 153.

② Berman v. Parker, 348U. S. 229, 104S. Ct. 98, 99L. Ed. 27(1954).

③ 此案涉及哥伦比亚特区为了实施都市更新计划而征收整块私人土地。这是一个划时代意义的判决，常为后人引用。

④ 参见张泰煌：《从美国法院判例看土地征收权》，载《台湾地政》1995 年第 107 期。

⑤ 由于征收不仅包括财产的剥夺，而且包括财产限制，因而《德国基本法》第 14 条第 3 款规定的应该予以补偿的征收和第 14 条第 1 款第 2 句规定的不予补偿的财产限制之间的界限成为一个重大的问题。后来帝国法院认为，具体侵害视为征收，而一般限制视为内容的限制。参见〔德〕哈特穆特·毛雷尔：《行政法学总论》(第 1 版)，高家伟译，法律出版社 2000 年版，第 667 页。

牺牲理论,即“对财产的侵害,采取剥夺或负担形式,以不同于其他人的特别方式影响有关的个人或人群,从而强制后者为公众承担特别的、于其他人相比不公平的、而且通常不可预期的牺牲”①对准征收侵害,乃是在征收过程中由于违法征收导致财产所有人的“过度的负担”,“准征收侵害——根据联邦最高法院的最初定义——是对财产的违法侵害”。② 后来准征收侵害的概念也不断扩大,联邦最高法院判决:准征收侵害的补偿不仅适用于违法的、无过错的侵害,而且适用于——职务责任之外的——违法的、有过错的侵害③:为征收侵害中的特别牺牲在这里表现为侵害的违法性④;无需特定目的的侵害行为,直接财产损害本身就是充分要件。征收性侵害是指因行政机关在执行公益项目时会给有关财产所有人造成财产的“社会约束”,且此约束是如此严重,以至于对相关财产所有人造成了特别牺牲,则以“征收性侵害”或“具有征收性质的干预”给予补偿。⑤

值得一提的是,德国联邦宪法法院创立的应予公平补偿的内容限制规则,具有十分重要的意义,它使得不予补偿的内容限制和应该予以补偿的征收之间的严格界限又相对化。此规则基于 1981 年 7 月 14 日联邦宪法法院作出的“义务样品案”的判决⑥,它涉及《德国基本法》第 14 条第 1 款第 2 句

---

① 〔德〕哈特穆特·毛雷尔:《行政法学总论》(第 1 版),高家伟译,法律出版社 2000 年版,第 667 页。

② 同上书,第 669 页。

③ BGHZ,第 7 卷,第 296 页;第 13 卷,第 88 页。

④ BGHZ,第 32 卷,第 208 页。

⑤ 参见德国联邦最高法院:NJW,1965 年,第 1907 页(道路建设、布什克鲁克桥);BGHZ,第 57 页,第 359 页(法兰克福地铁建设);第 64 卷,第 220 页(交通噪音);联邦最高法院:NJW,1980 年,第 770 页(城市垃圾堆放的公害)。转引自〔德〕哈特穆特·毛雷尔著:《行政法学总论》,高家伟译,第 671 页。

⑥ 该案案情是,根据《黑森州出版法》第 9 条规定和以此为据制定的实施法规命令,所有的出版商都有义务将其出版物的一份样品免费提供给州图书馆,该提供义务是为了保障所有的新出版物都汇集到一个机构,以供审查。一个出版商对提供义务提起了诉讼,声称所出版的书籍成本高、印数少、价值高,因该交付义务而遭受了特别负担。行政法院根据《基本法》第 100 条第 1 款规定移送,联邦宪法法院认为,交付义务不构成征收,而应视为内容的限制,原则上符合《基本法》第 14 条第 1 款的规定;但是,免费提供高成本、低印数的出版物构成不符合比例和违法公平性负担。联邦宪法法院据此判决义务样品规则在此范围内违反宪法,因为该规则规定赠送义务“一律不予补偿”。联邦宪法法院还进一步指出,如果出版商得到相应的补偿,即不得对法律规定的赠送义务提出异议。

规定的“财产社会约束”规则[①],这一规则总体上符合宪法之规定,但是在特别情况中造成了特别负担,从比例原则和平等原则来看,至少应当给予财政上的公平补偿。

征收内涵的日益扩展是国家经济、政治发展的必然结果。自由资本主义本身的缺陷和弊端,使凯恩斯的国家干预理论烟嚣尘上:社会经济需要国家这只“有形的手”,从而维护社会公共利益。在土地资源的分配方面,国家干预力度不断加强已经成为不争的事实。现代土地制度的发展呈现了两个明显的倾向:一是从强调所有权转到强调使用权,二是国家通过法律手段加强了对土地的制度性约束。[②] 美国 1984 年的 Hawaii Housing Authority v. Midkiff 案[③],甚至在其本质性方面实际上向人们昭示,国家征收土地而重新进行配置,本质上成为国家推行经济政策,社会政策的重要手段之一。不过,需要注意的是,土地征收制度在各国的历史发展中,公共利益实现功能和目标并没有丝毫动摇。

二、征收制度的比较研究

(一) 德国征收制度

德国宪法中对公民财产的保障是宪法一项重要的使命,德国宪法史上明文规定保障人民财产权之制度,可溯源至 1849 年 3 月 28 日公布的《法兰克福宪法》草案。[④] 但该法案未被各邦接受。有关人民财产权保障的理念及制度的粲然大备,当属 1919 年《魏玛宪法》[⑤],并为第二次世界大战后的

① 〔德〕哈特穆特·毛雷尔:《行政法学总论》,高家伟译,第 673 页。

② 参见刘剑文、杨汉平:《私有财产法律保护》(第 1 版),法律出版社 2000 年版,第 82 页。

③ Hawaii Housing Authority v. Midkiff, 467U. S. 229 (1984).

④ 《法兰克福宪法》第 164 条规定:所有权不可侵犯。征收惟有因公众福利(gemeines Beste),且依法律,以及给予公平补偿之后,方得为之。

⑤ 《魏玛宪法》第 153 条规定如下:(1) 所有权受保障。其内容及其限度,由法律定之。征收惟有为“公共福利”,且依法律,方得为之。除联邦法律有特别规定外,征收必须给予适当之补偿。有关征收之争讼,由普通法院判决之。(2) 所有权负有义务。其行使应同时有益于公众福利。

1949 年公布的现行《基本法》所继受。[①]《魏玛宪法》开创先河,《基本法》承继于后,认为财产权受宪法保障的"限度"以及财产权的"内容",是必须由立法者经过立法程序来决定。人民的财产基本权利,具有一个"先于且超于国家的特征",对征收行为的规定,乃在于限制国家对人民财产的限制和剥夺的恣肆。此正所谓法律的真正对象乃是国家,法治观念下的征收必定是对国家的行为进行规制。[②] 财产权为个人创造了一个不受国家控制的领域,限制了政府的行动范围及统治者的专横意志。财产权是抵制统治权力扩张的最牢固的屏障,是市民社会和民间政治力量赖以发育的温床。因此,财产权成为自由、个人自治赖以植根和获取养料的土壤,它对人类的一切精神和物质文明的巨大进步产生了深远影响。[③]

德国近代以来征收制度的发展源远流长,各种理论也景象万千,蔚为大观。早在德国普鲁士邦国 1794 年颁布的"普鲁士一般邦法引论"第 74 条及第 75 条,就已经规定了征收的一般原则。财产征收的本质具有强制收买的特性。德国第一个征收法,是黑森大公国于 1821 年 5 月 27 日公布的。随后,各邦国也陆续制定了征收法典。依这阶段所陆续制定的征收法典,财产之征收,是为了公共福利所必需,并且,须给予被征收人公平或是全额或适当的补偿,方可许可。1849 年 3 月 28 日的《法兰克福宪法》第 164 条,正式的将财产征收予以规定:惟有"因公共福利之需要,并依法律,且给予公正的补偿"之情况下,征收才属合法。次年普鲁士于 1 月 30 日公布之"普鲁士宪法典",在第 9 条,对征收之要件及程序,有更周延之规定……财产,惟有在为公共福利,并且事先地给予补偿;在急迫情况时,至少须暂时定额地给予补偿后,且须依法律之规定,方可以剥夺或限制之。由上述之规定可知当时对于政府行使征收之限制,极为严格。待至古典征收时期,明确的法律概念

---

① 《基本法》第 14 条规定:(1) 所有权和继续权受保障,其内容及限度,由法律定之。(2) 所有权负有义务,其行使应同时有助于公共福祉。(3) 征收惟有因公共福祉所需方得为之。征收之执行,须依法律或基于法律,而该法律必须同时规定补偿之种类及限度后,方得为之。征收之补偿,以公平的均衡公共利益及私人利益后,决定之。关于征收补偿之额度,其争议由普通法院裁判之。

② 参见高全喜:《论宪法政治——关于中国法治主义理论的另一个视角(一)续》,载 http://www.cc.org.cn/newcc/browwenzhang.php? articleid = 4793,访问日期:2009 年 12 月 2 日。

③ 参见〔奥〕米塞斯:《自由与繁荣的国度》,韩光明译,中国社会科学出版社 1994 年版,第 104—105 页。

业已形成,基本制度设计理念是以绝对性的保障私有财产为出发点,抑制国家公权力侵犯,尽可能地不要侵犯人民基本权利,因而将征收制度,精密界定其概念,并和实际的实务相配合。征收制度发展到魏玛宪法时代,其内涵已经扩张,内涵也与古典征收异其旨趣。在此阶段,值得一提的是,《魏玛宪法》第155条第2项规定:“为了满足住宅之需要,奖励移殖、开垦以及振兴农业之目的,得征收必要之土地”。这主要是针对第一次世界大战后,所引起“房荒”而制定,是图利私人之征收。这种着眼于社会政策的土地再分配,肇始于德国立法,并沿用至今。基本法时期,征收概念更为发展,其要件也相当详备:必须是为了公众福利而征收;必须有充分的法律基础;坚持“比例原则”;须予以公正的补偿。

需要我们注意的是,德国对征收本质的认识,也有各种不同的学说,概其要者,有以下几种:(1)个别处分理论。该观点也可称之为“个别侵犯理论”,认为征收是对特定个人或是确定的及可得确定一群个人之财产权利的侵害。虽然立法者在制定征收法律时,已经定明何类的财产权,可以作为征收的标的,但是,这种规定,并非说所有该项财产标的,都会遭到征收的命运,毋宁是,只有在少数个案时,亦即是因为公共福祉之需要时,才会对某些个人及人群的这种财产予以侵犯。(2)修正的个别处分理论,该理论也称为“特别牺牲理论”。基本法公布后,联邦普通法院于1952年6月10日,对征收加以解释。法院基本上肯定魏玛时代盛行的“个别处分理论”,但是,却将理论重心置于强调宪法所欲保障的平等权上。因此,规定财产权义务性,亦即限制财产权之法律,是不可违背平等权的法律。每一个被此类法律所规范到的财产种类,皆可预期地受到侵犯。而征收的法律则不然。事后被征收之人民,并不因一个征收法律之公布而即时知道自己的财产权利将遭到侵犯。必待日后单独的、依该法制定的“征收计划”被提出后,且征收的处分也具体公布后,方可知道自己的权利遭到征收之侵犯。因此,征收是违反宪法保障之平等权而使少数人之财产权遭到侵害,因而,此针对少数个人为了公共利益而牺牲时,基于“负担均分”,补偿必要性随之而确立。而财产权的社会义务性,却是一般性规定,故无特定被害人,自无特别予以补偿其损失必要。随着时间的发展联邦最高法院提出了越来越多的本质探讨的观点,但一直没有放弃特别牺牲理论。(3)应保障性理论。本理论是20世纪40年代Walter Jellinek所倡的。Jellinek认为征收是对“财产权应(值得)保障之实体”的侵害。该观点是基于利益比较角度，也就是征收是经过对公共福祉及私益作一个衡量之后，确认为不应该保障的财产标的，而为之侵害。另有实质减少理论①、可期待（忍受）性理论②及私使用性理论③等，但对立法和时间影响不如上述理论影响巨大，兹不赘述。

（二）美国的征收制度

美国法律对公民财产权的保障首先也体现在宪法性保障方面。④ 美国宪法规定保障人民财产权利是在第 5 修正案及第 14 修正案。在第 5 修正案之后段规定，任何人民不得“未经正常法律程序，而被剥夺其生命、自由及财产权；私有财产亦不得在未予以公正补偿后，予以公用征收”。另在宪法第 14 修正案一项末段，又特别针对各州政府而为规定：“任何州政府，非经正当法律程序，不得剥夺任何人民之生命、自由及财产权”，所以，美国宪法凭借“正常程序”和“公正补偿”来保障人民财产基本权利。美国宪法第 5

---

① 该理论是针对私有财产权的“实质减少”为立论标准，征收是一种高权力对人民财产权利的实质现状及内容的侵犯，以至于依该权利本质极为必需之经济性功能已经被剥夺或严重的被侵犯。参见陈新民：《宪法基本权利之基本理论》，台湾元照出版公司 1999 年版，第 330 页。

② 该论认为，所谓的财产权社会义务性，是对财产权极轻微的侵犯，而且，可以期待人民忍受之。例如位于高速公路、铁路旁的居民，必须忍受噪音，因此，财产负有义务，是因为该义务不侵犯财产权之实质。但是，征收（剥夺所有权等）是对人民财产权极为严重之侵犯，非财产权之负义务可比。因此这种理论也称为“严重程度理论”。参见同上书，第 331 页。

③ 学者莱哈特将这个理论架构在宪法保障财产权利的本质，亦即是论及财产权制度性保障的“私使用性原则”。该理论认为基本法所树立的价值体系，在于确定人民有发展人格之自由及私有财产之制度。因此，立法者在制定一个规律经济活动的法律时，必须严格地遵守人民私有财产权的要素，系在于追求私利性。倘若，一个立法者所制定的法律，其主要功能并不在于保障人民财产权利的私使用性原则，则便是征收之法律。

④ 应该看到，过去的个人所享有的人生内容，无论是生命、财产、自由和经济等，其权利都没有在宪法这一根本大法中得到政治性的合法保障，古希腊罗马公民社会，中世纪王权和教权社会，其法律上的政治保障都没有上升到宪法的高位，都有可能被各种各样其他的权利所侵害。历史的实际状况确实如此，古希腊罗马时代，作为私人的个人并没有多少独立自由的权利，城邦社会和最高统治都随时可能以各种合法或非法的专制方式剥夺个人的有限权利，在中世纪教权社会，虽然个人在神学上获得了人人平等的权利，但作为私人的个人也同样难逃王权和神权两大专制权力的枷锁。只有到了近代社会，特别是在宪政的政治形态之下，作为私人的个人，其所拥有的各项权利和自由才得到了宪法的根本性法律保障。所有的宪政政治国家，所颁布的宪法中最核心的内容就是保障个人的政治和经济权利，个人在所有这些宪法中都具有至关重要的意义。在此意义上，可以说宪法对于个人权利的法律保障是宪政有别于其他任何政治体制的一个核心要素。

修正案规定人民私有财产不得在未予公正补偿后收为公用。美国宪法之征收是为典型的“公用征收”。再以比较法的眼光，参酌大陆法系国家（如德国）有关征收之概念及制度，可以发现，大陆法系国家对私有财产之征收，早已不再局限于为“公用”之目的而征收——例如收用私人土地以建造道路、学校等公共用途，国家为了其他公共利益之急需（例如实行土地政策等），亦可实行征收人民之私有财产。

实质上，美国的土地征收制度也随着时代的发展而发生了变化。在美国，政府实施征收权的条件包括公共使用的目的，正当法律程序和公平补偿。其中发生重大变化的是征收的公共标准的变化。这可以在 New York City Housing Authority v. Muller 案、Berman v. Parker 案、Hawaii Housing Authority v. Midkiff 案、Poletown Neighborhood Council v. Detroit 案中窥见一斑①，关于前三个案例，前文有述，此处不赘。至于 Poletown Neighborhood Council v. Detroit 案②，密歇根州高等法院维持了广义的公共利益标准，其所认定的公共目的是减少失业和复苏该地区的经济基础，私人财产的收益纯粹是附带的……征收权的使用被限制在促进公共用途和公共目标的范围之内，而且在无确凿证据证明公众是主要的受益者的情况下政府不能行使这个权力。在征收权以有益于具体的、可确定的私人利益的方式加以行使的地方，比如此案，法庭极其认真地对公共利益是正在增加的利益中最主要的利益的声明加以审查，确认公共利益不能是投机的或边际的，必须是明显而重要的。实践中，在土地征收案件中，最难也最容易引起争议的是政府帮助开发商和私营公司征地为地方增加土地使用效率和就业机会，从而变相地为地方政府增加财政税收。这类征地的合法性往往受到质疑，波兰城案既这类案件的典型。

不过，需要说明的是，美国法院对公共使用采取灵活的态度是因为上个

---

① Poletown Neighborhood Council v. Detroit, 410Mich. 616, 304N. W. 2d444 (1981).

② 密歇根州立法机关通过《经济开发公司法案》，该法案授权底特律市政当局刻意为了提供工业和商业基地而征收财产，并能将财产转移给私人使用。以 2 亿美元的代价取得波兰人聚居区，再以 800 万美元出售给美国通用汽车公司，尽管会伴随公共利益的增长，但这仍是一个私人占有，而不是公用，因为通用汽车公司是征地的主要受益者。被上诉的被告则争辩道：征收土地的公共目标是缓和和阻止失业、财政亏空的局面。征收土地被转让并给私人制造商使用并未破坏公共目标。参见〔美〕罗伯特·考特、托马斯·尤伦：《法和经济学》（第 1 版），张军等译，上海三联书店、上海人民出版社 1994 年版，第 265—268 页。

世纪30年代经济大萧条以后，采取了国家干预经济的政策。因此，即便是社会政策，也可以构成公共利益。公共利益多蕴涵的宪法价值应高于保护私人财产权利的宪法价值，公共利益应该被确切证据证明是比个人利益更高的利益。征收的必要性既来自经济方面，但并非仅仅来自经济方面，也来自非经济方面。同理，为提高土地使用效率而征地，也可以为实现公平而征地，如1984年的夏威夷住宅局诉米德契夫案。20世纪80年代以后，随着美国经济的复苏繁荣，对征收公民私有财产权法院采取了较严格的审查态度，又回归严格限制的"公用征收"之势。

三、对土地征收权的理论解读

（一）美国的警察权力与土地征收权

警察权力，是指联邦及各州可以拥有警察权力来管理人民，而且因管理之需要而可以将人民的自由权及财产权等基本权利，予以限制及剥夺。有观点认为，政府基于国家权力得行使公权力，国家权力包括主权国家所得行使的各种权力，国家的立法权、行政权、司法权都包括在内[①]，公权力即是广义的警察权，公权力的行使以确定的规范限制人民的外在生活[②]，可以剥夺或者限制人民的权利。[③] 狭义的警察权则仅仅指限制人民权利的情形。[④] 在美国，警察权力理论，为联邦及州立法者侵犯人民财产基本权利奠定了理论基础，并作为联邦及各州之立法行为依据。国会及州立法者之所以拥有此项权力，主要是源于宪法第5修正案及第14修正案。国会及立法者基于公益，也就是为了"维护公共安全、公共福祉、社会安宁、秩序及道德"可以对人与事采取一切必要之限制及管理措施来限制人民的财产权，人民的财产权的行使、享有及处分，因而完全屈服在立法者这个权力下。[⑤] "警察权力"

---

① 参见陈新民：《公权力的概念及其法律救济》，载《宪政思潮》第65期（1984年3月）。

② 参见许志雄译：《从行政法之发展论法治国家与公权力之行使》，载《宪政思潮》第65期（1984年3月）。

③ 参见谢哲胜：《准征收之研究》，载《财产法专题研究》（二），台湾1999年自版，第234页。

④ 参见谢哲胜：《不动产财产权的自由和限制》，载《中国法学》2006年第3期。

⑤ T. D. Havran, "Eminent Domain and the Police Power", 5 *The Notre Dame Lawyer* (1930), at 38.

行使目的，早期是针对人民基本权利之“有害的行使”①，这种权力限制及剥夺人民的财产权，不必给予任何补偿。随着社会发展，社会关系趋向复杂，传统的、消极性质的警察权力只是针对排除个人行使对社会有害行为已不敷时代所需。尤其进入本世纪以来，国家任务之范围越加庞大，国家使用警察权力，来促进公益，积极达成社会正义之必要性，也益显重要。警察权力概念的扩张，是现代美国宪法学的一大特色。②

联邦及州的立法者通过援引警察权力来拘束、规范人民的财产权利，由早期消极性质的排除对公益有妨碍的个人财产权行使之立法措施，到本世纪来积极性且多样性地“促进”公益的立法目的，警察权力的范围极其扩张，已如前述。立法者援引警察权力所为之立法，绝大多数是不必给予人民任何补偿的。但是，必须清楚的是，在“不必补偿”为原则的警察权力行使之案件，和宪法第5修正案所承认的必须给予公正补偿之征收案件，皆是国家权力对人民财产权利所为之侵犯。如何区分这两种权力，成为摆在立法者和司法者面前的一个重要课题。

两种权力区分之问题，在 Pennsylvania Coal Co. v. Mahon 案③中首先得到了司法上的关注。该案中，以大法官 Holmes 为首的判决意见即认为每个人的基本权利，都有一个“内在限制”，即必须屈从于警察权力。但是这个限制，必须有其限度，否则契约及正当程序原则两个制度都会丧失。考虑这个限度的标准之一，便是人民“权利丧失之程度”若达到某一限度时，就会形成应予人民补偿的征收行为。但是，后来经过 Berman v. Parker 案、Hawaii Housing Authority v. Midkiff”案及 Ruckelhaus v. Monsanto Co. ④案，尽管成功地将古老的公用征收转化成公益征收，但是，这三个代表性的案件，也同时牺牲了对警察权力和征收权区分：三案皆将这两个权力混在一起，使后者成为前者之手段。所以，为解决在宪法条文中根本未有的问题，联邦法院的大

---

① 在1887年的 Mugler v. Kansas，123U. S. 633，679（1887）案中，联邦最高法院大法官 Harlan 即提出此见解，后在1992年，Pennsylvania Coal Co. v. Mahon，260U. S. 393，417，大法官 Brandeis 在反对意见中，亦重申此旨。

② 美国法院采用判例的形式，使得警察权力的范围延伸至战时立法及战争行为；维护较高经济利益之农业；都市计划及土地使用规则的划定；古迹、纪念建筑物之认定；环境保护、生态维护；土地政策与租金管制方面；为促使竞争及消费者利益等，极为扩张。

③ Pennsylvania Coal Co. v. Mahon, 260U. S. 393，43S. Ct. 158. 67L. Ed. 322.

④ Ruckelhaus v. Monsanto Co. , 467U. S. 229，104S. Ct. 2321. 81L. Ed. 2d186.

法官们不遗余力寻找一些解决方案，概其要者，主要有以下几种学说：(1) 移转权利论及无辜论。早在 1887 年，联邦最高法院大法官 Harlan 在 Mugler v. Kansas 案[①]的判决中提出这个理论。Harlan 首先以宪法文本解释征收制度，然后提出"无辜论"，即认为凡是警察权力之行使，只是在限制人民之有害的财产权行为；公用征收之相对人，则皆是"无辜"地使用其财产权。Harlan 大法官这种界定，明显的是基于以古典公用征收和原始的警察权力概念二分法，也不符合两者都早已变化的新概念。但着眼于这个理论的明确性，自 Harlan 提出以后，仍有少数大法官采纳。例如 Brandeis 大法官，在 1922 年的 Pennsylvania Coal Co. v. Mahon 案所提的反对意见，也引用 Harlan 之理由。(2) 损失程度论。这一观点是霍姆斯大法官在前述之 Pennsylvania Coal Co. v. Mahon 案中，所提出之看法，霍姆斯大法官认为传统的警察权力及传统的征收权在本质上，没有任何差异。都是可以对人民财产权利造成侵害效果，也都是可以源于公益要求。故只有人民以经济损失之限度作为两者之界分。(3) 特别负担论。这个理论的特点是将征收权和警察权力行使的对象，区分为"个案性质"及"一般性质"两种。对被征收者，是造成其对个人财产权的一种特别负担。另有实质侵犯论[②]、无定论之区分理论及不予区分等观点。

笔者认为，警察权力和征收权二者之间具有区分性，警察权力本身即有执行力，不必一定须以征收方式，作为其执行工具。而征收理念及制度背后，也会有一定的公益需求理念，作为其行动之合法前提，不必再援引警察权力作为其手段合法性依据。

(二) 土地征收权权力的渊源

探讨土地征收的内涵和性质，必须首先明确土地征收权的性质。格老修斯在其《战争与和平法》中指出："臣民的财产可依据征收(imperium eminens)的权利而属于国家，结果是国家或代表国家的人可以使用甚至摧毁或剥夺臣民的财产，不仅在它直接需要的情况下——这种需要甚至授予私人公民在一定程度上对他人财产的权利，而且在为了公共利益的情况下也是如此。且这些形成政体的公民应被认为是希望私人利益在公共利益面前让

① Mugler v. Kansas, 467U. S. 986. S. Ct. 2862. 81L. Ed. 2d815.

② 即认为如果一个对人民财产权的侵犯是"持续"的及"实质"的，即就可能形成征收。

步。但我们还必须补充,如果这种情况发生,那么国家有义务利用公共开支补偿那些人因失去产权而受到的损失。”[①]格老修斯很清楚地表达了下列思想:政府有权为了公共利益而征收,且公共利益应该是征收行为之所以获得授权的目的和条件。经过几个世纪的发展,这种思想已经为西方国家普遍接受。根据经典定义,征收权(eminent domain)是指“国家为了公共目的而占用私人财产的权力”。[②]

在传统上,对于政府的征收权存在两种理论争论:“保留权利”理论和“内在权力”理论。保留权利理论假定,在个人占有财产之前,国家对一切财产具有原始和绝对的所有权,因而公民对财产的占有取决于主权国家的授权,且以后的享用过程也受制于隐含的保留条件,也就是国家可以在任何时候为了公共目的而收回财产。根据这种观点,个人的财产所有权至少相对于政府而言只是限于一种占有权和使用权。

内在权力理论则认为公民拥有全部的财产权,没有必要经过政府授权;但政府可根据需要拥有征收财产的权力,只是必须满足宪法所规定的前提条件。在美国建国之初,征收权即被认为是政府拥有的内在权力,因而无须各州宪法明确承认,但政府在征收过程中必须给予公正补偿。[③]

(三)保留权利理论和内在权利理论比较与评价

尽管上述理论表明了被征收财产的原始产权的归属不同,且两者的不同之处主要在于内在权力说仍然要求政府的征收行为符合宪法条件,但是两种理论事实上都赋予政府以几乎绝对的征收权力。二者实质上是在探讨国家进行征收的权力来源以及如何行使这一权力,具体地表现为国家权力和公民权利的相互关系的分歧。目前国际上对土地征收权认识比较一致的是,土地征收本身是依托国家主权行使之行为,土地征收是国家出于公共利益而对公民私人财产权的强制剥夺。所不同者在于对这种剥夺如何进行制度控制,各国都为之不懈努力,进行制度创新和设计。

---

① Hugo Grotius, *The Law of War and Peace* (vol. 3), Francis W. Kelsey (trans.), Oceana Publications, 1964, at 807.

② Olin L. Browder et al. (eds.), *Basic Property Law* (5th Ed.), St. Paul, Minn.: West Group, 1989, at 989.

③ 参见张千帆:《“公正补偿”与征收权的宪法限制》,载 http://article.chinalawinfo.com/article/user/article_display.asp? ArticleID = 31396,访问日期:2009 年 4 月 17 日。

一般说来,行政权力一经诞生,就进入了一个不断演变、发展、扩张、渗透的过程中,行政权力在扩张、渗透的过程中会出现运行的失范,同时这也就伴随着如何限制行政权力的问题。行政权力的发展过程其实也就是扩张与限制、膨胀与压缩的过程。但是无论怎样发展变化,行政权力在总体上作为一种执行性权力的性质都没有也不会改变。所以必须明确的是在现代社会中的行政权力具有什么样的特性,如何才能控制行政权力本身具有的侵权性。即是说,行政权力是国家行使得最为经常、最为广泛的一项权力。由于行政权力的运行可能会对社会带来积极和消极的双重效应,因此,为了防止和克服行政权运行过程中的失范和失效,就有必要加强对行政权力的监督和控制,给行政职权行为的运行设立一个严格的程序。

1787 年美国制宪会议提出的联邦"政府框架"的具体结构中显然有一个重要的主题,这个主题在整个费城会议期间反复出现,并在各州批准新宪法的辩论中得到重复,那就是:国家(政府)本质上是一种危险的社会机构,为了人民的福祉,它必须拥有更大的权力,但如果对这一权力不加以控制和限制,公民的自由就会受到威胁。①

对国家的行政征收权也是如此。受洛克的财产思想的影响,美国制宪者没有采纳保留权利说,因为财产原本在政府产生之前即已产生。② 然而,美国在相当程度上接受了内在权力说。尽管联邦是一个有限权力政府,但征收权在美国建国之初即被认为是联邦政府无疑拥有的内在权力,因而无须各州宪法的明确承认。虽然联邦宪法并没有明确授权国会征收私产,但联邦宪法第五修正案规定了"公正补偿",因而可以说已经肯定了征收权之存在。但在 1875 年之前,联邦政府一般基于征收权为州所委托的理论,在州法院或在获得州的同意后在当地联邦法院进行征收程序。在 1875 年的案例中,联邦最高法院判决州的同意并非联邦征收的先决条件,从而使联邦获得了完全独立的征收权。③

---

① 参见王学辉、宋玉波等:《行政权研究》(第 1 版),中国检察出版社 2002 年版,第 12 页。

② 洛克认为,人的劳动赋予价值,从而产生了财产权。和霍布斯不同,洛克因此认为财产权不需要国家法律即已存在。参见 John Locke, *Two Treatises of Government*, Peter Laslett (ed.), Cambridge University Press (1967), at378—380.

③ Kohl v. United States, 91 U. S. 367.

值得一提的是，对于征收补偿的理由，过去学界多从公正、效率、自由、共和美德以及自然权利的角度探讨公正补偿的必要性。[①] 近来很多学者以公共选择理论来论证征收补偿的正当性，该理论建立在功利主义理论假定之上，一定程度上避免了价值主观性及其所引起的无谓争论，并在此基础上进一步对制度的合理性提出有积极意义的建议。总的来说，公正补偿要求的主要功能在于迫使政府将行使权力的成本内部化，从而不仅保证政府行为在经济学意义上的理性，而且有助于约束政府滥用权力并减少社会矛盾和冲突。这在国际上也已经成为通例：在国外，实行征收一般要遵循两条基本原则：其一，比例原则，即要求征收或准征收确实为社会公共利益所必须，公益确实大于私益，且无其他更好的方案所取代；其二，公正补偿原则，即要求对相对人的财产因征收或准征收受到的全部损失予以完全补偿。[②]

（四）对各种学说的再认识

我们必须注意的是，现代法治国家在对私人土地进行征收时，都基于私权保护要求，对之给予强劲的法律保护。以美国为例说明：美国对于人民的财产权利给予宪法的保护，人民的基本权利不能通过基本法律予以剥夺，即不能通过多数人的意见来对其加以剥夺。究其原因，主要是因为以多数原则为基础的民主制是现代国家所采用的一种通用的决策体制，它较之于独裁制或专制体制，是一种巨大的进步和更合理的决策体制。但是，这种民主体制是很不完善的，甚至可以说是相当不民主的。无论是直接民主制，还是间接（代议）民主制都有其内在缺陷：前者中固有的问题有周期循环或投票悖论和偏好显示是否真实等问题；后者中固有的问题主要是被选出的代表由于“经济人”特性而追求自身利益的最大化，而不是选民或公共利益的最大化；而选民却难以对其实施有效的监督。多数原则不可能是完全民主的，它将出现多数人对少数人的强制；一致同意原则的决策成本太高，且容易贻误时机；即使按照多数原则做出的决策也未必反映大多数人的偏好。

鉴于以上分析，在私人权利保护至上的理念指导下，对私权保护的神圣性，不仅仅在宪法层面有明确的规范约束，在基本法律层面亦是如此，而土

---

① Pennsylvania Coal Co. v. Mahon，260U. S. 393（1922）.

② 参见姜明安：《就〈枪支管理法〉规定收缴民间枪支涉及的立法补偿问题答〈南方周末〉记者问》，载《南方周末》2003 年 6 月 26 日。

地征收作为对私人土地产权的剥夺，各个发达国家都不遗余力地制定适合本国国情的征地制度。

第二节 我国的土地征收及其相关制度

一、国家征地制度中征收、征用和征购概念辨析

在我国现行的法律制度中，征收、征用、征购这三个概念，无论是在法律具体规定层面还是在理论研究中都没有得到明确的界定。

首先，表现为我国《宪法》、《土地管理法》、《城市房地产管理法》以及《物权法》中，关于征地的一些用语比较混乱。现行《宪法》第 10 条规定，“国家为了公共利益，可依照法律规定，对土地实行征用”，《宪法修正案》第 22 条规定:“国家为了公共利益的需要，可以依照法律规定对公民的私有财产实行征收或者征用并给予补偿”。2004 年 8 月 28 日，第十届全国人民代表大会常务委员会第十一次会议对《土地管理法》作出修改，一是将《土地管理法》第 2 条第 4 款修改为“国家为了公共利益的需要，可以依法对土地实行征收或者征用并给予补偿”；二是将其他条款中的“征用”修改为“征收”。而第 58 条规定，有下列情形之一的，由有关人民政府土地行政管理部门报经原批准用地的人民政府或者有批准权的人民政府批准，可以收回国有土地使用权:(1) 为公共利益需要使用土地的；(2) 为实施城市规划进行旧城区改建，需要调整使用土地的……依据第(1)项、第(2)项的规定收回国有土地使用权的，对土地使用权人应当给予适当补偿。类似地，《城市房地产管理法》第 19 条规定，国家对于土地使用者依法取得的土地使用权，在出让合同约定的使用年限届满前不收回；在特殊情况下，根据社会公共利益的需要，可以依照法律程序提前收回，并根据土地使用者使用土地的实际年限和开发土地的实际情况给予相应的补偿。上述规定中关于征用、征收概念都不明确、统一。

在理论界对该组概念更是混乱，也未进行清晰梳理。征收和征用概念并不相同，但是，观诸各种论著，很多学者对二者的区分并未给予应有注意。有观点认为，二者不应该加以区分，并认为宪法修正案同时使用了征收和征

用两个概念。另有与之类似观点，对 2004 年《宪法修正案》中将征收与征用进行区分的做法持否定态度。其认为“宪法修正案同时使用了征收或征用两个概念。这里所称的征收或征用在西方宪法上指的是同一概念，即 taking for public use。严格来讲，对征收和征用作这种区分并无多大意义，征收这一概念强调的‘收’这一行动过程，而征用突出的则是‘征’的目的是为了‘用’。换言之，征用不过是征作公用的简称，以所有权和使用权作为区分征收和征用的标准似乎是不得要领”[①]。这里所称的征收或征用在西方宪法上指的是同一概念。换言之，征用不过是征作公用的简称，以所有权和使用权作为区分征收和征用的标准并无多大意义。

有学者肯定了这些概念之间的不同之处，但对其区分则又不甚了了。如著名学者袁曙宏认为，行政征用就是指行政机关为了公共利益和公共目的，依法强制获得公民、法人财产的使用权或所有权，并给予其合理补偿的一种行政法律制度。它主要具有三个特点：公益性、强制性和补偿性。[②] 依该观点，征用和征收几无区分。

不过多数学者还是认为，二者之间的区分性较之相似性更为明显。就征收与征用来说，相似之处在于征收和征用都涉及公权力强制性地剥夺他人的权利，权利主体只能请求补偿，而不能拒绝。对于两者间存在的实质性区别，有所有权消灭说[③]、紧急状态说。[④]

① 沈开举：《行政补偿法研究》，法律出版社 2004 年版，第 35—38 页。

② 参见 http://www.legalinfo.gov.cn/gb/news/2003-05/14/content_27372.htm.

③ 即以所有权是否消灭作为区分征收和征用的标准。认为土地征收是国家根据公共利益需要，以补偿为条件行使公权力，强制取得他人土地所有权的行为。如果他人土地所有权并不消灭，则不为征收。土地征用，则是国家因公共事业的需要，以给予补偿为条件，对他人土地所有权以外的土地他项权利为利用，待特定公共事业目的完成时，仍将土地归还原土地所有人。他人的土地所有权并不因国家的征用行为而消灭。参见龙翼飞等：《土地征用初论》，载《法学家》2000 年第 6 期。在 2004 年 3 月 8 日第十届全国人民代表大会第二次会议上，王兆国在《关于〈中华人民共和国宪法修正案(草案)的说明〉》中提到，征收与征用既有共同之处，又有不同之处。共同之处在于，都是为了公共利益需要，都要经过法定程序，都要依法给予补偿。不同之处在于，征收主要是所有权的改变，征用只是使用权的改变。

④ 该说认为，“征用，则只是紧急状态下的强制使用，紧急状态结束时，被征用之物将返还给原权利人”。该说虽然也认为征用最终的结果是将原物进行返还，所有权不发生变更。但是，与所有权消灭说不同的是，该学说将存在紧急状态作为征用产生的必要条件，通常状况下绝对不能使用征用的方式。参见梁慧星：《中国物权法草案建议稿》，社会科学文献出版社 2000 年版，第 194 页。

笔者认为，在我国，区分征收、征用和征购具有十分重要意义，它不仅是法律语言概念明晰化之要求，正如学者张文显所言："语言是人类描述事物，表达感情，交流思想的工具，是人类思维的直接现实和思想的物质外壳。任何思想理论的形成与传播，如果离开了语言这个工具，就无法实现。语言不仅表达思想，它还调整、塑造、限制思想。因而对任何一种思想理论而言，它的概念是否清楚，内涵是否明确，语言表达是否遵守约定俗成的规则和结构，是否符合时代精神和民族文化，直接影响乃至决定着理论的科学性和实用性"①。而且对我国土地征收立法仍然十分粗放的情况下，为私人权益的保护提供一个十分明确的预期，为国人提供有预期的理想生活模式。这要求我们基于本国的社会生活，在民族精神的烛照下，阐释、建构征收法律秩序，"进而，希求得一个活法——符合中国人对于美好而合理的人世生活与人间秩序之预期与预设，与中国人的人生态度和人生理想最具亲和力的，美好、合理而惬意的人世生活和人间秩序"②。

笔者认为，紧急状态说没有反映国家征收行为的特点，持此论者亦不多，在此不作阐述。区分征收和征用，也不能以上述之所有权消灭说为标准，尽管古典征收理论将"土地的所有权移转于另一权利主体"作为征收的特点，但是，在现代社会，"国家透过公用征收制度取得财产权，要以土地权利之收居多，盖土地之位置不能变移，不易觅其代替之物，而于土地权利中，以所有权之征收最为普遍。惟所有权以外之土地权利亦得为征收之标的，范围不独'民法'上所规定之土地他项权利，如地上权、抵押权或其他限物权、承租权等，其他如'矿业法'上之矿业权、'渔业法'上之渔业权、'利法'上之水权等权利，亦包括在内"③。《物权法》颁布前，我国学者起草的物权法草案学者建议稿中对于基地使用的征收、农地使用权的征收等制度作出了规定④，从反面论证了以所有权和使用权为标准之不足。所以，征收是指国家基于公共利益的需要，依据法律规定行使公权力，强制剥夺民事主体的权利，供给公共目的需求者，并且给予相应补偿的行为；而征用实际上是公

① 张文显：《二十世纪西方法哲学思潮研究》，法律出版社1996年版，第95页。

② 许章润：《说法·活法·立法》，中国法制出版社2000年版，序言部分第7—8页。

③ 翁岳生：《行政法》（下册），中国法制出版社2002年版，第1769—1700页。

④ 参见梁慧星：《中国物权法草案建议稿》，社会科学文献出版社2000年版，第42—57页。

用征调制度，是行政机关为了公共利益，在公用征收外，依照法定程序，强制取得财产权或劳务的常用方式。它和公用征收不同，不仅适用于不动产，而且适用于动产和劳务。

所以，所有权消灭说的区分标准，既欠缺对于现实的解释力，又不能合理展现我国土地征收法律制度与国外相应制度之间的共同性。从对于现实的解释力角度而言，倘若以所变更的权利属于所有权还是使用权作为区分的标准，那么现行立法中只有将集体所有的土地转化为国有土地的情形才属于征收，而在国有土地上不可能出现征收。但是，事实并非如此。依我国《土地管理法》第58条的规定，有下列情形之一的，由有关人民政府土地行政管理部门报经原批准用地的人民政府或者有批准权的人民政府批准，可以收回国有土地使用权：(1) 为公共利益需要使用土地的；(2) 为实施城市规划进行旧城区改建，需要调整使用土地的……依据第(1)项、第(2)项的规定收回国有土地使用权的，对土地使用权人应当给予适当补偿。类似的，《城市房地产管理法》第19条规定，国家对于土地使用者依法取得的土地使用权，在出让合同约定的使用年限届满前不收回；在特殊情况下，根据社会公共利益的需要，可以依照法律程序提前收回，并根据土地使用者使用土地的实际年限和开发土地的实际情况给予相应的补偿。上述规定中所涉及的是国有土地使用权的变更，但是应当归属于征收。

从各国及地区法律规定来看，我国理论和实践中所使用的征收概念与美国、英国、德国及我国台湾地区的公用征收或公益征收等制度相似，指国家基于公共利益的需要，依据法律规定行使公权力，强制剥夺民事主体的权利，供给公共目的需求者，并且给予相应补偿的行为。①

至于土地征购，有人认为，该制度起源于土地私有，是土地私有制的产物，可以理解为一种相对完全的市场行为，征收是土地无偿收归国家所有，在土改时期产生了一定的作用；征用是现阶段所使用的，必须经过批准和依

---

① 谢哲胜认为，征收是“国家”为公共事业或公共利益之目的，行使公共权力，以补偿损失为条件，强制取得他人财产权之行政处分。翁岳生认为征收在性质上是一种权利剥夺之过程。参见谢哲胜：《准征收之研究——以美国法之研究为中心》，载《财产法专题研究（二）》，中国人民大学出版社2004年版，第160页；翁岳生：《行政法》（下册），中国法制出版社2002年版，第1698页。

法补偿后取得所有权的行为。[①] 而就土地征购来说,采用公允的市场价值形成方式是其最典型特征。同时,征购中的协商机制是土地征购的实现方式。另外,土地征收的范围应严格限制在"公益性"用地。我国台湾地区将公益性用地征收严格限制在国防设施、交通事业、公用事业、公共卫生、政府机关、教育、学术及其慈善事业、其他由政府兴办的以公共利益为目的的事业。而土地征购的范围限制在非公益性而在城镇存量土地中无法解决的建设用地项目,如兴办大型工厂、高新园区等。土地征收的使用者是国家,征购土地的使用者是除了国家以外的其他土地使用者,可以是个人、团体、公司、外商等。建立土地征购制度的目的,就是为了满足这些不是"公共利益"的建设项目使用土地的需要。而在美国,经历了基于公共利益征收土地和基于公用目的征收土地循环和回归,但是无论是哪一阶段,其等价交换的色彩相当浓厚。

值得注意的是,在我国土地一级市场由国家垄断的体制下,实行土地征购制度意义更是非同寻常。容后再述,此处不赘。

另外,我们还要区分征地这一概念和土地征收、土地征用和土地征购三个概念。相对于其他三个概念来说,征地概念是一个相对概括、中性化的概念,是土地征收、土地征用和土地征购三个概念的总括性、上位性概念。相对于其他三个概念来说,征地概念的承载内容极其广泛,而在我国,土地征收概念却承担了征地概念的更多职能,肩负了很多不可承受之重。

二、我国城市房屋拆迁与土地征收制度

依据现行法律规定和实践中的通行做法,一般认为,城市房屋拆迁是指拆迁人依法对城市规划区内国有土地上的房屋予以拆除,对被拆迁人给予补偿、安置的行为。[②] 城市房屋拆迁行为并非市场经济中财产流转之常态,由于权力的介入,权利的变更并不完全取决于权利主体的自由意志。《城市

---

① 参见大连市征地事务服务处:《改革土地征用制度,实行征用征购并举》,载《国土资源》2001 年第 4 期。

② 参见符启林:《房地产法学》,法律出版社 2002 年版,第 174 页。

房屋拆迁管理条例》第2章“拆迁管理”体现了城市房屋拆迁行为的强制性[①],具体表现在:(1)拆迁关系中的权利人无权参与决定是否进行房屋拆迁;(2)权利人无权选择拆迁人;(3)在决定房屋拆迁过程中当事人之间的权利义务关系的内容时权利人不占主导地位;(4)无权单方或通过协商变更或解除当事人之间有关是否拆迁的权利义务关系。

强制交易特性使得对于我国现行立法中城市房屋拆迁法律关系的理解各异,主要有民事法律关系说[②]、行政法律关系说、区分说和混合法律关系说四种观点。行政法律关系认为,政府的行政行为在城市房屋拆迁过程中起到了决定性作用,城市房屋拆迁本质上属于行政法律关系,应当适用行政诉讼法解决城市房屋拆迁过程中的纠纷、矛盾。“把城市中的房屋拆迁定性为政府的行政行为。这不但对我们更清晰地认识房屋拆迁的实际面目更为有用,而且对解决由此造成的矛盾冲突也更为有效。”[③]区分说以是否具有公共利益的目的为标准将城市房屋拆迁区分为行政法律关系和民事法律关系两种性质。区分说将城市房屋拆迁法律关系的性质之争的原因归结为我国城市房屋拆迁制度对于政府行为和企业行为的混淆:“理论上,政府只有为了公共利益的需要,才能进行城市房屋拆迁,而房地产开发企业如果也能以建设的需要进行房屋拆迁,这就产生了房地产开发商为了个人的利益,借国家的行政权力强行剥夺其他公民的合法权益,这显然不合理,也不合法。因

---

① 该条例第6、7、8条规定:拆迁房屋的单位取得房屋拆迁许可证后,方可实施拆迁。申请领取房屋拆迁许可证的,应当向房屋所在地的市、县人民政府房屋拆迁管理部门提交下列材料:(1)建设项目批准文件;(2)建设用地规划许可证;(3)国有土地使用权批准文件;(4)拆迁计划和拆迁方案;(5)办理存款业务的金融机构出具的拆迁补偿安置资金证明。市、县人民政府房屋拆迁管理部门应当自收到申请之日走30日内,对申请事项进行审查;经审查,对符合条件的,颁发房屋拆迁许而证。房屋拆迁管理部门在发放房屋拆迁许可证的同时,应当将房屋拆迁许可证中载明的拆迁人、拆迁范围、拆迁期限等事项,以房屋拆迁公告的形式予以公布。房屋拆迁管理部门和拆迁人应当及时向被拆迁人做好宣传、解释工作。

② 民事法律关系说认为,城市房屋拆迁及其引发的矛盾冲突是发生在拆迁人和被拆迁人这两个平等民事主体之间的法律关系,因而解决城市房屋拆迁纠纷应当适用民事诉讼程序。城市房屋拆迁“是指拆迁人依法将建筑予以拆除,并对被拆除建筑的使用人予以迁移安置,对被拆除建筑的所有人予以经济补偿的民事法律行为。”“拆迁需要管理,但管理这一行政行为不会改变拆迁本身属于民事法律行为这一性质。”参见王才亮:《房屋拆迁纠纷焦点释疑》,法律出版社2004年版,第2、14页。

③ 李飞:《城市房屋拆迁的性质及法律规范的完善》,载《中国房地产金融》2005年第2期。

此,如要彻底解决这些问题,就必须在城市房屋拆迁制度的设立上,严格区分为了公共利益目的;为了私人利益目的。"[①]混合说认为,城市房屋拆迁既具有行政法律关系的性质,又具有民事法律关系的性质。[②]

实质上,城市房屋拆迁是一个动态的、复杂的过程,"根据法规规定以及现实操作我们可以看到,拆迁是城市规划和城市具体项目建设的中间环节,在得到拆迁许可之前,申请人要具备城市规划许可、建设用地许可、土地使用许可、项目立项许可等。单就拆迁这个环节来看,它也是一个包含多种法律关系的综合体"[③]。现行体制下,政府"遁形"是当下城市房屋拆迁法律关系模式的典型特征[④],所以征收法律关系被隐形,而征收补偿法律关系被平等主体之间的安置补偿法律关系所取代,其结果是导致政府角色错位。所以,我们现实存在的拆迁弊病的根源并非在于行政权力是否对于安置和补偿领域进行了过多干预,而在于由于征收权力与补偿责任出现了分离。正是这种分离,使得政府角色从补偿主体转变为中立的裁判者,本来作为平等主体的拆迁人由于负担了补偿义务而带上了公权力的色彩。政府、拆迁人和被拆迁人之间,公权力与商业利益之间的关系变得复杂。为了理顺法律关系,首先,必须使公权力彻底退出以商业利益为目的的城市房屋拆迁领域,"上帝的归上帝,恺撒的归恺撒"。其次,充分发挥公权力的作用,行政机关依据法律规定的条件和正当程序的要求行使征收权,取得国有土地使用权和原为私人所有的房屋所有权,同时承担补偿义务。

---

① 我国著名学者漆多俊教授持此观点。参见左力:《城市房屋拆迁补偿制度研究》,中国社会科学院法学研究所 2002 年硕士论文,第 15 页。

② 参见符启林:《房地产法学》,法律出版社 2002 年版,第 174 页。

③ 徐颖慧:《从遁形到归位:对城市房屋拆迁补偿模式的探讨》,载《中外法学》2004 年第 5 期。

④ 主要表现在:"第一,是在政府的规划、土地管理、发展改革等部门与被拆迁人之间的法律关系中,政府部门的各种许可行为虽然都影响了被拆迁人房屋所有权,但无论在立法还是实践中,它们都不是拆迁法律关系的一方当事人;第二,是在政府的房屋拆迁管理部门与被拆迁人的法律关系中,前者做出征收房屋的决定,但是却不承担因征收而产生的补偿责任,最起码在拆迁立法和实践中都没有明确过它的这种责任。"参见同上注。

三、土地征收和土地征收制度

（一）土地征收和土地征收制度的分疏与整合

土地征收和土地征收制度，理论界对之加以区分的较少，但是笔者认为对其梳理极有必要。对二者进行比较可以看出具有以下不同：第一，发展的历史不同。土地征收的历史远远早于土地征收制度，也就是说，土地征收制度是在土地征收行为发展演变过程中孕育的。第二，土地征收行为是具体行政行为，其规定在行政法中。而土地征收制度作为一种制度设计，是一个庞大的体系，其在宪法、行政法、经济法和民法中都有规定，而其中十分重要的规定是在作为私法的物权法中的规定。第三，二者的构成要件不同。以德国的一些基本理论为例。在德国，如上所述，尽管随着时代的发展和法律的进步，征收的概念发生了很大变化，但对征收的一般含义还是有其确定性：征收是指为了执行特定的公共任务，通过主权法律行为，全部或部分剥夺《德国基本法》第 1 款第 1 句规定范围内的具有财产价值的法律地位的行为。这无论在理论上还是在司法领域都得到了普遍的承认。征收的要件特征包括作为财产予以保护的法律地位；法律地位的全部或部分被剥夺；通过具有特定的主权法律行为；目的是执行公共任务。在德国法，对征收制度的构成要件要求，包括公共利益需要及比例性原则；对损害进行补偿及严格按照法定程序等。即使在我国台湾地区，这一规定也十分明确。理论界明确指出，不动产财产权自由是原则，限制必须符合宪法保护公民私人合法财产权之精神。首先，必须有公共利益的存在；其次，是所提出的限制方法，可以促进公共利益的实现，此种限制必须是被认为是理性地促进了公共利益，如果对不动产财产权的自由的某一限制，并无法促进理由或者条文所明示的公共利益，则不可；再次，是有必要限制，即限制要符合比例原则；最后是程序要件。从上面规定可以看出，其基本精神是一致的。[①] 第四，功能不同。土地征收制度是后发的、为了约束土地征收权而发展起来的一项制度，其根本立足点是控制约束功能，具有一定的价值取向性，但是土地征收行为本身则相对中性，不具有价值性特征。

值得一提的是，本书当然重在研究土地征收制度，而非研究土地征收行

① 参见谢哲胜：《不动产财产权的自由和限制》，载《中国法学》2006 年第 3 期。

为本身。

(二) 土地征收和土地征收制度区分所带来的理论后果

区分土地征收和土地征收制度,具有以下几个方面的意义:第一,土地征收制度的进一步完善使其成为对行政征收权控制的重要制度机制。第二,土地征收制度的建立和完善把原来的土地征收权的公权力的扩张性特征加以限制,而使对私人权利保护的宗旨得到更大的发挥。不动产财产权是私权,当事人是自己利益的最佳判断者,不动产财产权的自由原则仍然是集体组织成员权利的基本原则,这对人民财富的增加、生活水平的提高和国家经济实力的提升等,都具有重大的意义。第三,对建立新型的征收补偿制度提供了理论支持。

四、土地征收制度的特征

(一) 土地征收制度的时代特征

土地征收制度的设计具有强烈的时代性,跟各国的政治、经济、法律和文化发展的历史密切相关。土地征收权在封建社会时期,无论国内还是国外,都是强制性的剥夺。但是近代以来,随着发达资本主义国家私有经济的发展,私有财产神圣不可侵犯深入人心,私有财产保护制度日臻完善,国家征收权对私人财产权的限制有着严格条件,尽管国家干预经济事务权力日益强大,但是私有财产权的保护理念丝毫没有动摇,国家对私人不动产权利进行限制或克减,都要符合时代的权利保护规则。就我国而言,土地征收制度的完善和进化仍然有待于市场经济的进一步深化,从这点来说,我国土地征收制度改革也有着强烈的时代气息。

(二) 土地征收制度的控权性

我国目前正处在转型时期,当下的时代是一个权利时代。私人财产权的稳定存续为主体意志自由和行为自由的发展提供了物质保障。为了保障私人领域达到私法自治,并最终达到人的主体性充分实现的目标,市民社会必须具备阻隔公权力侵犯的手段。这表现在法律制度的制衡方面主要是对国家行政权力的控制。各国及各地区土地征收制度的设计,都从土地征收制度适法性出发,确立了公共利益原则,并要求符合正当程序,给予被征收人以补偿,这些适法性要求都是对征收权的约束和限制,而对被征收者的权利保护极其有利。我国台湾地区也在制度上规定,政府对私人财产权的限制必须受到较为严格的检验，必须要有坚强的法律基础，否则可能被认为违反财产权的保障而构成违宪。[①] 这都给我国的土地征收制度的未来完善提供了很好的借鉴。可以肯定的是，我国土地征收制度改革发展成果的分享绝不是政府对人民群众的一种"恩赐"，更不是人民群众向社会的一种"乞求"，而应当将其纳入权利的范畴进行理解。从这个立场出发，土地征收制度改革发展成果的分享是落实人权的重要体现，是实现生存权、发展权、平等权等公民基本权利的必然要求。

五、土地征收的法理分析

（一）土地征收与所有权社会化

对土地征收法律基础的分析，多数学者从权利社会化的角度加以探讨。权利社会化主要强调私人权利不是绝对的，权利的承认要符合公共利益，因此，土地所有权的权能也就可能因为土地整体使用上的利益而有所调整。[②] 在"人们对于自由、平等和人格独立的渴望使得罗马法中有关所有权的理念得到了空前认可和迅速发展，人文主义思想更是为个人主义和物权天赋提供了理论基础"。财产权绝对的思想[③]，对于近代社会经济的繁荣、财富的积累起到了巨大的推动作用，不仅为19世纪资本主义的发展提供了原动力，而且在现代社会仍然占据着显赫的地位。[④] 此原则显然是与资本主义早期个人绝对自由观密不可分的。但随着19世纪末团体主义思潮的兴起，逐渐产生了财产权社会化思想，这种社会化思想认为，财产权人行使权利时，不应只为自身利益着想，还应当顾及社会公共利益，促进社会整体的进步。自19世纪末期起，社会本位的所有权思想逐渐取代个人本位的所有权思想，而成为社会思想的主流，财产权应当承担社会义务，应受到一定限制的

---

① 参见陈新民：《公权力的概念及其法律救济》，载《宪政思潮》第65期（1984年3月）。

② 参见施启扬：《民法总则》，台湾2003年自版修订版，第18页。

③ "财产权绝对原则"是17、18世纪资产阶级革命的产物，与自由、平等、安全一起，被法国《人权宣言》宣称为"天赋人权"。它强调财产权人应享有绝对自由，禁止随意剥夺、限制财产权人的权利。

④ 参见费安玲：《不动产征收法律制约论》，载江平主编：《中美物权法的现状与发展》，清华大学出版社2003年版，第185页。

观点日渐普及。[①]“所有权基于人性虽宜由个人拥有,但却系为增进人类之共同需要与幸福而存在,其行使必须与社会之公共利益相一致,是为所有权之社会化。”[②]

(二)土地征收是国家对土地资源进行分配理论

有学者根据资源分配理论,从分配的正义切入,认为西方国家的私人土地权利制度有深厚的历史基础,其征收私人土地制度具有利益二次调整的性质,因此必然受限于公共目的性和给予私人市场化补偿。而我国目前在土地所有权领域并没有私有化制度,土地利益的初始分配尚未完成,公与私、私与私、公与公之间的利益界限并不十分清楚。在这一前提下,国家征收集体土地制度具有利益一次调整,即初始分配的性质。[③]

(三)征收是两种公有制的转化论

有观点认为,我国土地征收的实质是在两种公有制之间的转化。[④] 其指出,根据宪法规定,我国土地制度实行公有制,城市土地国家所有,农村土地则是集体所有。因此,从理论上讲,土地的所有权的流转只有两种形式:要么从国家所有转为集体所有,要么从集体所有转为国家所有。从我国日益加快的城市化步伐可以看出,我国土地所有权的流转基本上是集体所有转为国家所有。

笔者认为,土地征收制度的存在自罗马时代就开始产生并发展,尽管历经几千年的发展,但其根本的功能仍然没有发生变化,尽管上述各种观点各有其道理,但是,在权利社会化趋势下谈论土地征收制度的法律基础更有其合理性和普适性。它以公共利益的存在为基础,基于正当程序和公平补偿,才有征收行为发生之要件的具备。

---

① 参见梁慧星:《原始回归,真的可能吗?》,载梁慧星主编:《民商法论丛》第4卷,法律出版社1996年版,第7页。

② 谢在全:《物权法论》,中国政法大学出版社1999年版,第116页。

③ 参见赵红梅:《我国土地征收制度的政府、社会联动模式之构想》,载《法商研究》2006年第2期。

④ 参见杨波:《市场化:对我国农村集体土地制度改革的几点反思》,载《调研世界》2006年第4期。

第三节 土地征收制度的一些理论问题

一、土地征收的必要性分析

(一) 土地征收存在的基础:私权保护和土地征收的博弈和制衡

1. 私权保护的神圣地位

私产神圣,这是西方人权理念中的一个重要内涵之一。人们对财产权是关切的,在政治和法律中,既是最起码的关切,又是带有终极性的关切。否定了财产权,自由就失去了保障。① 现代产权经济学与制度经济学证明,英国、荷兰、西班牙等西欧国家在近代的崛起得益于财产权制度的建立以及财产权对政府的权力规程的重大约束。② 在地中海欧洲的历史上,是有了财产权利的分离才有了个人自由、尊重他人自由的道德观念。③ 18 世纪中叶英国首相老威廉皮特曾经这样演讲:即使是最穷的人,在他的寒舍里也敢于对抗国王的权威。风可以吹进这所房子,雨可以打进这所房子,房子甚至会在风雨中飘摇,但是英王不能踏进这所房子,他的千军万马不敢进入这间门槛已经破烂的房子。此其谓"风能进,雨能进,国王不能进"。④

2. 土地征收及其私权保护制衡

不可否认,从来没有哪个制度否定过宪法所具有的征用权。⑤ 1789 年法国《人权宣言》第 17 条规定,所有权是神圣而不可侵犯的人权,除非为了公共利益的要求,以及事先给予公正的补偿,不得予以剥夺。美国宪法第 5 修正案规定,任何人……非经正当法律程序,不得被剥夺生命、自由或财产。

---

① James Buckanan: Property as a Guarantor of Liberty, Edward Elgar, 1993.

② Douglas North and R. P. Thomas: The Rise of West: A New Economic History, Cambridge Uneiversity Press, 1973. D. North: Structure and Change in Economic History, New Haven, Yale University Press, 1083. D. North: Institutions, Insituitonal Change and Economic Performance, Cambridge: Cambridge University Press, 1990.

③ 参见〔美〕科斯、阿尔钦等:《财产权利与制度变迁:产权学派与新制度学派译文集》,刘守英译,上海三联书店、上海人民出版社 1994 年版。

④ 参见《南方都市报》2002 年 11 月 30 日。

⑤ 参见〔美〕路易斯 · 亨金:《当代中国的人权观念:一种比较考察》,载夏勇主编:《公法》(第一卷),法律出版社 1999 年版,第 155 页。

未经公平补偿，私人财产不得征作公用。所以，当国王或大臣通过行使征用权强制变更财产权的归属时，私权主体便可能不再能够对抗公权力的干预，"绝对的存续保障也由于支付赔偿而弱化为价值保障"①。

公权力介入私人生活领域进行征收的宪法规范最早可以追溯到英国的《大宪章》。《大宪章》第29条规定"不得剥夺任何自由人的财产、自由及自由习惯"。除非有同样的判断和土地法的规定，自由人不得被剥夺自由保有权。虽然这一条款缺乏补偿的因素，仅仅规定了财产不得被任意征收，但是仍然被认为是保护财产权，使其免于专断没收的重要起点。

国家依据征收权介入私人生活领域与专制主义时期王权的肆意没收私人财产形成鲜明的对比，有利于私权保护。但是，民主政体下，来自民主的多数对私权主体合法的限制和剥夺却构成了对于私权新的最大威胁。"国家征用即使通过民主程序做出，也不能保证个人财产免受任意侵犯之虞。在经典的立宪著作《联邦党人文集》当中就充满着这样的忧虑：立宪者们爱他们的国家，但更爱他们的土地！"②正是基于对于权力制约和私权保护的考虑，近现代西方诸国几乎无一例外地在宪法中规定了土地征收制度中私权保护的重要机制：权利保障条款、征收条款和补偿条款。

（二）土地征收存在必要性和可行性分析

既然私权保护观念如此根深蒂固，而国家不惜立法资源对土地征收制度加以严格限制并规定了严格的条件，我们不禁要进一步追问：土地征收的必要性何在？笔者认为，土地征收制度的发展里程中，以下因素我们必须去注意：

1. 市场局限性理论

市场经济条件下，土地资源的配置和调节仍然是以市场机制为基础的调节。但是，因为市场本身的缺陷，土地征收制度作为国家一项重要制度，对土地的市场配置起到了补充和矫正作用。市场调节机制充分有效发挥作用必须具备一定条件，市场机制也是有缺陷和局限性的，我们简称之为市场缺陷。③ 市场缺陷主要由三种原因造成：一是市场障碍，即市场上存在阻碍

---

① 〔德〕曼弗雷德·沃尔夫：《物权法》，吴越等译，法律出版社2002年版，第24页。

② 沈开举：《行政补偿法研究》，法律出版社2004年版，第18页。

③ 参见梁小民：《经济学的开放》，生活·读书·新知三联书店1999年版，第153页。

市场机制发挥作用的因素,使之不能进入施展其作用;二是市场机制的唯利性(近利性),它是一种非理性的调节,有些经济领域它不愿进入;三是市场调节的滞后和被动性,它是一种事后调节。在自由市场经济阶段,市场机制的上述缺陷不会产生严重后果。反而正是由于广大投资者对于眼前利益的追逐,从总体上调节着社会经济。但产业革命以后,科技和生产力快速发展,经济部门、行业和产品不断新旧更替,竞争更加激烈。土地作为一种重要的生产要素进入生产和分配领域,此时依靠市场机制对土地资源进行分配,则一些公用、公益事业将受窒息,得不到发展,而随着经济发展和社会进步,要求公共设施和公用、公益事业投资不断有所扩大。私人投资者对眼前经济利益的追逐,往往很少顾及社会经济的可持续发展和其他社会效益,使自然资源和人类共同生活的环境遭到破坏。从公共利益和私人利益一致性角度来说,公共利益是私人利益的集合,但这并非说二者完全一致,相反,个人更为关注个人利益最大化,而忽略社会整体利益的实现,国家则会以整体的更高层次的眼光来考虑个人福祉、环境、教育、社会道德和社会经济发展等。而国家介入土地市场是一种国家调节作用。它是针对市场缺陷而采取的救济措施。国家运用公共权力,并根据对宏观经济规律的认识,凭借法律、政策手段,对土地资源进行征收或征购,其中,征收是为了实现公共利益而设置,征购是非为公共利益之土地需求而设。

2. 各国的立法和司法实践经验基础

对于各国的土地征收的基本制度,本书其他章节有所论述,此处不赘。不过,需要指出的是,在土地征收制度核心制度设计方面,国家因公共利益需要,依照宪法和法律的规定可以强行征收私人财产,各国皆然。[①] 但是,由于土地在私人生活中的重要作用,土地征收自然成为公权介入私权重要领域。为了平衡公权与私权,尤其是防止公权对私权的过分侵害,各国都对如何进行正当的征收进行了规定,其核心是对土地征收实施必要的限制,以保护私人权利。在土地征收限制方面,各国都以公共利益为目的作为土地征收的唯一正当理由,要求征收行为有完善的土地征用程序来有效遏止土地征收权的滥用,为公民实体权利的实现提供有效的制度性保障机制。从补

---

① 参见 Hagman & Juergensmeyer, *Urban Planning and Land Development Control Law*, 2nd ed., 1994, pp. 61—69。

偿来看,要求土地征收补偿要遵循市场原则,补偿方式不拘一格,确定较高的征地补偿标准充分体现"效率、公平"原则,并合理分配征地补偿费用。这些都为我国的土地征收制度的改革和完善提供了实践基础。①

3. 中国法的国际化,与国际接轨势所必然

综观国外发达国家的土地征收制度的产生和发展,土地征收制度的构建和实现本质上也是一种社会契约的过程。它以肯定和尊重私权为前提,坚持意思自治原则,在承认私产的基础上,在法律的框架内,在公共利益和私人利益权衡博弈的基础上而形成。因而公共利益和个人利益的冲突是难免的,但冲突时公共利益优位于私人权益的正当性何在,如何解决二者的冲突,确实有进一步探讨的必要。

可以说,西方法律制度的发展,权利思想深蕴于具体的法律制度之中,对其存续、发展和变革具有深远影响,权利思想也是了解西方法律制度的一个制度语境。在此意义上,西方法律文化中交替更迭的权利思想构成分析法律制度的重要语境,对理解任何一种相对长期存在的法律制度、规则的历史正当性和合理性,有十分重要的意义。② 在私权保护理念下,个人利益服从公共利益不能依赖行政行为的强制性进行。过分依赖行政权力的强制性而使个人利益服从公共利益是对土地征收性质的片面理解。市场经济发达国家和地区依据法律正当程序和公平补偿来调整征收人与被征收人相互对立的利益的做法有助于我们对公共利益服从以及土地征收性质的认识。各国立法都将通知公告程序、听证程序、谈判程序作为正式启动强制征收程序的前置的、必经的程序,这些程序的设置体现了个人利益在"服从"公共利益的过程中,征收人与土地所有人的一种平等的协商的关系。如我国台湾地《土地征收条例》第 11 条确立了申请征收前的协议先行原则。③ 在美国,一块土地能否征收成功,则首先授权土地需用人自行解决。具体的解决方式就是与土地所有权人协商,如果其所提供的最高价尚不为财产人接受,才能

① 参见陈和午:《土地征用补偿制度的国际比较及借鉴》,载《世界农业》2004 年第 8 期。

② 参见苏力:《语境论》,载《法理学、法史学》2000 年第 6 期。

③ 我国台湾地区《土地征收条例》第 11 条规定:需用土地人申请征收土地或土地改良物前,除国防、交通、水利、公共卫生或环境保护事业,因公共安全急需使用土地未及与土地所有人协议者外,应先与所有权人协议购价或以其他方式取得。所有权人拒绝参与协议或经开会未能达成协议者,始得以本条例申请征收。

启动强制征收程序。而各国宪法和法律规定的国家或土地需用人取得被征收人财产的先行义务是必须提出公平的补偿作为换取土地权利的“对价”之条款，更体现了征收人与土地所有人之间在等价有偿基础上的利益置换关系。

综上所述，笔者认为，在世界经济一体化的今天，国家之间经济交往的密切程度日益加深，制度的趋同化既是趋势，也是必需，这些都对我国的土地征收制度提出了挑战，关于基于公共利益而限制财产权，遵循程序保障原则，发挥司法的协商精神和自治精神，并在征收、征用之后给予合理的补偿的规则等都应当尽可能地做到与国际接轨。

4. 土地征用制度对私权进行限制的正当性分析

土地征收制度的唯一的理由就是为了公共利益的需要，尽管公共利益之内涵人言人殊，但是该标准是不可动摇的，它是连接公权和私权的转换器，也是连接市场调节和政府调控的中枢。世界上一些发达国家法律制度中无不重视对公共利益的规定。这主要从两方面来进行，一是通过立法对公共利益进行详细的界定，使得行政机关有法可依，如《日本土地征收法》第3条列举了35项可以征收土地的公共利益事业。[①] 二是在法律程序中将公共利益的审查作为最重要的程序加以规定，如《日本土地收用法》第3章第1节（第16至30条）详细规定了认定机关及其权限范围，认定程序等。《法国公用征收法》也将批准公用目的作为土地征收行政阶段的最重要的环节加以规制。同时，公共利益要接受司法审查。如《德国行政法院法》第40条规定：“所有非宪法性质的公法性法律争议，均适用行政诉讼管辖”，因此，对于土地征收的适法性，财产权人有权向行政法院提起行政诉讼。在法国，针对滥用公共目的，被征收人有权提起越权之诉，要求撤销征收决定[②]；在美国，征收机关有义务说明它有权为公共用途取得财产，能说明能够其公共目

① 日本在《日本土地征用法》中，将“公共利益”目的的范畴严格限定在关系国家和民众利益的35种公益事业项目，其中包括依据道路法进行的公路建设；以治水或水利为目的在江河上设置的防堤、护岸、拦河坝、水渠、蓄水池及其他设施；国家、地方团体进行的农地改造与综合开发所建的道路、水渠等设施；铁路、港口、机场、气象观测、电信、电力、广播、煤气、博物馆、医院、墓地、公厕、公园；等等。

② 参见王名扬：《法国行政法》（第1版），中国政法大学出版社1988年版，第379—380页。

的,以及该财产为此目的是必需的。如果说明不了,或者被财产人证明政府的征收不符合公共目的,那么,法庭认为征收不合法而驳回征收人的占用土地申请。①

从上述各国立法情况也可以看出:在土地征收问题上,公共利益的确定更重要的是应当体现出程序上的交互性和正当性。即应当设计一个有公众、利益被限制者、权力部门共同参与的法律适用程序,对利益进行调查并最终赞成公共利益或否决公共利益以征收方式实现的必要性。在现实社会中,如果公共利益目的可以通过市场方式实现,如通过签订契约购买,则国家应当尽量避免运用对私有财产者造成损害的征收征用方式。

总之,从理论上分析,公共利益的存在是土地征收行为的唯一合法依据。正是土地征用权的这一所谓的"公共利益"之目的,不仅使土地征用权的合宪性在这场争论中得以成立,同时也使它成为评判一项具体的土地征用权是否合法行使的主要标准,并最终发展成为防止土地征用权滥用的一项重要措施。

二、我国土地征收制度功能扭曲

(一)土地征收制度设计的本来功能

对于土地征收制度的功能的探讨,学界未有明确论及,事实上,这是一个十分重要的理论问题。探讨土地征收制度的功能,我们需要注意的是:

第一,要将征收制度与私人财产权保护联系起来。现代社会,权利是法律体系的基石范畴,是法律思维的出发点,我们国家现在还处在一个权利意识比较淡薄的时代。所以,思考这一命题对我们具有更大的意义。我们知道,在权利本位时代,在法律没有对自由、权利予以特别限制的情况下,主体享有不受公权力侵犯的财产权并具有与之相应的意志和行为自由。政府权力的源泉是作为主体的个人为实现一定的目的而让渡部分权利的结果,其是为了弥补单个人行为的非公共性和低效率,弥补市场调节的不足。权利本位要求为财产权保护提供制度保障,在征收制度中"国家实施土地征收必须是为了'公共利益的需要',公共利益的需要是实施土地征收的前提条件,

① Eminent Domain in Ohio, http://ohioline.osu.edu/als-fact/1000.html,访问时间:2008年10月27日。

如不存在公共利益的需要则无土地征收可言”[①]。就此来看，其制度设计的终极价值仍在于对私人财产权利的保护。

第二，对土地征收制度功能的分析要坚持历史的观点。古罗马时代，土地多属于国家所有，因而土地征收实质上是不存在的。但是到了罗马——希腊时代，基于公共利益的土地征收真正得到了承认，虽然是否具有强制性尚有疑问，但确实出现了关于补偿的规定，并设立了主管此项工作的官职。[②]有关征收补偿的实体法出现在欧洲18世纪开明君主专制时代，其以1794年普鲁士一般邦法为代表。[③] 而第一个将土地征收条件、程序和补偿在特别征收法律中规定的是1837年11月17日拜因有关为公共利益转让地产的法律，此外还有1874年普鲁士邦的土地征收法、1888年符腾堡的强制征收法，这些法律迄今仍然是德国各州征收法的样本。[④] 自由资本主义时期，秉持私有财产神圣不可侵犯理念，契约自由、所有权绝对、过错责任作为资产阶级法治的三大原则得以确立。尽管可以基于公共利益而为征收，但出于对私权的保护，征收条件十分苛刻，这就形成了传统的土地征收制度。至19世纪末20世纪初，由于社会经济条件的变化，传统型征收制度被现代征收制度所取代：国家职能加强，其对公民各种财产权的干预越来越广泛，征收呈现扩张趋势。而且，团体主义、社会本位主义思想对传统的个人权利本位观念，尤其是所有权绝对的观念提出了挑战，积极提倡社会所有权思想的代表性学者有法国的狄骥、德国的耶林、基尔克等。这些学者们的主张得到了立法认可，如《德国基本法》第14条第2款便明确规定：财产应负义务，财产的使用也应为社会福利服务。基于现代社会所发生的上述变化，现代征收制度呈现出与传统征收制度明显不同的特征：对国家征收活动的严格限制有所松动；私权中一切具有财产价值的权利都可以成为征收的客体；征收形式上除了依法通过行政行为进行征收外，还可以直接通过立法进行征收；在补偿范围方面，必须对征收产生的所有直接的、物质的损失进行补偿。可以

---

① 龙翼飞、杨一介：《土地征收初论》，载《法学家》2000年第6期。

② 参见〔意〕彼德罗·彭梵得：《罗马法教科书》(第1版)，黄风译，中国政法大学出版社1992年版，第242—243页。

③ 该法第75条规定：对其权利和特权为共同体福祉而做必要牺牲的人，国家给予补偿。

④ 参见〔德〕哈特穆特·毛雷尔：《行政法学总论》(第1版)，高家伟译，法律出版社2000年版，第663—665页。

说,以土地为核心的传统型征收制度向现代征收制度的转变,是因应现代社会政治、经济发展所作出的必然选择,是立法理念由对私权的绝对保护向平衡私权保护与社会公共利益转变的具体体现。所以,对土地征收制度功能的考查要在历史的、发展的基础上来进行,否则只能是静止的,不全面的。

就笔者对世界各国当今土地征收制度的比较考察,认为各国土地征收制度的主要功能体现在以下几个方面:一是增进社会公共利益,实现国家公共政策功能。正如有的学者所指出,我国土地征收制度包含的不是民法意义上所有权的变动,整体效益、实质公平等公共政策的考量都内含在里面。[①]在我国,土地既是重要生产资料和财产,也是人民安身立命之本,还是重要的环境资源要素,兼具多重功能;土地问题在我国既是环境问题,也是经济、社会问题,国家在土地征收中,实行"最严格的耕地保护政策",注重社会公平,保障失地农民的利益等等,都反映了土地征收对国家公共政策的服务功能。二是土地征收制度的本来功能是为了私权保护,从近代以前和近代以后的土地征收发展历史中,可以看出,这种功能得到了淋漓尽致的彰显。

不过,需要讨论的是,现行我国土地征收制度除了上述两大功能之外,是否具有土地资源的配置功能?对此有肯定和否定两种不同的观点。[②] 笔者认为,现行我国的土地征收制度,由于其历史的、寄生性特征[③],具有资源配置功能。从计划经济向市场经济转化中,由于工业化发展和城市扩张,土地要素由农业产业部门向非农产业部门转移所进行的土地资源的配置必须有一个制度载体,土地征收制度,是凭借国家权力,对土地再行调整和分配。由于我国过去乃至现在仍然是行政本位,这一制度曾经发挥了巨大的作用,可谓居功至伟。即使现在,它也在国家的土地资源的调控和配置中发挥着重要作用,尽管因为其引发甚至激化了很多社会矛盾。但是,不可否认的是,这种功能是对土地征收本来功能的扭曲,与国际上通行之规定和理解有很大差异。在我国,土地征收实际上承担了征地职能,正因为此,甚至有很多学者认为应该用土地征收代替征地制度,让其承担一切。这是值得质疑

① 参见赵红梅:《我国土地征收制度的政府、社会联动模式之构想》,载《法商研究》2006年第2期。

② 同上。

③ 笔者认为,法律文化的生产,因为其社会性之特征,是一种寄生性的文化生产,是与其存在的社会文化不相互隔绝的文化活动。

的，因为根据各国的土地征收制度，土地征收只能为公共利益而进行土地所有权转移。而我国恰恰把所有的土地所有权转移性的法律需求都求诸土地征收，不但没有把土地征收从征地制度中分离出来，还变本加厉地把征地的一些功能强加于土地征收。观诸国外可知，多数国家实行土地私有制度，即使是实行土地公有制度国家，其土地流转制度也相当发达。所以，通过市场就可以对土地进行宏观调控。我国不仅仅实行土地公有制度，而且国家垄断土地的一级市场，这成为土地征收制度扭曲的温床，也是其重要的原因之一。

（二）我国的土地征收制度设计功能的扭曲

通过以上对土地征收制度基本理论的研究，针对我国土地征收制度的现实，可以看出，我国土地征收的功能在实践中存在着重大扭曲。土地征收过程中的扭曲主要表现在以下几个方面：第一，在土地征收中，政府"隐身"，对于基于公共利益目的的征收，国家也不是拆迁法律关系的一方当事人，在拆迁补偿中也未能尽其责任。目前，土地征收中政府职能缺位导致了土地征收制度本质功能的缺失。而在商业性质的土地征收中，政府角色的缺位给被拆迁民众的损害更大。第二，国家征用土地中侵犯农民利益问题。对此主要表现在：首先，征用土地的数量缺乏依据，征地数量偏大，造成农地数量锐减，对农民生活甚至国家粮食安全形成威胁；其次，就业安排不足，征地补偿标准偏低，使农民的所有权损失在经济上得不到补偿；再次，现有的户籍制度和城市管理体制对农民在失去土地后向城市流动存在巨大的障碍。

产生这些功能扭曲之原因，笔者认为主要存在以下几个方面：第一，这一扭曲首先是土地产权制度的不明晰，甚至连私人的其他财产权利也被任意处置。由于缺乏法律对征用补偿法律关系的界定和规制，有的地方由镇政府与村组签订《土地征用协议书》，协议中不仅处分了农民的土地承包使用权，而且"打包"顺代处分了农民的房产、树木、青苗等私产。这类协议的违法性显而易见。依照土地管理法确立的征用土地制度，实行由县级以上地方人民政府统一征地。镇政府不能充当征地方；同时，在征用补偿关系中，农民是房屋等私产所有权的主体，关于这部分财产的补偿协议应由他们与征地方签订，村组非经农民授权不能代理。

第二，土地使用权流转受到严格限制。虽然宪法明确了土地的集体所有制，并允许土地使用权的转让。但除了国有土地由国务院制定出土地使用权出让、转让条例外，对农村集体所有制土地的使用权转让迄今没有一个明确的规定。而在实际执行中，只允许集体经济组织在兴办企业时以联营、入股的方式转让土地使用权外，严禁集体建设用地使用权转让、出租和抵押，否则必须先转为国有。由于转为国有的补偿标准过低，农民集体和土地使用者无利可图，于是千方百计采取变通办法进入土地“灰色市场”。

第三，是政府的行政权力过大，“言可立规矩，喜怒亦废法”。在法治社会，公权限制私权有其必要，但必须依法进行。然而，我国有着传统的轻私权重公权倾向，在土地征收中，政府权力过大，政府行为缺乏法律边界，农民的公平受偿权利得到不当限制。行政征收中，由于法律缺位，导致政府行为缺乏法律边界，行政权力在干预私权中过大且缺乏有效的监督制约，各级政府在征用补偿法律关系中，集规则制定者、参与者、裁判员与处罚机关等多重身份于一身，土地征收中的公平诉求至少从法律及程序上就受到不当限制。我国宪法规定了保护私有财产和征收补偿的基本原则，但是立法上至今尚未制定关于农村征用补偿的专门法律，以调整征用补偿法律关系。《土地管理法》第 47 条涉及征用补偿问题，却没有对农民房屋等私产的补偿标准作出具体规定。在现行处理农民私产中除了极为少量的法律涉及此问题外，主要参照由国土资源部、建设部、各级地方政府部门发布的行政规章及文件干预处分在征收中涉及的农民私产。改变这一状况的基本思路就是限制政府权力，坚持政府行为必须受到法律严格限制的原则。就政府而言，其行为必须受到严格的法律限制，非法律明文规定的授权事项不可为之，包括权力的范围和行使权力的方式；就私人而言，其私有财产应当接受法定的公共利益的限制。

三、国外土地征收制度及其发展趋势对我国的启示

土地征收中的法律制度设计本质问题是权力和权利的平衡问题[①]，通过对国外的土地征收法律制度的设计，我们可以得出的结论是，未来我国土地征收制度法律制度设计，要把维护私人权利作为土地征收制度的基础和核心理念，把控制土地征收行为中的权力作为该制度建设的关键。究其原因，可以从以下两个方面来分析：第一，从维护广大私人权利角度来看，现代法

① Lord Acton, *Essays on Freedom and Power*, The Beacon, 1948, p. 364.

律制度设计，无不把民主和法治作为基础和核心，这是现代社会发达国家法制建设的共同特点。而我国在国家土地征收中之所以出现那么多的社会问题，暴露出那么多的矛盾，就是因为脱离了这个基础和核心。第二，现代宪政国家，要求建立有限的政府，诚信的政府，责任的政府，这也是建立民主和法治政府的关键。不可忽视的是，我国目前的经济体制改革与国家的依法治国方略是不可分离的，这就更加要求我们注意在土地征收中防止政府的恣肆，树立私人权利保护意识，真正把政府变成一个管得很少，服务得多的政府。[①]

① Charles Forcey, *The Crossroads of Liberalism*, Oxford: Oxford University Press, 1972, p. 139.

第五章　土地征收中补偿市场化研究

第一节　土地征收补偿基本理论研究

一、国际土地征收补偿的比较研究

市场经济条件下的土地产权应该是可以上市交易的自主的、完全的经济产权，而不应该是承载了很多政治功能的产权。否则，土地产权的交易就会被严重扭曲。土地征收补偿要求对土地征收所造成的损失进行补偿，尽管各个国家因为经济发展水平以及土地政策的不同，采取的具体补偿原则也不相同，但在对于国家合法行为所造成的损失，其必须按照市场条件下的价值交换标准进行补偿，其补偿范围与标准也出现日渐放宽的趋势这一点上却十分相似。[①] 他们认为国家征收行为是对宪法所规定的“法律面前人人平等”原则的破坏，为了矫正这一不平等的财产损害，自然应该对所造成的损失给予更为充分、更为完全的补偿。

《日本土地征用法》规定要对征地行为进行补偿，范围包括土地地价、残余地损失、地上物价值、迁移费及农、林、渔、牧业停业、暂停、规模缩小的损失以及其他损失。[②] 补偿的内容主要有五种：(1) 征用损失赔偿；(2) 通损赔偿；(3) 少数残存者补偿；(4) 离职者赔偿；(5) 事业损失赔偿。补偿的标准分别为：(1) 土地地价的补偿标准，为征收时的正常市价，其计算公式

---

① 参见林来梵：《财产权宪法保障的比较研究》，载张庆福主编：《宪政论丛》(第 2 卷)，法律出版社 1999 年版。

② 参见陈泉生：《论土地征用之补偿》，载《法律科学》1999 年第 5 期，参见季秀平：《论土地征收的物权保护》，载于中国民商法网 http://www.civillaw.com.cn/weizhang/default.asp? id=21958，访问时间：2007 年 9 月 15 日。

为:征收时的正常市价=确定征收时邻近同类的土地交易价格所确定的相当价格*确定征收至实际征收之间物价指数的变动。(2)残余地补偿标准为:残余地须新建、增建或改进通路、沟渠、围墙、栅栏及其他构造或须修缮、填土、挖土等所需的费用。(3)地上物补偿的标准为:邻近同等交易对象的相当价格。(4)迁移费补偿,农、林、渔、牧业停业、暂停、规模缩小的补偿和其他损失未有明确的标准。

美国土地完全商品化,土地征用必须要有充分、及时、合理补偿,要求赔偿所有者财产的公平市场价格(以征用前的市场价格为计算标准),包括财产的现有价值和财产未来赢利的折扣价格。同时,还补偿因征用而导致相邻土地所有者、经营者的损失。

联邦德国于1949年颁布了《德国基本法》。《德国基本法》第14条第3项规定,财产的征收惟有因公共福祉所需时方得为之。对财产的征收必须依照法律进行,且该法律必须规定补偿的形式和额度。确定财产补偿时,应当公平地衡量公共利益和相关人的利益。特别值得注意的是,德国对土地征收,分别由两个不同性质的法院行使管辖权。对征收行为的决定,由宪法行政法院来裁决,而关于征收补偿,则由普通法院来裁决。对于补偿额有争议的,可以向普通法院提起诉讼。这一规定,对于保障土地征收的公正性,更为有利。与第二次世界大战前的《魏玛宪法》相比,基本法对征收补偿的规定有两个显著的特点:一是对征收作出规定的法律必须同时规定补偿的形式和额度,二是补偿的额度应当在公平地衡量公共利益和相关人的利益以后作出决定。德国的土地征用补偿范围和标准为:(1)土地或其他标的物损失的补偿,其标准为以土地或其他标的物在征用机关裁定征用申请当日的移转价值或市场价值;(2)营业损失补偿,其标准为在其他土地投资可获得的同等收益;(3)征用标的物上的一切附带损失补偿。被征用土地的补偿价格计算是以官方公布征用决定时的交易价格为准。①

我国在土地征收方面,目前在征收的程序公正和补偿上都在积极改进,尤其在土地征收的补偿方面,要求对征地行为必须先行确定补偿,然后才能够进行征收,这都在一定程度上保证了征地行为的权利保护宗旨的实现,并对未来我国征地制度的进一步完善必将产生重大影响。

---

① 参见陈新民:《德国公法学基础理论》,山东人民出版社2001年版,第485页以下。

通过以上考察可以得知,各个国家征收补偿的原则并非一致,即使在一国范围之内,也并非一成不变,而是随时代的不同而不同,随社会、国家意识的转变而转变:征收补偿原则的确定,不仅受立宪思想、受立法者强调保障人民财产权利的意识所左右,而且受社会经济发展状况、国家财政负担能力的影响。

二、土地征收补偿法理基础及评述

土地征收因为其目的符合公共利益的需要而获得正当性,土地征收,在美国被称为是"最高土地权"的行使,英国称为"强制收买",在日本则称为"土地收买",在我国香港地区则称为"官地收回"。在实行法治的国家,政府对征用财产必须提供公平补偿。但是,正如上所述,补偿的法理依据却是人言人殊。其直接法律后果就是补偿方案的实施。对于土地补偿法理依据是什么?

德国法中对此理论问题的研究最为深入,主要有这样一些理论:"个别处分理论"、"应保障性理论"、"修正个别处分理论"、"实质减少理论"、"可期待性理论"以及"私使用性理论"等。其中,修正个别处分理论即特别牺牲理论最受推崇。特别牺牲理论认为,财产权人可以预期因承担公法义务所遭受的损失,对于这种一般牺牲可以不予补偿;财产权人须等到具体征收行为公告后,才能得知自己的财产被征收,这种不可预期的损失即特别牺牲,则应予补偿。征收造成的仅由少数人承受的"特别牺牲",理论上本应由受益者即公众承担补偿责任,但这在现实上不可行,因此,公众的合法代表——国家,自然就成为承担补偿责任的主体。①

同时,还有关于既得权说、社会协作论、社会保险论、结果责任说、公共负担平等说等理论。

既得权说是征收补偿早期发展之理论。以自然法上"既得权不可侵犯"之观念为前提,主张人民的权利既然是合法取得的,就应该得到绝对的保障。侵害个人之既得权基于公益上之必要,亦应补偿其经济上之价格。既得权系天赋人权,是超越国家而存在的权利,自以禁止国家权利侵害为原

① 参见张正钊主编:《国家赔偿制度研究》,中国人民大学出版社1996年版,第70页;陈新民:《德国公法学基础理论》,山东人民出版社2001年版,第485页以下。

则,但因特别之情事,基于公共之目的,既得权应臣服于国家权力,但须以损失补偿作为交换条件,以修复“既得权不可侵犯”原则之破坏。

社会协作理论最早由20世纪初法国著名宪法学家狄骥提出。后来有学者采用社会协作理论的观点来说明行政补偿的理论基础。持这种观点的学者认为,人与人之间存在一种社会协作关系,这种社会协作关系是国家和法律的基础。社会成员应当为社会的存在和发展牺牲部分权利和自由,而社会则应以其整体力量保障社会成员的生存与发展,对其合法权益所受的损失或损害给予救济。①

社会保险论把民事保险的理论加以引申,用以说明行政赔偿的理论基础。它将国家视为全社会的保险人,社会成员向国家纳税,等于向保险公司投保。由于国库收入的主要来源是税收,因此国家补偿社会成员的损失就等于社会集资填补个人的意外损害,这就是所谓的社会保险。按照社会保险理论,社会成员不管因为什么原因而使其合法权益受损,均可以向国家寻求救济。国家对受损的公民、组织予以救济就如同保险公司向保险人支付保险金一样。②

结果责任说认为,无论行政行为合法或违法,以及行为人有无故意过失,只要行政行为导致的损害为一般社会观念所不允许,国家就必须承担补偿责任,这便是基于结果责任的国家补偿③,该说在日本较为流行。

公共负担平等说首先由法国学者提出,其影响已扩散到法国以外的许多国家。这一学说认为,政府活动是为了公共利益而实施,其成本应该由全体社会成员平均负担。合法的公务行为给公民组织的合法权益造成损害的,事实上是受害人在一般纳税负担以外的额外负担,当受害人因公共利益而受到损失,如果完全由其承担损失,当属不公,所以其损失应该由全体社会成员平均负担,其方式是由国家以全体纳税人的钱来补偿受害人所受到的损失。

---

① 参见姜明安主编:《行政法与行政诉讼法》(第1版),北京大学出版社、高等教育出版社1999年版,第476页。

② 同上。

③ 这种观点认为,国家补偿的根据是国家给私人带来的无法避免的危险,其论据是危险责任说:无论原因行为合法或违法以及行为人有无故意或过失,只要行政活动导致的损害为一般社会观念所不允许,国家就必须承担赔偿责任。参见同上书,第475页。

既得权以自然法思想为基础,阐述了土地所有权利的宪法基本权性质,其根据近代启蒙思想家们的观点,财产与生命、自由紧密联系在一起,无偿剥夺财产通常被视为与剥夺生命、自由无异。因为财产权既是个人谋生并改善生存条件的手段,也是他免于压迫和奴役的基本保障,政府无偿剥夺公民财产是严重违宪的行为。但不可否认,其是补偿立法的重要宪法依据之一,而不仅仅作为土地征收补偿的基本法理依据。社会协作论和保险论使用范围极为广泛,既可以适用于行政补偿,也可以适用于因为其他原因而产生的国家责任,包括国家赔偿和国家救济行为。按照这些理论,对于个人、组织合法权益所遭受的损失或损害不管其形成原因是否与国家有关,国家均应给予同等救济。"但这是一个理想的目标,在一定程度上脱离了现实,即使是发达国家也远不能做到对个人、组织所遭受的天灾人祸予以全面和充分的救济。"①在这种情况下,国家对个人、组织合法权益所受到的损失或损害不可能采取单纯的救济主义原则,而只能根据社会目前现行的公平意识区分国家赔偿、国家补偿、以及其他各种救济形式,依照损失或损害的形成原因是否与国家公权力主体有关以及这种活动是否具有应予责难的性质,从而对各种损失和损害加以区别对待。社会协作论、社会保险论作为国家补偿的理论基础虽有一定道理,但亦并非完美。② 公共负担平等说作为国家补偿的理论基础,与我国《宪法》第 33 条确定的平等原则相符合。但是,公共负担平等说无法解释为什么有的国家补偿费用来自国家,有的补偿费用却由各级财政支出,这是公共负担平等说的一种缺憾,它只注重了损失的分摊,而没有顾及利益的所得。其不能独立和全面地解释国家补偿这一特定国家给付行为和制度。结果责任说在我国显然也不可采纳,在国家赔偿中,我国立法不仅关注是否有损害结果,还关注侵害原因合法与违法的区别,违法侵权和合法侵害的国家责任在我国显然应有所区分,对违法侵权国家承担赔偿责任,在理论上国家甚至不排除承担惩罚性给付责任的可能,对合法侵害国家承担的责任应有别于对违法侵权损害承担的赔偿责任。

---

① 司坡森:《论国家补偿》,中国法制出版社 2005 年版,第 44 页。

② 参见姜明安主编:《行政法与行政诉讼法》(第 1 版),北京大学出版社、高等教育出版社 1999 年版,第 475 页。

三、我国土地征收补偿法理基础分析

各国宪法对财产的征收补偿都有专门规定,此已不争。[①] 但是,征收为什么必须提供补偿,补偿到什么程度,各有所异。不过,不可否认的是,世界各国宪法确定的征用补偿程度虽不相同,但它们多少都受到了传统宪法理论的影响,并且有着共同的发展趋势。就我国而言,土地征收补偿理论基础是什么? 笔者认为,上述理论上的各种观点都有一定道理,都从一个侧面或就现实出发反映了对权利保护的要求,但都有局限性,因此,探讨土地征收补偿之法理基础,不可囿于一隅而失之片面。有鉴于此,土地征收补偿的法理基础是历史的,其具有复合多元性特征。前述任何一个补偿法理理论,都不可能真正解释其国家内部所存在的一切国家补偿。各国具体国情和同一个国家不同发展阶段的不同,必然导致对补偿基础理论的选择不同。但是,以下这些因素我们必须考虑:第一,合法的具体行政行为给相对人所带来的损害,作为侵害的一种,结果仍有可责难性,这是国家要承担责任的基本原因。与此相关,国家的可责难程度大小,也是确定其为补偿责任或者其他责任比如说赔偿责任所应当考虑的因素。第二,行政征收补偿的公平原则必须考虑。第三,作为补偿事实基础的损害是否存在。第四,法律、法规和在特定情形下的政策性文件的规定,这在我国尤其重要。此外,还要考虑各种补偿法理基础的合理性,并对之综合分析,对国际上的通行做法也必须重视,这也是全球化背景下我国法律制度完善的必然要求。

确立我国土地征收补偿责任的理论基础,要综合以下三个方面的补偿类型并确立其理论基础:国家合法行政行为侵害补偿的理论基础;国家公务受益补偿的理论基础和衡平补偿的理论基础。

国家合法具体行政行为造成损害补偿的理论基础应该坚持"特别牺牲理论"。[②] 依照特别牺牲理论,公民为了社会公益作出了特别牺牲,国家应当予以公正补偿,以恢复社会正义和公平,该理论直接以宪法对财产权保护的规定以及宪法平等保护原则为基础,反映了法治国家对社会公平和正义

① 法国《人权宣言》、美国宪法修正案都是严格禁止无偿剥夺财产的。在英国,凡依法规的授权征用财产,都要提供补偿。参见〔英〕埃弗尔·詹宁斯:《英国议会》,蓬勃译,商务印书馆 1959 年版。

② 参见林腾鹞:《国家补偿责任之研究》,载《东海大学法学研究》2000 年第 15 期。

的价值追求。[①] 同时,该学说不仅不排斥而且显然包含了“公共负担平等说”的合理内核,使国家补偿在国家用财政收入支付时,仍可以以“公共负担平等”来解释补偿原因而符合“特别牺牲说”,“谁受益,谁负担”的国家补偿也可以用“特别牺牲说”来解释。正是由于“特别牺牲说”较好地解释了国家对合法公权力主体的行为造成的损失给予补偿的原因,因而是更为可取的国家补偿理论基础。值得一提的是,对于国家公务受益行为损害补偿,也可以用“特别牺牲理论”来解释。“特别牺牲说”较好地解释了国家对公务受益行为实施者所造成的损失给予补偿的原因,因而特别牺牲理论是该类国家补偿的理论基础。

国家衡平补偿是现代各国补偿法律制度中的一个重要类型。在一些西方发达国家,社会国家、福利国家甚至法治国家原则都是国家衡平补偿的理论基础:在德国,国家衡平补偿是基于社会国原则和法治国原则和理念。“除了社会国原则之外,国家衡平责任尚得自法治国原则导出。”[②]因为“法治国所追求者并不止于形式意义之法律优越、法律保留,而是进一步希望法之内容合于社会正义”[③]。在我国,社会主义“法治国”原则[④],是我国国家衡平补偿的理论基础。按照法治国原则,为了实现社会实质公平和正义,国家有义务照顾处于社会急难状况中的人民,包括灾害事故救助、生存生活的照顾以及国家在经济、教育、文化、健康等各有关领域的给付,这些给付不是国家的恩典,而是法治国建设的本来涵义,或者说法治国价值目标定位的必然要求和追求。因此,法治国原则不能不成为国家衡平补偿责任的理论基础。我国《宪法》第5条明确规定:“中华人民共和国实行依法治国,建设社会主义法治国家。”这是我国国家衡平补偿责任的宪法依据,而法治国原则和理念,也就不能不成为国家衡平补偿责任的理论基础。[⑤]

---

① 参见林腾鹞:《国家补偿责任之研究》,载《东海大学法学研究》2000年第15期。

② 黄锦堂:《国家补偿法体系建构初探》,载《行政法争议问题研究》(下),台湾五南图书出版公司2000年版。

③ Von Muench, aaO., Rd. 322; Katz, aaO., § 10, Rd., 164.

④ 《中华人民共和国宪法》第5条规定:“中华人民共和国实行依法治国,建设社会主义法治国家。”明确了我国社会主义法治国家或者说社会主义法治国原则。

⑤ 参见司坡森:《论国家补偿》,中国法制出版社2005年版,第53页。

第二节　我国土地征收补偿的制度构成要素

一、土地征收补偿的主体

土地征收法律关系中,国家实施土地征收行为造成了对被征地人的财产权利的损害,究其主体结构为何?

学者龙翼飞认为,土地征收是国家行使其"最高所有权"的体现。我国并不存在私人土地所有权,土地征收是在国家和集体之间展开的,土地征收法律关系的主体只能是国家和农村集体经济组织,集体由其内部成员构成。集体财产权的实现,既是其自身财产权的实现,同时也是其成员财产的实现。土地征收既涉及农民集体的利益,也涉及其成员的利益。承认土地征收法律关系主体的特定性,可以将因实施经济政策而引起的土地开发排除在土地征收之外。这对维护集体经济组织及其成员的利益具有现实意义。以此为基础,还可以说,土地征收权具有专有性,只有国家享有征收集体土地的权利,企业和公司等经济组织不能以实施经济政策的名义进行土地征收,亦不应通过国家达到征收土地的目的。

另有观点认为,补偿主体是农村土地征收中向农民给付补偿金的主体,在征地补偿制度中具有重要地位。政府充当补偿主体似乎不容质疑。[①] 但是在实践中的一个不可克服的弊端是,由政府充当补偿主体导致的直接后果是政府会千方百计从征地中赚取差价。[②] 所谓以"一个渠道进水(政府统一征收、收购和回收土地)、一个池子蓄水(政府统一储备土地)、一个龙头放水(政府统一供地)"为核心的杭州经验经国土资源部推广已经成为全国各地土地征收补偿一大改革新举措[③],但其中的合理性却是值得质疑的。

笔者认为,由于我国土地实行公有制,土地供应国家实行行政垄断,统

---

① 参见薛刚凌、王霁霞:《土地征收补偿制度研究》,载《政法论坛》2005 年第 2 期。

② 参见李牧、耿宝建:《论我国土地征收及补偿制度的完善》,载《法商研究》2005 年第 2 期。

③ 参见周楚军:《巨龙欲腾飞——武汉市建设土地有形市场纪实》,载《长江日报》2001 年 6 月 21 日。

一管理和控制，所以我国的土地征收实际上包括了实行土地私有制国家的土地征收和土地的市场化交易流转两种功能。鉴于我国土地征收有两种情况：一种为受益人使用，即多数情况下政府征收土地之后，还要将土地卖给真正开发使用土地者之情形。另一种为没有明确的受益人的政府使用情形。为确保土地补偿制度设计得更为合理，并保证政府在征收土地的中立地位和征收补偿的公正合理，把为公益的土地征收和为非公益性的用地及经营性用地的征地区分开来，实行土地征收和土地征购双重机制，此容后文再述。对于为公共利益的土地征收，由政府作为补偿主体。至于征地补偿中的权利人，应为农村集体经济组织和丧失土地的农民本人，而不仅仅是农村集体经济组织。但是，由于我国农村集体经济组织和其成员之间的关系所决定，如果农村集体经济组织有共同的协议或者章程并且农村集体经济组织能为失地农民提供合理安置的，补偿费用也可以更大比例或完全转至农村集体经济组织。

二、公平性标准应该成为土地征收补偿的标准

基于土地征收补偿的法理基础诉求，各国法律都在宪法层面对财产权保护、土地征收和补偿作了明确规定，所不同者，有的宪法要求“充分”补偿，有的规定“公平”或“公正”补偿，有的只需“适当”或“合理”补偿。[①] 征收补偿作为国家行政机关基于公共利益征收财产而使自然人、法人或其他组织遭受特别的牺牲，由国家通过行政机关或土地征收受益人给予补偿救济，应该坚持公平性原则。从比较法的角度考察，大多数国家的法律都规定应该给予被征收人以公平补偿。德国在1949年颁布基本法后，德国著名学者H. P. Ipsen将《德国基本法》第14条的规定称之为“齿唇条款”，即“剥夺所有权只有为公共福利的目的才能被允许，而且该法律对损害赔偿的方式和措施有所规定。该损失赔偿必须在对公共利益和当事人的利益进行公平的衡量之后确定。对损害赔偿的高低有争议时可以向当地法院提起诉讼，”

① 例如，《日本宪法》第29条第3款规定：“私有财产在正当的补偿下可以用于公共目的。”《法国人权宣言》第17条规定：“私有财产神圣不可侵犯。除非由于合法认定的公共需要的明显要求，并且在事先公平补偿的条件下，任何人的财产不得被剥夺。”这些国家所使用的“公正、正当、公平”等概念，与《德国基本法》的用语在含义上并无实质差别。

"无补偿无征收"[①]。美国宪法第5修正案明确规定了公平补偿原则。[②] 美国联邦法院在判决中也分析指出,个人土地及其他财产权利被国家征收后有权获得依据公平市场价值给予的补偿,获得与被征收财产完全且严格相等的补偿,使其经济上之地位恢复到财产被征收前的状况。[③] 有学者更是指出:"以市价为基础的全额补偿观点实质上是民事损害赔偿中'回复原状'思想的反映,即对人民受到公权力侵害的实质损失予以实质填补,回复到未受侵害前的财产状况。它充分体现了近代以来那种所有权绝对的思想,是自由资本主义时期较为通行的征收补偿原则。"[④]

值得一提的是,对于公平原则含义,其含义仍然是见仁见智,"当我们仔细查看这张脸并试图揭开其背后的秘密时,我们往往会深感迷惑"[⑤]。不过,在我国目前国情下,笔者认为,从总体上看,公平补偿应该是一种以所有权的权能保护和实现为目标的补偿,这种补偿意味着应该尽量使被征收者的生活恢复到财产未征收前的状态,其体现了法律平等原则。同时,补偿应该是一种市场价值的补偿,如美国征收补偿所坚持的那样。另外,公平补偿可以分为完全补偿和适当补偿两种类型。

三、土地征收补偿范围的确定

土地不可再生,具有稀缺性和开发价值,如果把各项价值都计算在内,充分补偿的代价极高。各国现行做法开始一反自由资本主义时期的一些理念。根据英国1975年《共有土地法案》,被征用土地的估价不再以开放市场的价格为依据,而是以现有利用价值为标准,不考虑土地开发价值。对被征用房屋的补偿一般也排除了对商业信誉的赔偿。在德国,土地开发须得到政府机关许可,征用补偿一般也不包括对开发价值的赔偿。其土地征收补偿包括:(1) 土地或其他标的物的权利损失补偿,补偿标准为以土地或其他

---

① 参见陈新民:《德国公法学理论基础》(第1版),山东人民出版社2001年版,第420页。

② 美国宪法第5条修正案规定:"私有财产不得未获公正补偿(just compensation)即遭占取(taking)。"

③ 参见王太高:《行政补偿制度研究》,北京大学出版社2004年版,第143页。

④ 同上书,第145页。

⑤ 〔美〕博登海默:《法理学——法律哲学及其方法》,邓正来译,中国政法大学出版社1999年版,第252页。

标的物在征收机关裁定征收申请当日的移转价值或市场价值。(2) 营业损失补偿,标准为在其他土地投资可获得的同等收益。(3) 征收标的物上的一切附带损失补偿。[①] 美国除补偿被征者外,还补偿邻接土地所有者经营者因征地受到的损失。[②] 所以,这些国家在理论上认为,土地即使归私人所有,在土地之上也附着了国家主权,公民个人对土地的权利要受土地自身特点和国家主权的限制。

但是在美国,实践上却与上述做法迥异:美国最高法院虽然承认土地"'公共利用'的要求……与主权的治安权力属于同一个领域",但仍然把开发权视为财产权的重要组成部分,要求对其给予补偿。[③]

就我国而言,在土地补偿范围上,很多学者认为应该加强土地的市场化流转程度,对于土地征收的补偿范围应当从土地所有权扩大至土地使用权的补偿,包括土地本身价格、土地使用权价值、地上附着物价格、社会保障价格和拆迁补偿等内容。[④] 笔者认为这些观点都从本国的实际出发,都有一定道理,但是在理论上还需要对一些问题进一步廓清。具体而言,土地征收补偿范围应该包括基于土地权利损失的补偿、营业损失补偿、附着物的损失补偿及安置和社会保障补偿。这既是土地征收公平补偿的要求,也是我国市场经济建设必须坚持的市场价值原则的要求,同时也是我国土地征收法律制度与国际上通行的做法保持一致的必然选择。

理论上需要我们进一步研究的是,这些补偿范围如何与补偿的形式结合起来。也就是说,补偿是对损失的标的物的补偿还是对权利价值的补偿。笔者认为征地后的补偿既有标的物的补偿,也有权利或者权益价值的补偿。就物的补偿而言,可以通过恢复原状、置换等方式实现。对于权利性补偿而言,则必须通过价值补偿方式。它是原来权益价值的衡量、评估过程。这样一来,还有一个十分重要的问题就是土地征收发展权的权属和补偿,也就是原来土地的市场价值和开发发展后的新的市场价值的差异及其归属和补偿

---

① 参见陈泉生:《论土地征用之补偿》,载《法律科学》1994 年第 5 期。

② 参见薛刚凌、王霁霞:《土地征收补偿制度研究》,载《政法论坛》2005 年第 2 期。

③ Edward L. Barrtt and others, *Constitutional Law*, *Cases and Materials*, The Foundation Press, INC, 1989, p. 593.

④ 参见陈爱珠、陈士银:《我国土地征用制度改革及其支撑体系探讨》,载《国土资源科技管理》2004 年第 2 期。

数额确定等问题。

四、土地征收补偿的形式

对于土地征收的补偿形式，笔者认为，土地补偿形式应该突破以往的单一的货币补偿形式，采取多样的征地补偿方式。在市场经济条件下，财产价值及其价值损失均可用金钱的价值尺度评价，而且金钱是一种融通性最高的资产，对受偿人而言，接受金钱补偿可以灵活运用。因此，国际上现金补偿为通行的补偿原则。但是，我国目前由于土地评估技术不足和地价上涨过快，被征者所得到的补偿费会无法维持其原有的生活水平。从国际社会来看，也有我国上述情况的发生，在此情景，各国及各地区制定了一些辅助补偿方式，以弥补现金补偿的不足。例如，日本和德国，除现金补偿以外，还有替代地补偿、迁移代办和工程代办补偿，尤其在日本，新近以来提出了"生活权补偿"之观点。[①] 法国公用征收的补偿原则上用货币支付，近年来也出现实物补偿方式。我国台湾地区的土地补偿方法除现金支付和发放土地债券外，还可由土地所有权人提出书面申请发给折价地（即代偿地）抵付的辅助补偿方法。值得一提的是，山东三联集团的城市化土地征用补偿形式极具创新意义。他们抓住了土地征收中的农民与土地这一症结问题，对开发区域进行统一开发、统一规划、统一招商引资模式，其突破了"国家征地、一次补偿、零星出让"的传统模式，大幅度提高了失地农民的待遇，解决了农民长期生活及医疗等社会保障问题，顺利实现了农民的市民化和社区文明化。其与一般的城市开发商不同之处在于，三联集团不是单纯征用土地实施开发，而是将土地获取与村民安置、区域社会经济、环境改善统一解决，将区域的开发与村民向市民的转化通盘考虑，统筹解决，对村民当前的生活保障以及就业发展等多个方面进行统筹安排，化解了农民的后顾之忧，实现了农民

---

① "生活补偿权"的观点认为，如果作为征收对象的财产对于财产所有权人来说具有财产权人作为生活基础的意义，那么，对其损失之补偿，就不仅限于对其财产的市场价格予以评估，还应考虑其附带性损失补偿，甚至有必要给付财产权人为恢复原来的生活状态所必需的充分的生活补偿。比如说因公共建设的需要，一般市民的土地或房屋受到征收，在此情形下，仅仅给付完全补偿，有可能不足以使之恢复与原来具有同等程度的生活状况，为此必须实行上述之生活补偿。参见王书娟：《论我国土地征收补偿制度之完善》，载《行政与法》2006 年第 7 期。

迅速向市民的转化,扭转了一些城市开发商只要地不要人,导致“三无”农民(种地无田、就业无岗、社保无份)等社会问题。①

另外,笔者认为,对于土地征收补偿,要充分实现平等原则,应该采取协商的形式,而不是政府“定价”的形式,突出补偿的合约性基础。

五、土地征收补偿的价值构成

为了进一步明确土地征收中的补偿价值确定方式,在借鉴国外的实践经验基础上,根据我国的土地制度的实际,笔者认为,土地征收补偿的价值构成中应该体现以下几个方面的构成内容:

第一,土地征收中被征收者的土地承包经营权益。对此笔者认为,正如孟勤国教授提出的,在土地征收补偿中,因为土地流转所产生的收益并非是土地所有权的交换价值,而是土地承包经营权的交换价值,其明确了我国土地征收补偿中的交换价值构成内容,使土地征收补偿的理论更加完善,并找到了解决土地征收中尖锐矛盾的症结。② 实质上,强调土地征收中的土地承包权益构成对于我国的土地征收制度的完善具有十分重要意义:我国因为政府土地征收而造成的政府和百姓之间的矛盾已经很深,主要是土地征收中双方地位严重的不对等,征收中根本不考虑农民的意愿,政府征收中的违法违规行为严重以及对集体经济组织和其成员补偿不充分等。针对这些问题,土地征收中的承包经营权价值理论无疑提供了一个解决问题路径。其认为土地承包经营权的交换价值包括三个部分。

一是农村集体土地的生存保障价值。在我国,土地的社会保障功能理论界阐述颇多,并为立法所肯定。但是,在土地流转中,土地社会保障功能的价值化,学术界涉足不多。我们必须明确,“当土地流转中农民失去土地承包经营权时,农户首先必须得到与生存保障利益相称的土地收益,才为公平。现在的土地流转极少评估土地承包经营权中的生存保障利益,这是土地流转常常不为农民接受的根本原因”③。我国实行的是土地公有制,征用土地即征用对象只能是集体所有的土地,但我国的集体土地所有权又是不

---

① 参见张继升:《积极探索造福农民的城市化发展之路》,载《光明日报》2005 年 3 月 25 日。

② 参见孟勤国:《物权结构二元论——中国物权制度的理论重构》(第 2 版),人民法院出版社 2004 年版,第 242 页。

③ 同上书,第 243—244 页。

完整的，集体土地所有权在收益和处分方面受到了严格的限制，在征地过程中对被征地的补偿也是不完整的，对青苗、附着物补偿都不很充分，更遑论生存权补偿了。对此有学者著文指出，在土地征收中，公民对生存补偿权的请求权应该被法律化。[①] 因为农村的集体保障制度是一个相对封闭的系统，农村集体福利与农民的劳动报酬混合在一起，成为实际上的农村集体社会保障的核心。[②]

二是土地流转的增值分成。土地流转后的增值，既离不开土地占有人的经营活动，也离不开土地所有人的土地，应该共同分享。土地已经承包给农户，土地所有人应该享有之分成部分，体现在土地承包权的交换价值中，这部分价值虽然是土地所有人的，但集体经济组织的成员有权按照一定比例参与集体经济组织的土地收益分配。这对于正确处理土地流转中的利益至关重要，不仅是公平确定土地流转价格的基础，也是调节农户与土地所有人关系的依据。需要说明的是，这里所论之增值是土地转换经营模式所产生的增值，其是否与土地发展权相同？这实质上是关于土地不改变用途下的流转收益和改变用途开发利用下的流转收益的性质认定问题，本质上都是土地发展权，下面将对其详细论述，此处从略。

三是农业生产经营者对土地的投入。农村土地的承包经营收益周期漫长，经营者投入的成本回收慢，所以，对土地投入的计算也是土地承包经营权益的重要构成部分。

上述之三部分构成最典型地体现了我国农村集体经济组织的主要土地权利内容，也是农村土地承包经营体制下农民个人所拥有的土地产权。它也是农村集体非承包经营形式土地所有权或使用权益的内容构成。值得一提的是，孟勤国教授还进一步提出，明确规定土地承包经营权益的构成要素，将对价要素进一步法定化，为土地承包经营权的财产权利确定了一条公平的标准，能最大限度地保护争议中弱势的一方利益。[③] 这一观点明确了土

---

① 参见凌维慈：《我国土地征用中的生存权补偿——以 Z 村为研究对象》(1)，载罗豪才主编：《行政法论丛》(第 7 卷)，法律出版社 2004 年版，第 221—223 页。

② 参见郑功成：《论中国特色的社会保障道路》，武汉大学出版社 1997 年版，第 92—94 页。

③ 参见孟勤国：《物权结构二元论——中国物权制度的理论重构》(第 2 版)，人民法院出版社 2004 年版，第 312—313 页。

地承包经营权益的构成要素,并使土地承包权的价值构成得以量化分析,对农民土地承包经营权益的保护十分有利。

第二,土地发展权。土地发展权是从土地所有权分离出来的一种物权,是土地所有权权力束下的一项子权利,它是指所有权人将自己拥有的土地变更现有用途而求得更大发展机会的权利。[①] 如上所述,农村集体土地发展权包括改变用途的土地发展权和不改变土地用途的发展权。从现行的法律制度来看,我国农村土地发展权一定程度上被剥夺,这有很多原因,主要是土地公有制下的国家强势地位,国家对土地一级市场垄断,国家对土地用途的严格行政管制以及农村土地使用权流转限制,等等。[②] 从保护农村集体组织的土地产权、提高土地利用效率出发,在土地补偿构成中应该有土地发展权的权益价值部分。但理论上对土地发展权的配置方式却有分歧,有国家享有说和农村集体经济组织享有说。笔者认为,我们在设计土地发展权模式时,应当考虑某种土地之上的土地发展权所影响的范围。中国土地发展权制度模式应当采用如下设计,一是改变土地使用性质之土地发展权归国有,包括农用地变更为建设用地之权和未利用土地变更为农用地或建设用地之权;二是土地使用性质不变,土地承包人增加对农用地的投入而形成的发展权和在建设用地上进行建设而形成的发展权。实行前一模式其原因主要有:首先,土地发展权是社会经济发展的产物,是土地资源合理配置的重要方式,改变土地用地的土地发展权一般涉及范围广,国家加以控制是进行资源合理分配、实现宏观调控的需要。其次,有利于保护耕地,符合土地发展权设计初衷。再次,是国家对土地一级市场垄断政策的必然结果。后一模式,是涉及土地承包经营人的具体利益、影响到其基本的生存保障,可以消除因不同方式取得国有土地使用权回收时的不平等现象。这一设计模式也是适合我国土地制度实际的模式。

---

① 参见杨明洪、刘永湘:《压抑与抗争:一个关于农村土地发展权的理论分析框架》,载《财经科学》2004 年第 6 期。

② 参见侯华丽、杜舰:《土地发展权与农民权益的维护》,载《农村经济》2005 年第 11 期;张友安、陈莹:《土地发展权的配置与流转》,载《中国土地科学》2005 年第 5 期。

第三节　健全我国独立的评估机构，发挥中介机构主体性作用

一、减少和消除利益关联，增强评估机构的独立性

土地价格评估是土地征收补偿中的重要制度，评估的范围、方法直接影响最终的补偿数额。土地及其上面所附着的房屋如果估价不实，就会导致补偿金额与房地产真实的市场价值不相符合。我国《城市房屋拆迁管理条例》第24条就规定，货币补偿的金额，根据被拆迁房屋的区位、用途、建筑面积等因素，以房地产市场评估价格确定。倘若房地产市场评估价格不真实，那么被拆迁人所获得的补偿也会随之发生变化。如果评估机构不能独立评估，还将会造成补偿的不公平。

我国目前土地征收中对被征收土地的评估存在很大问题，其中最核心的问题是评估机构不独立，与政府、拆迁人之间存在千丝万缕的利益关联，既不能独立地表达意志，也不独立承担责任，笔者认为，应当以健全评估机构的主体性、独立性为核心完善评估制度。因为：第一，房地产估价是市场经济条件下土地市场流转不可或缺的重要组成部分，房地产估价师广泛、深入地参与社会经济活动，在维护房地产市场秩序、保护房地产权利人的合法权益、防范房地产信贷风险、化解房屋拆迁引发的社会矛盾等方面发挥了重要作用。房地产估价结论的客观合理与否，影响到有关当事人的切身利益，并对社会经济活动产生重大影响。不断提高房地产估价师的社会责任感，提升房地产估价服务水平，成为当今共同关注的问题。第二，土地征收的本质是权利调整与剥夺。所以征收主体和被征收主体作为利益相关者不能对自己的利益进行判断，为此必须有一个中立性机构来进行。也正是在此意义上，被征收土地的评估行为也是一项专门性的职业活动。第三，在当下的具体实践中，我国土地征收中的评估机构也未能恪守中立，而出现依附开发商或政府的倾向。另外，公权力为了谋取政治利益也可能介入评估活动。“一些城市存在大量依托政府从事经营的中介机构，这些中介机构实质是由

政府垄断的以经营为名进行收费的工具。”[①]

有鉴于此，减少和消除利益关联，增强评估机构的独立性十分重要。具体操作上，要注意以下几个方面：第一，实现评估行为市场化、程序化。土地征收中的土地和房屋评估机构能否得到社会认同，获得当事人的信赖，即声誉是评估机构赖以生存的基础。[②] 在市场机制运作良好的情况下，当事人可以“用脚投票”。同时，评估活动内在的程序要求，这也使得其具有自发生成秩序的机制。第二，公权力作为人民利益的“守夜人”，不应该与民争利，而应该把可以由市场解决的问题交给市场。第三，对于土地、房屋评估机构的选择权，应该建立一个民主选择的方式，而不应该让拆迁者或公共权力主体来选择，否则，这又将陷入“端谁碗，看谁脸”的尴尬境地。

二、设立评估机构专家民事责任制度

评估机构及其专家也是市场经济中的“经济人”，他们也是趋利避害的，单纯依靠行业自律、“用脚投票”的市场惩罚手段并不能完全阻却评估人在故意或者过失的主观状态下为不法行为，赔偿责任机制的引入实有必要。笔者认为，应当在专家民事责任体系的框架内完善评估机构和评估人员的责任体系，增加评估机构和评估人员的民事责任。对于评估机构和评估人员民事责任体系的完善反过来又能够推动专家民事责任的体系化进程。值得一提的是，一些民法学者在未来民法典的建议稿中，提出了完善专家民事责任体系的建议[③]，笔者认为殊值赞同。

评估机构及其专家和委托人之间的法律责任是何种性质的责任？

首先，资产评估事务所与其委托人之间的责任性质分析。事实上，先排除资产评估事务所和其委托人之间共谋，联合侵害第三人利益这一情形，资产评估事务所对其委托人的责任兼有侵权和违约双重属性。我国因为资产评估事务所还显现出强民间特性，更侧重于二者关系建立的合同性质，所以本书认为资产评估事务所的责任是违约责任。而如果从发达国家的专家责

---

① 周建瑜：《城市经营实践与初衷背离及其矫正》，载《求实》2005 年第 8 期。

② 参见唐先锋：《我国专家民事责任制度研究》，法律出版社 2005 年版，第 7 页。

③ 参见梁慧星：《中国民法典草案建议稿》，法律出版社 2003 年版；王利明：《民法典·侵权责任法研究》，人民法院出版社 2003 年版；徐国栋：《绿色民法典草案》，社会科学文献出版社 2004 年版。

任角度分析,应为侵权责任更为合理。在我国,法律对此没有规定,但很多学者根据有关契约责任和侵权责任的竞合理论以及我国合同法的有关规定,资产评估事务所可以对其委托人承担过失侵权责任。当委托人因专业人士对注意义务违反而遭受经济损失时,受害人可以选择主张契约责任,或主张侵权责任。以美国为例。《美国侵权行为法重述》第525条规定,在商业、职业、雇用或者其他有金钱利益的交易过程中,提供作为他人交易引导的虚假信息的人,如果怠于合理注意或者没有合理的能力而取得或传递信息的,须就该他人因合理信赖该信息的经济损失承担责任。对于因信赖专家提供的信息而遭受损失的第三人予以救济。[①]

其次,资产评估事务所对其委托人以外的第三人所承担的法律责任应是侵权责任。资产评估事务所在其提供服务过程中,如果因为过错而提供了错误信息或者虚假信息,一些与该资产评估事务所无契约关系的第三人也会因此而遭受损害,在此种情况下,该遭受损害的第三人是否有权要求资产评估事务所承担责任?该责任是违约责任还是侵权责任?德国判例法肯定了信息提供者责任,将会计师作为信息提供者对第三人的责任规定为纯粹财产损害的契约责任,并提出了"默示的信息提供契约责任"学说。[②]

三、以私权保护为中心构建公正补偿原则

从财产的产权角度分析,土地的私权产权保护能够实现土地价值的最大化,体现了私人产权的排他性、选择性和交易性特征。我国现有的法律制度对公民私有财产权的保护存在很多不足,其根源是因为:第一,在潜在的制度设计理论基础方面,公共利益绝对高于个人利益的思维仍然存在;第二,即使对私人利益在立法上有一定的强调,但仍然没有相宜的有效制度设计;第三,就土地征收而言,国家对于征收的标准无限的扩张,对"公共利益"标准无限扩大解释,并与其他标准混乱不清,实践中最突出的表现在国家以国家整体规划和土地开发宏观指标代替公共利益标准,从而使制度上不伦不类,应有的制度功能不能有效发挥。有鉴于此,笔者认为,应该建立保护

---

① 参见程啸:《英美法中虚假陈述的民事责任》,载张新宝主编:《侵权法评论》(第1辑),人民法院出版社2003年版,第126页。

② 参见〔日〕浦川道太郎:《德国的专家责任》,梁慧星译,载梁慧星主编:《民商法论丛》第5卷,法律出版社1996年版,第539页。

私人土地产权的有效的制度,对被征收土地的主体以公平补偿。

在具有正当理由的情况下,国家可以征收集体所有的土地,但同时,国家也要为之付出相应对价,土地征收后对被征收者给予公正补偿几乎是各个实行民主宪政国家的通例。目前世界上主要存在着三种土地补偿原则,它们都从各自的理论基点出发对公正补偿原则进行解读:完全补偿原则、不完全补偿原则和适当补偿原则。完全补偿原则以"私权神圣"为基础,认为在土地征收侵害中,公权力的介入是造成土地产权主体利益受到损害的直接原因,所以土地征收补偿"必须将不平等还原为平等,即对所产生损失的全部进行补偿。"①不完全补偿原则基于"所有权的社会义务性"理念,认为财产权因负有社会义务而不具有绝对性,可以因公共利益需要而加以限制,但为保障财产权,应给予合理补偿,补偿应限于被征收财产的价值,所以是不完全补偿。适当补偿原则实质是对以上两种补偿原则的一种融合,多数情况下,以宪法对财产权和平等权保障为本,完全补偿,特殊情况下,则可以不完全补偿。

(一)对公正补偿含义的诠释

除此之外,关于公正补偿的理论还有其他很多说法,譬如市场补偿,相当补偿,合理补偿,正当补偿等。公正补偿原则作为一种极具抽象性的价值判断标准,具有上位性和指导性,是特定、历史的概念,对一个国家其他各个历史时期的具体历史条件和社会生活关系具有重要意义。在封建专制时代,公权可以任意干涉私权,相应地,补偿原则表现为对于私权主体缺乏保护的不予补偿或给予不足额的补偿。在资本主义早期,私权绝对、自由主义、个人主义思潮盛行,有关补偿原则的主流观念和制度设计表现为完全补偿原则。在权利社会化思潮的影响下,"以市价为基础的完全补偿原则在各国立法和实践中逐渐被放弃,适当补偿、合理补偿、公平补偿、正当补偿等不完全补偿原则通行于各国补偿制度和实践中。由于适当补偿、合理补偿、公平补偿、正当补偿等内涵在理论上十分抽象、在技术上也难以界定其具体范围,因此上述种种补偿原则在实践中往往表现为要求综合考虑征收的目的,被征收财产及被征收人的具体状况,并参照社会的一般公正观念,给予公平

---

① 杨建顺:《日本行政法通论》,中国法制出版社 1998 年版,第 605 页。

合理的补偿”①。

有人认为公正补偿处于补偿原则的象牙塔中，实质不过是一种明哲保身之语言艺术。笔者认为，公正补偿在其理论功能上不但可以实现在保护私权利益和禁止权利滥用上的恰如其分，避免完全补偿或不完全补偿提法的偏颇，在现实制度中，也可以因将其置于不同的具体情况中具体分析，得出不同的具体界定范畴，从而将不再是一纸空文。但是，正确诠释公正补偿，应该注意遵循几个共同的价值取向：第一，结合市场价值，“在市场价值国家，‘公正补偿’是相对确定的。如果政府征收了你的住房，而你的房子通过公平市场交易有一个价格，那么公正补偿一般就是指这个价格所反映的‘公平市场价值’”②。现代社会市场经济国家普遍采用公平市场价值的标准来进行衡量，体现了其合理性。第二，主观与客观相结合。客观补偿将理性第三人作为判断损失是否完全补偿的主体，排除了标的物主观价值对确定补偿之影响，但是客观标准“其内涵和要求也是完全不同的，如有的国家将完全补偿等同于相同财产的市场交易价格，而有的国家则认为，完全补偿除了市场交易价格外，还包括因征收而产生的相关损失（附带性的损失），如迁移费、营业损失等”③。主观说考虑了土地征收补偿中的个体特性，从权利受到限制或剥夺、利益遭受减损的特定个体的视角确定补偿是否完全、充分。对此，有观点认为：“从行政补偿达到效果的最高境界去理解，确定国家公权力主体合法损害补偿原则的指导原则，就是充分填补受害人基于其所处的特别主观环境所受到的全部损害，使受害人能够借行政补偿恢复到在他看来如同损害发生前、未受损害时的应有状态。”④第三，坚持直接损失和间接损失相结合原则。坚持这些基本精神，发挥国家土地征收补偿的社会保障功能、损失填补功能和权利保护。这三项功能具有不同地位和作用，并有着层级性。

（二）公正补偿与“公允市场价值”的关系

公允市场价值（fair market value）指资产在评估基准日的公开市场上的交易价格。形成公开市场价格必须具备五个构成要件：（1）买卖双方地位

---

① 王太高：《行政补偿制度研究》，北京大学出版社 2004 年版，第 143—144 页。

② 张千帆：《“公正补偿”与征收权的宪法限制》，载《法学研究》2005 年第 2 期。

③ 王太高：《行政补偿制度研究》，北京大学出版社 2004 年版，第 145 页。

④ 沈开举：《行政补偿法研究》，法律出版社 2004 年版，第 167—168 页。

平等;(2) 有充分的时间收集信息;(3) 有理智的经济人;(4) 自愿成交;(5) 买卖双方均是正常交易的当事人。将于 2007 年 1 月 1 日开始实施的我国新的会计法准则体系在金融工具、投资性房地产、非共同控制下的企业合并、债务重组和非货币性交易等方面均谨慎地采用了公允价值。其实公允市场价值在我国历史上曾经出现,但由于实施过程中被许多公司滥用来操纵利润而被取消。但是权衡利弊,我们不能因噎废食,而且随着我国经济实力的突飞猛进,以及社会主义市场经济体制的确立和完善,公允市场价值的运用是大势所趋。在土地征收补偿中,坚持土地补偿公允价值标准具有重要的意义,所以笔者建议将公允市场价值在公正补偿制度中也加以运用,从而使我国的土地流转机制中进一步标准化、规范化和合理化。究其原因,主要因为以下几个方面:第一,公允价值是市场经济的产物,社会主义市场经济为公允许市场价值的存在提供了基本的社会经济条件。2003 年中央做出关于完善社会主义市场经济体制若干问题的决定,标志着我国的市场经济已经由初创转向完善,中国的市场经济地位已经确立。所以,公允价值规则所赖以存在的基本环境已经具备。第二,我国目前土地征收补偿中,补偿价值形成机制并未形成,按照市场规律建立一个公平的补偿利益衡平机制迫在眉睫。第三,公允价值在发达的市场经济国家践行经验向我们表明:虽然各国对市场价值的定义在措词上有所不同,但基本构成要件相似或相近,其发挥的作用也十分重大。目前国际评估准则中市场价值定义正在逐步被各国采纳、认同。例如,《美国宪法》规定未经合理补偿,政府不得征用公民财产。从这开始,市场价值等就成为很重要的概念。其他如英国、波兰和俄罗斯等都在市场估值方面采纳了该标准。

在许多类型的评估中,我们不像国际评估准则委员会那样划分"市场法"和"非市场法"。

值得一提的是,公允价值的实现仍然是一个制度博弈的过程,需要适应其运用的空间和环境,需要操作者严格遵循市场经济规律和会计准则,否则,一切将成为具文。在我国,为吸收前车之鉴,一方面,需要借助国家运用政治、经济等宏观调控手段,另一方面,在法律制度上,笔者建议,规定公允市场价值的严格适用条件,并应从以下方面对其负面作用加以防范:其一,充分考虑我国国情,因地制宜。如根据不同地区的经济发展水平可以规定不同的评估基准。其二,建立有效的信息渠道,以便于充分有效的收集信息。其三，形成规范的交易制度，比如对于经纪人管理的规范化。其四，结合其他法律规定，加强对职业道德的要求和对相关人员的监管。其五，与国际接轨，借鉴国际社会的先进制度，无论如何，公允价值的应用应该具有严格的限制条件，公允价值不允许被滥用。

公平补偿和公允价值的相互关系如何？概括地说，公允价值是实现公平补偿的先决条件，公平补偿是一个目标和原则，而公允价值则是实现公平补偿的手段之一。

（三）土地征收补偿的功能

国家土地征收补偿的功能：笔者认为有以下几个方面：生存保障功能；损失填补功能；权利保护功能。

生存保障功能是我国土地征收补偿的最为重要的功能。我国农村集体所有土地主要起到保障集体经济组织内个成员的生存、生活的功能，方式是由集体经济组织向集体成员平均分配给一定面积的承包地和自留地。而集体成员的有关养老和医疗方面的保障也是建立在依靠上缴一部分土地收入所形成的集体统筹的基金上，即集体成员向集体经济组织上缴一部分收入，形成互助互济的公益金。[①] 四川省成都市在土地征收补偿中，正视这一问题，把土地征收补偿中的社会保障补偿内容价值化，取得了很好的效果。具体情况是：随着成都市工业化和城市化进程的不断加快，社会结构出现两个显著特点：一方面是伴随着城市规模不断扩大，土地占用数量不断增多；另一方面是失地农民人数大幅增长。据调查，成都市目前全市的失地农民人数在 48 万人以上，并且仍然在逐年增加。到 2007 年，全市的失地农民将达到 80 万人左右。目前，扣除通过各种途径实现转移就业的 32 万人，仍有 16 万人处于失业状态。因此，妥善解决好失地农民就业问题和社会保障问题，是成都市推进统筹城乡社会经济发展，建设和谐社会的迫切需要。为此，2005 年成都市改革失地农民社会保障方式，在全市范围内把对失地农民的一次性补偿改为以土地换社保。到 2006 年 4 月，全市已有 39 万失地农民享受以养老、医疗保险为主的失地农民社保制度，10 万余失地农民按月领

① 参见凌维慈：《我国土地征用中的生存权补偿——以 Z 村为研究对象》(1)，载罗豪才主编：《行政法论丛》(第 7 卷)，法律出版社 2004 年版，第 221—223 页。

取养老金并享受医疗保险。[①]

土地征收补偿具有损失填补功能。国家土地征收是国家行政行为对农村集体经济组织及其成员土地利益的损害，补偿是对侵害行为所造成损害的恢复。损失补偿功能是对损害的复原，在国家补偿法立足于补偿受害人基于其所处的特别主观环境所遭受的全部损害时，当然会变成国家补偿的最主要功能，因为复原的功能，在于使被害人重新处于如同损害事故未曾发生时的处境。[②]

权利保护功能，就是国家土地征收补偿行为是保障公民的各项权益免受哪怕是来自合法公权力的侵害。按照法治原则，公权力主体必须符合下述条件，才能对公民或组织的合法权益进行剥夺或限制：一是为了公共利益目的；二是必须有明确的法律依据；三是必须依照公平正当的程序；四是必须经合法公正补偿；五是必须确保对此类纠纷的司法最终解决。在美国，财产所有人同时受到美国宪法第 5 和第 14 修正案的保护，以防止对那些被视为基本权利的财产权的干涉。[③] 美国宪法第 5 条修正案关于正当补偿的规定，是美国在联邦一级对财产所有人财产予以保护的一种宪法保证，并通过美国宪法第 14 条修正案适用于各州，从而使该规定成为全国范围内对财产所有人强有力的一种宪法保护。[④] 在我国，土地是农村集体经济组织及其成员的最为重要的财产，保护其财产权益是国家的重大任务，我们在承认公共利益优先的情况下，必须充分保护集体经济组织和其成员对土地所享有的各项权利。[⑤]

这三项功能具有不同地位和作用，并有层级性特点。为了实现这些功能，笔者认为，在补偿原则方面，应该坚持财产保护原则、公平原则、补偿行为和纠纷解决的程序原则、足额填补补偿原则和补偿时限上的事先补偿原则。

---

① 参见四川省社会科学院、四川大学：《中国失地农民调查报告》（四川省分报告），2006 年 4 月，第 15 页。

② 参见薛刚凌、王霁霞：《土地征收补偿制度研究》，载《政法论坛》2005 年第 2 期。

③ 美国宪法第 5 修正案的相关部分规定如下："……凡私有财产，非有正当补偿，不得收为公用。"

④ See Theodore J. Novak, Brian W. Blaesser, Thomas F. Geselbracht, *Condemnation of Property: Practice and Strategies for Winning Just Compensation*, Wiley Law Publications, John Wiley & Sons, Inc., 1993, pp. 34—35.

⑤ 参见王兴运：《土地征收补偿制度研究》，载《中国法学》2005 年第 3 期。

四、土地征收补偿的分配

（一）当前土地征收补偿的分配存在的问题

对于我国土地征收补偿中利益分配存在问题的论述，可谓汗牛充栋，但笔者认为，其中还有一些问题我们必须重视的，并需要深入研究。

一是对土地征收补偿分配中的受益主体缺乏明确法律规定，公民财产的宪法层面保护应该进一步加强。长期以来，我国处于一种国家利益、公共利益和集体利益至上的思想支配之下，而个人利益往往无足轻重。所以，在土地征收补偿利益分配中，损害集体组织成员利益的现象司空见惯，为此而引发的矛盾也不在少数。同时，我国宪法经过 1999 年和 2004 年的修改，对私人权益的保护力度明显加强，尤其在 2004 年的修正案中，明确规定了国家对土地的征收、征用应该给予补偿，但是应该如何补偿，是适当、公平抑或其他？对集体经济组织的补偿的利益如何分配，都还未能明确，使得在法律层面对私权的保护力度也甚为乏力。

二是现有立法规定的补偿分配体制不合理，缺乏公平的分配机制，立法间的相互出入也很大，这也使得被征地的集体组织成员对自己的私权保护缺乏合理预期。《土地管理法》第 49 条规定了农村经济组织的义务①，并在第 79 条规定了相应的法律责任。②《土地管理法实施条例》第 26 条对土地征收补偿费分配的规定了补偿费用分享和专款专用的分配机制。③

三是土地征收补偿分配的司法审查制度不健全。从 1994 年至 2004 年，最高人民法院立案庭和研究室就村民征收补偿费分配纠纷问题是否受

① 该条规定：被征地的农村集体经济组织应当将征收土地的补偿费用的收支状况向本集体经济组织的成员公布，接受监督。禁止侵占、挪用被征收土地单位的征地补偿费用和其他有关费用。

② 该条规定：侵占、挪用被征收土地单位的征地补偿费用和其他有关费用，构成犯罪的，依法追究刑事责任；尚不构成犯罪的，依法给予行政处分。

③ 该条规定：土地补偿费归农村集体经济组织所有；地上附着物及青苗补偿费归地上附着物及青苗的所有者所有。征用土地的安置补助费必须专款专用，不得挪作他用。需要安置的人员由农村集体经济组织安置的，安置补助费支付给农村集体经济组织，由农村集体经济组织管理和使用；由其他单位安置的，安置补助费支付给安置单位；不需要统一安置的，安置补助费发放给被安置人员个人或者征得被安置人员同意后用于支付被安置人员的保险费用。市、县和乡（镇）人民政府应当加强对安置补助费使用情况的监督。

理前后有两个复函、3 个答复和一个会议精神分别作了规定。① 可见最高人民法院对受理这类纠纷认识也并不一致,地方各级法院也不相同。② 到了 2005 年 7 月 29 日最高人民法院《关于审理涉及农村土地承包纠纷案件适用法律问题的解释》出台,才在受理条件和民事主体上就当前人民法院应当受理农村土地征收补偿费分配纠纷作了明确规定,但是仍然模糊:其关于土地

---

① 一是最高人民法院(1994)民立他字第 285 号《关于王翠兰等六人与庐山区十里乡黄土岭村六组土地征用费分配纠纷一案的复函》中认为:"当事人为土地征用费的处理发生争议,不属于法院受理案件的范围,应向有关机关申请解决"。二是最高人民法院在法研(2001)51 号《关于人民法院对农村集体经济组织所得收益分配纠纷是否受理的答复》中认为:"农村集体经济组织收益分配纠纷是平等主体之间的纠纷,属平等民事主体之间的纠纷,当事人就该纠纷起诉到人民法院的,只要符合《中华人民共和国民事诉讼法》第 108 条规定,人民法院应当受理。"三是最高人民法院法研(2001)116 号《关于村民因土地补偿费、安置补助费与村民委员会发生纠纷人民法院应否受理的答复》中认为"此类纠纷的受理问题参照(2001)51 号答复办理,即只要符合《民诉法》第 108 条之规定,人民法院应当受理"。四是最高人民法院(2002)民立他字第 4 号《关于徐志君等十一人诉尤家市龙渊镇第八村委会土地征用补偿费分配纠纷一案的复函》中认为"国家征用农民耕地的补偿费包括土地补偿费、安置补助费以及地上附着物和青苗补偿费。土地补偿费归农村集体经济组织所有,只能用于发展生产和安排就业,不能挪用和私分。农村集体经济组织成员与农村集体经济组织因土地补偿费发生的争议,不属于平等主体之间的民事法律关系,不属于人民法院受理民事诉讼的范围。对此类争议,人民法院依法不予受理"。五是 2003 年 2 月最高人民法院召开的全国法院立案庭工作会议上,最高人民法院立案庭认为"农村集体经济组织成员与农村集体经济组织,因征地补偿费发生的争议,不属于平等主体之间的民事法律关系,人民法院不予受理,应由行政部门协调解决"。六是最高人民法院(2004)民立他字第 33 号《关于村民请求分配征地补偿款纠纷法院应否受理的请求的答复》中认为"村民请求分配征地补偿款纠纷,人民法院不予受理"。

② 在司法实践中,目前对于土地征收补偿费分配纠纷是否应属人民法院受案范围,有的认为不属法院受案范围。并分析指出:从土地权属性质上讲,农村土地属于集体所有,集体对土地上产生的收益有处分权,农民个人不能主张这方面的权利,只能接受管理上的调整和安排;从主体上讲,农民个人与集体经济组织是管理与被管理的关系,两者在经济上具有从属性(主要体现在土地的使用上),不符合民法调整的原理,其纠纷只能通过相关行政渠道用政策手段解决。有的认为应属法院受案范围,因为:现阶段,我国已实现了从计划经济到市场经济的转轨,在生产资料的权属性质上与传统的计划经济有很大的差异,农民个人在经济上和生产资料的享用上与过去具有本质的不同,从 20 世纪 80 年代初实行土地承包责任制之后,已相对摆脱集体经济的束缚,相对于集体,农民个人具有独立性,因此,当其赖以生存的承包土地被征收时,其主张的土地上所产生收益权利也应受到法律保护;从主体上讲,农民个人与集体经济组织之间存在的主要是经济关系,这种关系实际上就是整体与个别、集体与个体的关系,不存在人身依附,他们之间的管理与被管理关系与实行农村土地承包经营制度之前有很大的不同,在个别的利益受到整体性侵害,其独立性就显现出来,也就可以用司法手段保护自己,寻求救济。

征收补偿费纠纷问题有四个条文规定,即第1条第1款4项将“承包地征收补偿费用分配纠纷”作为案件受理的一项内容、第3款规定“集体经济组织成员就用于分配的土地补偿费数额提起民事诉讼的,人民法院不予受理”;第22条第1款规定“承包地被依法征收,承包方要求发包方给付已经收到的地上附着物和青苗补偿费的,应予支持”;第23条规定“承包地被依法征收,放弃统一安置的家庭承包方,请求发包方给付已经收到的安置补助费的,应予支持”;第24条规定“农村集体经济组织或者村民委员会、村民小组,可以依照民主议定程序,决定在本集体经济组织内部分配已经收到的土地补偿费。征地安置补偿方案确定时已经具有本集体经济组织成员资格的人,请求支付相应份额的,应予支持。但已报全国人大常委会、国务院备案的地方性法规、自治条例和单行条例、地方政府规章对土地补偿费在集体经济组织内部的分配办法另有规定的除外”。在什么情况下征收补偿费分配纠纷才由人民法院受理裁判,人民法院受理征收补偿费分配纠纷的具体界限为何,都需要进一步规定。

(二) 完善土地征收补偿分配制度

1. 明确我国农村集体组织成员的社员身份和法律地位

有观点认为,农村集体组织成员资格不需要界定,认为集体经济组织的人口流动较强,是一个动态集合体,不易确定。有观点认为应该确定,因为农村土地的分配,宅基地和集体经济利益的分配,民主选举、议事和决策等,都与成员权有关。笔者赞成后者,尤其在土地征收场合,对于成员权的确立和保护,是保护农村集体经济组织合法权益的基础。目前在认定集体成员资格的标准上学界主要有三种主张:登记主义、事实主义和折衷主义。登记主义,即以户籍所在地是否在该村组作为确定是否具有集体组织成员资格的标准;事实主义主张以是否实际在本村组长期生活为标准来确定资格;折衷主义则主张以户籍登记为原则,以长期居住的事实状态来确定集体组织成员资格。笔者认为这三种主张都不够全面。认定集体组织成员的依据应当以户籍为一般原则,尤其是原始户籍在本村组则自然取得该村组集体成员资格,这是一种原始取得即当然取得。但是不宜将户籍作为唯一依据,还应结合成员与集体组织的经济生活联系以及是否与集体组织有特殊的约定等多种因素考虑。

集体组织成员资格取得方式总体上可以分为原始取得和继受取得。原始取得自出生时开始，有出生证的，以出生证上记录的时间为准，没有出生证的，以在派出所或村民委员会登记的时间为准。难以界定的是继受取得的时间。加入集体组织的成员自加入之日起，享有成员权。①

2. 土地征收补偿款分配的法治化与村民自治

实践中，集体经济组织取得补偿款后，对于补偿款在集体经济组织和其成员之间分配的比例确定随意性大，甚至出现村里少数领导干部违法分配、私分截留的问题，有些土地补偿款的分配还出现了以村民自治决定的形式否认法律效力的情况。② 对此，笔者认为，应该严格实行土地征收补偿款分配法治化，并不得随意以村委会决定、村民大会等名义改变分配方案。农村实行村民自治，是与村民要求落实和保护他们的个人财产权利、经济利益和公民权利紧密相关的。其自治的范围和程度取决于他们所处的基本经济制度。宪法规定农村的土地归集体所有，其本质为共有，其特点是：该所有形式是一个成员资格不固定的团体，以团体的名义享有所有权，团体的成员因为取得成员的身份而自然享有权利、因丧失而失去权利。③ 在法律制度设计层面，集体共有是抵制内部差异、保障个体生存安全的制度化措施。农村集体所有制是《宪法》规定的保护农民群体生存权的法律制度设计，“国家用这种形式保障了农民从某个生产组织内获得基本生活资料的可能性，对于本村村民的经济收益分配不以村民个体的任何差异而有给予差别待遇”④。所以，对于征地补偿款项的分配，应该由法律明确规定，而不宜为村民自治范围。

---

① 参见王利明：《中国物权法草案建议稿及说明》，中国法制出版社 2001 年版，第 285—286 页。

② 湖南长沙县杨湖村的陈美、陈雪两姐妹，由于是“出嫁女”，不能享受同等条件下的男孩子的待遇：土地征用补偿金。他们将所在村组告上法庭，2005 年 11 月，法院采纳了村民小组的辩护，原告两姐妹败诉了，姐妹俩很不服，又向长沙市中级人民法院上诉。这次，她们的官司引起了当地妇联的重视，妇联派出律师为她们提供法律援助。2006 年 3 月，长沙市中级人民法院开庭审理了此案，法院判给两姐妹 7 万元土地征用补偿金。但一个多月之后，还是拿不到手。参见中央电视台 2006 年 5 月 16 日《今日说法：分一半土地给女人》。另见 http://www.cctv.com/program/lawtoday/20060518/101173.shtml，访问日期：2007 年 6 月 7 日。

③ 参见孙宪忠：《我国物权法中所有权体系的应然结构》，载《人大复印资料·民商法学》2003 年第 2 期。

④ 姜长云：《农村土地与农民的社会保障》，载《经济社会体制比较》2002 年第 1 期。

3. 补偿费分配不合理及其解决

土地征收补偿款应该依法分配。《土地管理法》第 49 条规定了农村经济组织的义务:“被征地的农村集体经济组织应当将征收土地的补偿费用的收支状况向本集体经济组织的成员公布,接受监督。禁止侵占、挪用被征收土地单位的征地补偿费用和其他有关费用。”并在第 79 条规定了相应的法律责任:“侵占、挪用被征收土地单位的征地补偿费用和其他有关费用,构成犯罪的,依法追究刑事责任;尚不构成犯罪的,依法给予行政处分。”同时,《土地管理法实施条例》第 26 条对征收补偿费的分配做出规定:“土地补偿费归农村集体经济组织所有;地上附着物及青苗补偿费归地上附着物及青苗的所有者所有。征用土地的安置补助费必须专款专用,不得挪作他用。……不需要统一安置的,安置补助费发放给被安置人员个人或者征得被安置人员的同意后用于支付被安置人员的保险费用。”

然而,现实中的分配比例却差强人意。据有关资料显示,征地农地的土地收益格局是,政府占 60%—70%,村级组织占 25%—30%,农民仅占 5%—10%。[①] 对上述规定和分配比例存有疑问的是,土地补偿费归农民集体经济组织,农民只能得到地上附着物、青苗补偿费和安置补偿费是否合理?从表面上看,上述关于补偿款分配的规定强调土地的集体所有性质,土地补偿费理应由农村集体经济组织作为所有权主体得到,不能量化到农民个人。而且,《土地管理法》已经确定集体所有权的主体分别是:村民小组、村集体经济组织、乡(镇)集体经济组织。但是,如此规定并不合理。第一,农村集体土地所有权享有主体模糊。第二,从中国合作化的历史,土地本来是农民的,是农民“自愿”组成合作社,土地才变成集体的土地,最终所有权归农民的合法性并没有消失。第三,农民对于集体土地享有一项重要的用益物权——土地承包经营权,此项权利已为我国《宪法》、《民法通则》、《农村土地承包经营法》、《农业法》等法律确定下来,土地承包经营权是农民享有的对土地的一项重要的财产权,即农民对所承包的土地享有占有、使用、收益、和保持原土地用途不变前提下的处分权[②],其中,收益权是农民对土地

① 引自万朝林:《失地农民权益流失与保障》,载《农业经济导刊》2004 年第 5 期。

② 参见 2005 年 1 月 19 日农业部发布的《农村土地承包经营权流转管理办法》(农业部令第 47 号)。

长期的稳定的经济利益,包括直接耕作的长期收益和土地承包经营权的流转的收益,可以说,土地承包经营权是保证农民基本生存的受宪法保护的基本财产权,这个财产权被剥夺后,应当得到公平的补偿。当承包的土地被国家征收后,农民失去了对土地的承包经营权,失去了经营土地的长期收益和来源,国家应当给予失地农民充分合理的补偿。如果农民得不到合理补偿,生活上极易陷入失业与破产的困境。而且,农民土地承包经营权的确立决定了农村集体土地应该有两个权利——所有权和土地承包经营权,同时也相应对应着两个权利主体——农村集体经济组织和农民。

所以,征地的受偿主体不应该是单一的农村集体经济组织,同时包括被征收的土地承包者,支付的土地补偿费已经不单是对集体所有者土地所有权的补偿,还应包括对土地承包经营者的土地承包经营权的补偿。这可以理解为产权多元化体制下的市场经济的征地补偿模式。农民作为受偿主体也符合我国《宪法》规定。所以,未来的土地征收制度立法中应该按照这一思路,具体贯彻宪法中所规定的"农民的合法的私有财产不受侵犯"、"国家为了公共利益的需要,可以依照法律规定对公民的私有财产实行征收或者征用并给予补偿"之规定。

第六章　土地征收制度中的正当程序

第一节　正当程序理论及其意义

一、我国法律制度设计中的程序观念的缺失

狄骥曾说过："不存在一种因国家权利存在而不同于私权的所谓公法精神，法只有一种精神，那就是公平精神。"[①]而在法律体系中，维系这种公平精神、平衡公权力与私权利之法律可分为两类，实体法和程序法。实体法用以规范当事人之间权利义务关系，程序法则使这种权利义务关系得以实施。一个国家即使实体法律再健全，没有严格的程序予以保障也等于零。我国是一个"重实体，轻程序"的国家，与西方国家重视法律程序相比，我国在法制进程中，甚至到现在，仍然过多地强调令行禁止之法的实体性，而对于在现代法制中理应占据重要地位的法律程序却缺乏应有的关注与理解。

二、程序制度基本问题探讨

我国从20世纪80年代初期开始了新的法制建设征程。在此之时，理论界和实务界都更多地强调令行禁止、正名定分的实体合法性方面，而对在现代政治、法律系统中理应占据枢纽位置的程序问题则语焉不详。所以，直到今天，法学理论家在思考法学问题时，也很少把程序看做一个具有独立价值的要素。然而，缺乏程序要件的法制是难以协调运作的，硬要推行之，则极易与古代法家的严刑峻法同构化。因此，程序应当成为中国法制建设乃至社会发展的一个真正焦点。

---

① 参见刘庆、王立勇：《高校法治与特别权利关系》，载《政法论坛》2004年第6期。

对于程序的理解，人们总是将其与具体的诉讼程序联系起来，从而局限了对程序所本应该具有的意义的理解。程序，从法学的角度来看，主要体现为按照一定的顺序、方式和手续来作出决定的相互关系。其普遍形态是：按照某种标准和条件整理争论点，公平地听取各方意见，在使当事人可以理解或认可的情况下作出决定。“秩序是与法律永相伴随的基本价值”。①

程序具有以下几个方面的特征：(1) 程序的有序性；(2) 程序的时限性；(3) 程序的终结性；(4) 程序的法定性。对此学者多有阐述，下面仅就程序的有序性和时限性再加以论述。

程序的有序性是指民事诉讼程序应保持一定的次序和连续性。这是程序的核心要求，也是程序安定的基础性要素。程序是由时间要素和空间要素构成，换言之，程序是以法定时间和法定空间为基本要素的。② 而著名学者梁治平教授更是从刑事诉讼的角度论证程序的有序性特征：“从诉的提起开始（具体权利要求的设立），经过争点在法律意义上的形成（要件事实的确定），证明和辩论以及上诉阶段到判决的确定，具体案件的处理可以视之为一个‘法的空间’的形成过程”。③

程序的时限性指程序中每一个要素都有时间上的要求。法律对当事人具体法律行为的时间作了设置，即期间和期日。程序意味着对恣意的限制和对权利的制约。程序的时限性为程序参与者提供了统一化、标准化的时间标准，克服了行为的个别化和非规范化，从而使诉讼行为在时间上连贯和衔接，避免行为各环节的中断。④

法律程序制度在法律中的意义，笔者认为主要有以下几个方面：

第一，它进一步表征和加强了法律秩序价值。所谓秩序，指的是自然和社会过程中存在的某种程度的一致性、持续性和连贯性，是法律的一种倾向，也就是使用一般的规则、标准和原则以履行其调整人类事务的任务。秩序的主要意义和规定性是：(1) 秩序与社会生活中存在一定的限制、禁止、控制有关；(2) 它表明在社会生活中存在一种相互性；(3) 它在社会生活中

---

① 〔英〕彼德·斯坦、约翰·香德：《西方社会的法律价值》，王献平译，中国人民公安大学出版社 1990 年版，第 38 页。

② 参见孙笑侠：《法律程序剖析》，载《法律科学》1993 年第 6 期。

③ 参见梁治平编：《法律解释问题》，法律出版社 1998 年版，第 155 页。

④ 参见孙笑侠：《法律程序剖析》，载《法律科学》1993 年第 6 期。

是预言的因素和重要的因素;(4) 它能够表示社会生活中各组成部分的某种一致性和不矛盾性;(5) 在表示社会生活的某种稳定性,即在某种程度上长期保持它的形式。关系的稳定性、结构的一致性、行为的规则性、进程的连续性、事件的可预测性和人身财产的安全性必然要求法律本身和适用法律的过程具有稳定性、确定性和连续性等特征,即法律自身的秩序性。法律秩序,从动态上观察,是合规律或合规则的运动状态。这种运动状态就是法律程序。

第二,法律程序是对公正实现的有力保障。程序本身具有技术性特征,但这种技术性特征恰恰是人类历史长河中积累的智慧结晶。程序是通过技术的设计和选择使主体之行为合乎公平和正义要求。首先,程序的结构是按照职业主义的原理形成的,专业训练和经验积累使角色担当者的行为更合理化、规范化。其次,程序具有公开性。对于决策过程中出现的错误容易发现和纠正。再次,程序具有序列性,它使原本无序的事件迷宫通过程序性的排序而加以整合。另外,程序创造了一种根据证据资料进行自由对话的条件和氛围,这样可以使各种观点和方案得到充分考虑,实现优化选择。最后,通过结果的不确定性和结果的拘束力这两种因素的作用,程序参加者的角色活动的积极性容易被调动起来。基于利害关系而产生的强烈的参加动机也会促进选择的合理化。

第三,程序具有效率功能。从经济学角度来分析,程序制度具有重要的经济学意义。程序化的行为能最大限度地保障了各行为主体的参与权,提高了效率。从一定意义上来说,程序的启动一般是以实现实体法的内容为目的的,程序运行的核心任务就是查明据以适用实体法、实施行为的事实,使实体法所规定的较为抽象或模糊内容具有可操作性。以行政程序为例。在现实中,很多行政实体法律规范往往较为僵硬死板,权利、责任的指向有时不太清晰,有的实体权利,当事人能自由取得,但是,有的实体权利,没有法律程序和执法机关的裁量认定,难以得到落实。所以,程序在此起到了重要的作用,它可以保证行政实体法律规范所确定的权利的实现。所以,行政程序的有效制定和执行直接保障着实体法所要求的目的的实现。就程序本身要求来看,程序的各个环节一般都有时间的限制,有一定的行为顺序的要求,甚至在必要时,程序还体现了一定的格式化或者说程式化,这些均体现着程序的效率功能和意义。

第二节　土地征收制度正当程序比较研究

一、国外土地征收制度中的正当程序比较研究

（一）美国土地征收程序

在美国，土地征用尽管被称为是土地最高权的行使，但是，被征收者可以寻求正当法律程序，维护自己合法权益，与政府权力抗衡。[①] 美国土地征收程序主要设置了如下程序：（1）预先通告；（2）政府方对征收财产评估；（3）向被征收方送交评估报告并提出补偿金初次要约，被征收方可以提出反要约；（4）召开听证会说明征收行为的必要性和合理性，如果被征收方对政府的征收本身提出质疑，可以提出司法审查程序，迫使政府放弃征收行为；（5）如果政府和被征收方在补偿数额上无法达成协议，通常由政府方将案件送交法院处理，为了不影响公共利益，政府方可以预先向法庭支付一笔适当数额的补偿金作为定金，并请求法庭在最终判决前提前取得被征收财产，除非财产所有人可以举证说明该定金的数额过低，否则法庭将维持定金的数额不变；（6）法庭要求双方分别聘请的独立资产评估师提出评估报告并在法庭当庭交换；（7）双方最后一次进行补偿金的平等协调，为和解争取最后的努力；（8）如果双方不能达成一致，将由普通公民组成的民事陪审团来确定合理的补偿金数额；（9）判决生效后，政府在30天内支付补偿金并取得被征收的财产。由此可见，美国在土地征用程序上是非常严格非常细致的，它充分体现了现代行政程序的原则和要求：公开性、公正性与参与性。程序的完善可以有效遏制土地征用权的滥用，为公民实体权利的实现提供有效的制度性保障机制。[②]

---

① 参见闫桂芳、杨晚香：《财产征收研究》（第1版），中国法制出版社2006年版，第204—205页。

② 参见林来梵：《针对国家享有的财产权——从比较法角度的一个考察》，载《法商研究》2003年第1期。

(二)日本土地征收程序

日本关于土地征收程序的规定包括征收事业认定、征收审理、征收裁决、征收执行收回权等方面。

依据《日本土地收用法》规定,土地征收之申请称为事业认定。依《日本土地收用法》18 条规定,起业人为事业认定之声请时,须以书面记载法定事项并附有一定之书类,依事业之种类等标准向建设大臣或都道府县提出。其事业认定之声请具有以下特色:一是建设大臣或都道府县权力较大,有权判断"该事业有无公用征收之高度公益性以及是否有助于土地之合理适当之利用"①,但事业认定人在为事业认定处分时,得听取相关人意见,并可以举行听证;有准驳权。② 二是起业人为事业认定之声请时,须以书面记载法定事项并附有一定之书类。三是规定了都道府县认定主体不作为,起业人可以径向建设大臣认定。四是事业认定生效后,起业人得于法定期间另行申请裁决,否则起业认定失其效力。③ 值得注意的是,日本之土地收用法规定,征收机关可分为事业认定机关和裁决机关两种。建设大臣和都道府县知事是事业认定机关,专司事业认定,而收用委员会则系裁决机关,负责为征收裁决。收用委员会是一个独立机构,设置于都道府县内,由委员会七人组成之,委员有一定之任期及任用资格,而各该委员之身份受到保障,可独立行驶其职权,不受任何干涉。④

日本征收审理由收用委员会负责,其受到裁决申请后,除应该将该申请连同有关文件送交市町村长供公众阅览两个星期外,并应将该申请与有关文件通知征收关系人。关系人于公众阅览期内均可提出异议。阅览期届满后,收用委员会可以审理,但审理时仍应该通知所有征收关系人。审理终结后,应为裁决,裁决结果有驳回裁决和征收裁决两种。而征用裁决分为权利取得裁决和明渡裁决两种。⑤ 同时,征用裁决不论是权利取得裁决还是明渡

① 叶百修:《从财产权保障观点论公用征收制度》,台湾 1989 年自版,第 584 页。

② 同上,第 585 页。

③ 参见《日本土地收用法》第 29 条。

④ 参见《日本土地收用法》第 51 条。

⑤ 权利取得裁决是指起业人在法律上取得土地所有权,但并没有实际占有,如要实际占有,起业人尚须申请明渡裁决。这两种裁决必须齐全才算是征用的完成。如果自事业认定后 4 年内未申请明渡裁决者,不但事业认定失去效力,即使已为权利取得裁决者,亦视为撤销。

裁决均须以书面为之，并须记载一定事项，如补偿。如果起业人在法定期限内不履行征用裁决所定之补偿时，征用裁决将失去效力。①

在征用裁决的执行，日本法规定，只要核准之征收裁决通知或公告后，就可据以为征收之执行。土地征收收回权及相应程序也是《日本土地收用法》中规定的程序部分。其规定，自事业认定公告之日起20年内由于事业废止、变更或其他事由致被征收之土地之全部或一部不用，或自事业认定公告之日起，经过10年被征收土地未供事业使用，则土地所有权人可以形式收回权。②

（三）韩国土地征收程序制度

在韩国，为了保证公共用地的顺利取得，先后分别制定了《日本土地收用法》及《有关公共用地取得及损失补偿的特例法》。用地机关首先根据特例法先行与地主进行协议，如协议成功，便可取得土地；如协议不成功，再根据收用法强制取得土地。具体的征收程序是韩国建设部必须对起业人的公益事业进行认定，通过认定之后，起业人必须在1年之内与土地所有权人协议取得土地，如果协议不成，可向土地收用委员会申请裁决。在土地收用委员会裁决之前，先由该委员会派出3人组成的小委员会与当事人进行和解协商，如无法达成协议时，再进行裁决。裁决之后如有不服，可向中央土地收用委员会申请异议，如再不服异议裁决，则可以依法在1个月内提起行政诉讼。③ 强制性征地的程序主要为：(1) 起业人所兴办的公益事业首先必须经韩国建设部的认定。认定后，建设部应立即将内容通知起业人，土地所有权人、相关人及道知之事，并且于官报上公告起业人的姓名、名称、事业类别、起业地点及欲收用或使用土地详细项目。(2) 起业人自事业认定后公告之日起一年内，与土地所有人或相关人协议取得土地，如协议无法达成时，自事业认定公告之日起一年内，可向管辖土地收用委员会申请裁决。如不申请裁决，该期间最后一天的翌日起，丧失其事业认定的效力。(3) 土地收用委员会接受申请裁决时，应立即公告，且于公告当日开始，应将文件影印本供一般人阅览两周，期满后，应立即进行调查审议，同时土地征收委员

---

① 参见王锴：《中外行政征用制度之比较研究》，载 http://www.fl5.cn/lunwen/xingzheng/200603/18880.html，访问时间：2008年9月1日。

② 《日本土地收用法》第106条。

③ 参见覃卉：《我国土地征收程序的完善》，载《改革与战略》2006年第1期。

会应将审查日期及场所通知起业人、土地所有权人,以及相关人。(4) 对于地方土地收用委员会裁决不服的,可向中央收用土地委员会申请异议。(5) 如不服中央土地收用委员会的异议申请裁决的,自裁决书送达之日起一个月内,可提起内政诉讼。(6) 起业人取得征收土地或物体的权力,同时与征收不可两立的其他一切权利因而消灭的,征用或使用行为完成。

二、我国土地征收法律制度设计中的程序规定及其不足

土地在农村集体经济组织中的重要性已经被执政者所认识,并被立法所承认和反映。土地征收是对集体经济组织及其成员的土地权益的剥夺,非以法定程序不得为之,这也为我国学界和实务界所认识。因此我国《土地管理法》、《土地管理法实施条例》及国土资源部发布的《征用土地公告办法》和《国土资源听证办法》对土地征收的有关程序进行了规定。笔者欲通过与上述日本、美国的比较,具体分析我国的土地征收制度:

第一,征用申请与批准程序。我国有关征用的法律中对征用程序规定较少,但是,土地征用程序方面的立法则相对详细。《土地管理法实施条例》第 23 条规定,建设单位持建设项目有关批准文件,向市、县人民政府土地行政主管部门提出建设用地申请,由市、县人民政府土地行政主管部门审查,拟订农用地转用方案、补充耕地方案、征用土地方案和供地方案(涉及国有农用地的,不拟订征用土地方案),经市、县人民政府审核同意后,逐级上报有批准权的人民政府批准。农用地转用方案、补充耕地方案、征用土地方案和供地方案经批准后,由市、县人民政府组织实施。

第二,土地征收的审理。我国立法上,除规定土地征收方案由有关人民政府批准外,对于土地征收申请裁决和审理的具体程序则付之阙如,但国土资源部《关于加强征地管理工作的通知》中对征地调查作出若干规定①,而对征收审理过程中的一个非常关键的环节,即征用关系人的程序参与则无规定。对被征地者的知情权和参与权的程序保障,我国立法上采用的是征用公告的办法,根据《征用土地公告办法》第 4 条,被征用土地所在地的市、

① 国土资源部《关于加强征地管理工作的通知》第 2 条规定,在征地调查和征地补偿登记时,应深入村组,实地调查。土地权属应以土地登记或土地利用现状调查的土地权属协议书为依据;土地地类、面积应以土地利用现状调查(变更调查)和勘测定界成果为准,附着物状况翔实。征地调查应在拟定征用土地方案前完成,并结合征地补偿登记进行复核。

县人民政府应当在收到征用土地方案批准文件之日起 10 个工作日内进行征用土地公告，该市、县人民政府土地行政主管部门负责具体实施。显然，征用公告是在征用方案已经获得批准后作出的，根本无法起到让征用关系人参与征用审理、听取征用关系人意见的作用。① 不过，国土资源部《关于加强征地管理工作的通知》第 4 条规定，各地应依照法律规定，公开征地工作程序，提高征地补偿安置工作的透明度。市、县土地行政主管部门应张贴公告或通过新闻媒体搞好依法批准的征用土地方案、征地补偿安置方案公告工作；在做好宣传解释工作同时，要注意听取被征用土地的农村集体经济组织和农民的意见。对补偿标准或安置途径有争议的，按照法律规定做好协调和裁决工作。在争议解决前，不应影响征用土地方案的实施。

第三，征收裁决程序。征用裁决是征收机关作出的是否准许征用的决定。依联邦德国《建设法》规定，征用裁决应以书面记载征用申请人、关系人、征用目的、使用期限、征用标的、征用补偿、救济途径等法定事项，而后送达征用关系人。征用机关在作出上述决定时，或核准征用申请，或全部或一部驳回，视言词审理的结果而定。同时，征用机关在作征用裁决时，对征用标的上原来存在的权利的去留要一并决定之。② 根据我国《征用土地公告办法》规定，征用决定将以征用土地方案批准文件形式下达实施土地征用的市县人民政府，该批准文件包括征地批准机关、批准文号、批准时间和批准用途。征用自征用土地方案批准文件送达征用执行机关起生效，并不以公告为限。

第四，关于收回权的规定。我国没有关于征收土地收回权的规定。但有与收回权较为接近的规定。《土地管理法》第 37 条规定，已经办理审批手续的非农业建设占用耕地，一年内不用而又可以耕种并收获的，应当由原耕种该幅耕地的集体或者个人恢复耕种，也可以由用地单位组织耕种；一年以上未动工建设的，应当按照省、自治区、直辖市的规定缴纳闲置费；连续二年未使用的，经原批准机关批准，由县级以上人民政府无偿收回用地单位的土地使用权；该幅土地原为农民集体所有的，应当交由原农村集体经济组织恢

---

① 根据《征用土地公告办法》第 6 条第 1 款的规定，这一征用公告的目的在于通知被征地农村集体经济组织、农村村民或者其他权利人在征用土地公告规定的期限内持土地权属证书到指定地点办理征地补偿登记手续。

② 叶百修：《从财产权保障观点论公用征收制度》，台湾 1989 年自版，第 592 页。

复耕种。但该收回权仅针对被征用土地为耕地时行使。另外,该法第58条、第65条规定,被征用土地如有下列情形之一的:(1)为实施城市规划进行旧城区改建,需要调整使用土地的;(2)公路、铁路、机场、矿场等经核准报废的;(3)不按照批准的用途使用土地的;(4)因撤销、迁移等原因而停止使用土地的,由有关人民政府土地行政主管部门或农村集体经济组织报经原批准用地的人民政府或者有批准权的人民政府批准,可以收回土地使用权。依据德国、日本等国关于收回权的规定,认为征收是公权力对财产权的合法侵害,私有财产权人只有在征用具备公共利益条件下,才有忍受其侵害的义务。如果该合法之征用侵害事后经证明已不再存在时,则受法律保障的财产权应恢复其功能,同时也可起到督促征用受益人及时利用征用标的、实现公共利益的目的。[①] 但是,我国收回权含义与德国、日本的不同,在德、日,收回权类似于一种私权,因此,被征用人在行使收回权时尚要支付相当于征用补偿额的买受价格。而在我国,收回权是国家一种公权力,由国家无偿收回后交给原被征用人使用,被征用人无须支付任何费用。

三、我国土地征收程序规定的缺陷分析

1998年我国《土地管理法》对土地征收程序方面的修改中,对程序方面着力加强:第一,配合新实施的土地用途管制制度,实行更为严格的土地征收程序。其强化了土地利用总体规划和土地利用年度计划的地位,新增了农用地转用审批制度。这些都是启动土地征收程序时必须同时考虑的因素。第二,将征地审批权集中到省和国务院两级政府,县市人民政府只有执行权。第三,增加了若干规定,完善土地征收程序。例如,增加了土地征收方案、补偿安置方案公告制度和补偿登记制度。尽管如此,现行的土地征收的有关程序规定仍然有很多方面亟待加强。

首先,在土地征收程序设计中,行政权力的色彩过于浓厚,程序自身缺乏独立性和保护性特征,而成为行政操纵的工具。我国脱胎于计划经济体制,那个时代的行政权力至上思想仍然左右着我们的制度设计和制度实施。究其原因,军管式的管制性行政,行政权力过大,各权力之间结构不平衡,政府的资源垄断地位等都是其原因之一。这种"大政府"的思想,对土地征收

---

① 叶百修:《从财产权保障观点论公用征收制度》,台湾1989年自版,第596页。

程序形成了一股侵蚀的力量,使土地征收中程序的观念相当淡薄,私权保护的观念相当弱小。

其次,我国土地征收制度中私权保护司法程序设计也存在问题。这表现在《土地管理法》及其实施条例和其他相关法规都太政策化,难以实施,举其要者,有以下几个方面:(1) 大量的宣示性条文,只是一个摆设的装饰性的条文,不具有可诉性。法律不应是宣言书,法律的条文不应喊口号。法律的每一条款都必须确定权利和义务关系,具备可诉性。没有落实到具体的具有可诉性内涵的法律条款是没有任何司法上的意义的。(2) 宪法的非司法化进一步制约着被征收土地者之权益保护中某些程序性障碍。在宪政社会中,宪法尽管享有至高地位,但违宪行为依然屡见不鲜。因此,只有赋予了私人针对违宪行为而诉诸司法的权利,土地征收中私人的宪法性权益才会得到周全之保护。诉讼权在宪法诉讼程序的启动和运作方面也有不容忽视之必要性。显然,此权利具有制约国家权力之功能。(3) 从执法程序角度看,土地征收中私人权益法执法主体和参与部门存在错位现象。(4) 法律责任规定模糊,各种责任的归责形式也无统一规定。(5) 程序设计中的利害关系人的参与不足,缺乏契约理念。

再次,土地征收程序中对被征收人的合法权益保护不够。在我国土地征收程序中,对被征收主体的合法权益,包括程序权益保护不够,某种程度上甚至可以说是漠视了其权益。这突出体现在:一是被征收人的参与性差,缺乏表达自己意愿的机会。以《土地管理法》第 48 条规定为例,该是征地补偿安置方案的公告,但这种公告是一种事后公告,而非事前参与。尽管在《征用土地公告办法》和《国土资源听证规定》中有所改进,但通知、听证的范围过窄、参与人对关涉自己权益的土地征收的影响有限、程序违法是否可以救济未为规定等仍然有待解决。二是没有事前协商机制。这一问题在本书其他地方有所阐述。三是对被征地人的权利的救济措施不足。包括申请的审查程序、裁决程序和司法审判程序及其相互之间的衔接等,都需要进一步明确。四是缺乏对公共权力及其行使者的制衡和监督。

最后,我国土地征收程序立法层次低,规定比较简单,缺乏可操作性。以土地征收程序中的征地审理程序为例,按照德国、日本等国家的征地审理程序的规定,其目的是为了实现征地的透明性、公开性和参与性,而我国对这方面的规范仅仅停留在法规的层面,在法律上尚未规定,这对我国土地征收中的被征收者的权益维护极为不利。本质上,这些现象在我国的其他部门法立法中都有反映,学者对之研究也十分深入,在此不再论述。

第三节　完善土地征收制度设计中的程序要件研究

一、土地征收行为中程序设计的重要性

第一,程序制度是土地征收中私权保护法律制度中的关键。从理性化的法律制度所蕴涵的制度伦理来看,为实现实体上法律制度设计的合法性和合理性,程序固然具有重要意义。一项完美的法律制度,应是实体权利和程序的完整结合。“我国宪法虽无‘正当法律程序’的明文规定,但也应肯定实体基本权利需伴随程序保障才算是完整的权利,‘基本权利既内含着程序保障,则使得正当法律程序之要求,内化在每一个基本权利之中’因而,我国修正之后的宪法第 13 条关于‘公民的合法、财产不受侵犯’的规定‘也应推定为内含程序保障。”①而且,从完善性的立法建议所体现的立法精神来看,土地征收制度的设计目的在于实现土地征收中私权保护之精神,只有详尽完备的实体而无程序不符合立法的主旨,也将会与我国法治社会的价值目标背道而驰。

第二,从土地征收制度目的的实现来看,征收程序化制度有利于保护被征收者的权益,保证土地征收公共目的的实现。程序历来是实体权利实现的保障,为了保护财产权,防止政府滥用征收权,就必须通过法律明确规定政府行使征收权力的必经程序和各方的权利义务关系。同时,它也有利于削减在土地征收中的矛盾,化解百姓与政府之间的尖锐对立。在今年来的城市更新、经济转型时期,征地纠纷已经成为影响社会稳定的一个重要因素,对这一问题的根源分析,很多学者将其归咎于土地产权不明晰,集体所有权主体虚置,公共利益构成要件不确定、征地补偿标准过低等原因,这些认识都有道理,但是除此之外,笔者认为土地征收程序存在着制度性缺陷是

① 何晓雄:《农地征收要坚持法律程序化》,载《决策者》2006 年第 5 期。

不可忽略的原因之一。尽管国家一再强调要完善土地征收程序①,然而因为农民对程序规定的了解很少,又缺乏法律保护意识,同时政府也不能认真宣传,甚至以程序复杂将增加征地难度等为由拒绝适用等原因而并未得到很好的落实。

第三,从我国国情和实践出发,构建土地征收中的程序制度对于保障中国社会政府征收行为的合法性,避免政府诚信危机,从而满足公众对法律正义的内在需求和追求,具有非同寻常的意义。具体而言,程序制度可以使"公平补偿"得以实现:启动司法程序,使宪法修正案所要求的补偿落到实处,增进征地行为的可接受度。土地征收行为作为国家行使的一项特别的行政权力,受我国长期以来的"重实体轻程序"观念的影响下,程序性要求方面的立法的重要性长期以来有所忽略,行政程序立法始终处于次要和从属地位,缺乏统一的立法规划,立法内容散乱,许多重要程序行政制度至今还没建立起来②,这都使土地征收的正当化有所减损,政府的诚信也缺乏坚实的制度基础。所以,为了保护农村集体经济组织的财产权益,规范政府行为,防止政府滥用权力侵犯私人的财产权利,保证政府土地征收行为能够在实现公共利益和保护公民权利之间达到合理的平衡,土地征收必须严格按照法定的程序来进行。

二、土地征收行为中程序的学理分析

对于征地中的程序,学者在研究中将其都放在一起,未加区分,这对完善我国征地程序制度,是一个巨大的障碍。相反,对征地程序加以区分,可以进一步明确各种不同的程序阶段和性质,分配每一阶段各自的承载内容,对权力的约束和权利的保护皆有裨益。笔者认为,按照征地行为发展前后阶段之不同,可以将征地中的程序分为土地征收程序和征收后的补偿

① 2004 年 8 月,第十届全国人大常务委员会依《宪法》对《土地管理法》中征用概念改为"征收或征用"。2004 年 10 月国务院颁布了《关于深化改革严格土地管理的决定》,要求继续深化征地制度改革,其中在第三部分第 14 条规定了严格程序。同年底,国土资源部又发布了《关于完善征地补偿安置制度的指导意见》和《国土资源听证制度》。2005 年中共中央一号文件再次明确,要完善土地征用程序和补偿机制,提高补偿标准,改进分配办法。

② 参见王学辉:《行政程序法精要》,群众出版社 2001 年版,第 133 页。

程序。

土地征收行为程序是指为了保障土地征收利害关系人的权利,法律规定的国家行使土地征收权剥夺农村集体经济组织的土地所有权所必须经过的步骤和应当采取的形式。土地征收程序是土地征收的形式要件。在行政法上,对政府主体的具体行政行为规定明确的程序可以实现多种目标。从行政法控权论来分析,它是实现控制政府权力的重要手段之一。行政法控权论者从自然权利论和权力制衡出发,认为"由于行政权力的扩张,必须通过行政法来制约行政权,防止其腐败,以保障公民的权利;认为司法审查和行政程序是制约行政权最有效的形式和手段,行政法应该以此为核心来构造其理论体系"。[①] 它促进了行政的简化,提高了行政效率。从公民权利保护而言,更加明确地确认和保障公民在行政程序中的权利。对于土地征收程序来说,立法者要把一些重要、不成文的土地征收原则和行为范式确定下来,以法定形式予以替代,实现上述行政行为程序化设计的功能。

土地征收补偿程序的设置缘于土地征收补偿行为本质上仍然是具体行政行为,土地征收行为的补偿主体是国家。所以土地补偿的程序要求是土地征收补偿的应有之义。但是,由于我国长期以来"重实体,轻程序",土地征收补偿的程序规定也概括、原则,无操作性,补偿几乎无法可依。土地征收补偿中程序违法是一个十分严重的问题,同时,它也是引发土地征收补偿中的矛盾和纠纷的重要因素:沈阳七位农民因不满土地征用补偿标准,状告国土资源部案折射出了因为征收补偿程序不足和因为补偿而引起纠纷的司

① 罗豪才:《行政法的语义与意义分析》,载《法制与社会发展》1995 年第 4 期。

法程序的缺失所造成的社会问题①;陕北民营油田案、湖南嘉禾拆迁补偿案件等,都反映了不明确规定补偿程序、方式和标准所造成的严重后果。

总之,我国土地征收补偿的规定操作性差,政策调整的倾向性很明显,补偿的随意性和不公正性非常严重。一些法律虽然规定了"支付适当的补偿费用"、"给予相应的补偿"等,但是对于补什么、补多少、怎样补、何时补、谁来补等均不明确,缺乏具体实施程序和救济程序规定,使得补偿制度残缺不全,不符合有权利必有救济的要求。

不过,值得注意的是,《物权法》对土地征收中的程序规定有了较大进步,其中不仅规定了严格的征收法律程序,而且对于征收补偿的程序也进行了细致的规定。例如,《物权法》第42条建立了完善的征收补偿规则。主要

---

① 该案基本案情是:2002年1月14日,沈阳市于洪区人民政府发布了《征用土地方案公告》,宣布将于洪区北陵乡下坎子村28.4723公顷土地征用为城市建设用地,同时还发布了《征地补偿安置方案公告》。为了得到合理补偿,史洪学等共28位农民开始向政府讨说法。沈阳市规划和国土资源局于洪区分局不但没有给他们一个满意答复,反而于2002年3月22日做出了让农民限期腾地的决定。于是,2002年4月1日,史洪学等人把沈阳市规划和国土资源局于洪区分局告到于洪区人民法院,要求法院撤销限期腾地的决定,并解决征地补偿标准不合理的问题。于洪法院在2002年8月22日作出判决,确认沈阳市规划和国土资源局于洪区分局的《关于限期腾出土地决定》违法,但同时也驳回了史洪学等人要求解决征地补偿标准不合理的请求。后史洪学等人找到了辽宁省人民政府。此时他们承包的土地早已经被强行征用,他们只希望辽宁省政府就补偿标准给出一个公平的裁决,使他们能挽回损失。辽宁省国土资源厅受省政府委托受理了史洪学等人的裁决申请,2003年12月4日,辽宁省国土资源厅做出的书面答复声称,征地是国务院批准的,辽宁省无权裁决。为了证明此次征地是由国务院批准,辽宁省国土资源厅向史洪学等人提供了国土资源部作出的《关于沈阳市城市建设农用地转用和土地征用的批复》(国土资函〔2001〕559号(以下简称"559号批复")。问题是,"559号批复"上盖的是国土资源部的公章,没有任何证据显示国务院有过批准征地的行为。2004年3月8日,史洪学等人向国土资源部提出了行政复议,要求其撤销"559号批复"。国土资源部于4月29日受理了该行政复议。7月28日,国土资源部作出复议决定,指出,根据《报国务院批准的建设用地审查办法》规定的审查程序,"建设用地经国务院批准后,由国土资源部负责办理建设用地批复文件"。"559号批复"中已经明确注明了"业经国务院批准"字样,因此,国土资源部的批复行为认定事实清楚,证据确凿,适用依据正确,程序合法,内容适当。这样的结果不能被史洪学等人所接受。2004年8月5日,他们在北京市第一中级人民法院起诉国土资源部,请求法院依法撤销"559号批复"。法院受理了此案。2004年12月9日,北京市第一中级人民法院宣判,在判决中认可了国土资源部的意见,认为国土资源部有权行文作出559号批复。而七农民认为国土资源部作出559号批复属超越法定职权、侵害了其合法权益的诉讼意见及要求撤销559号批复的诉讼请求缺乏事实及法律依据,法院不予支持。参见段宏庆:《沈阳七农民状告国土资源部》,载 http://www.xici.net/b328143/d23964364.htm,访问时间:2007年7月6日。

表现在:第一,在法律上严格区分了“征收”和“征用”两个概念,并分别在《物权法》第42条、第44条加以规定。第二,规定了严格的征收法律程序。这些程序必须由法律予以明确规定,而不能由行政规章、地方法规来规定,当然如果经法律授权,也可以经由国务院制定行政法规予以规范。在《物权法》第59条规定了农民集体所有的不动产和动产属于本集体成员集体所有,补偿款的分配方案必须依法在征地补偿时,依照法定程序经本集体成员共同制定。而在《物权法》第63条则规定,如果集体经济组织、村委会或其负责人的决定侵害了集体经济组织成员或村民的合法利益,被侵害人有权向法院起诉,请求撤销。这是《物权法》第一次作出的新规定,目前已有相关案例出现并适用该法律规则。

从这些规定来看,《物权法》对于土地征收的程序规定有了巨大进步。所有这些规定为未来的土地征收补偿程序的具体化和明确化提供了正确的方向:一方面要在法律上严格规定征收征用的适用条件,并规定公正、科学而合理的征收征用程序;另一方面要建立完善的土地征收补偿程序制度,以最大限度地弥补公民、法人或其他组织的合法权益的损失,改变当前我国多数学者在研究土地征收程序时,对土地征收程序和土地征收补偿程序的相对独立性未加探讨的倾向。[①]

三、我国土地征收法律制度中的程序性要件及其设计

(一) 制度设计的基本原则

土地征收程序设计应该坚持契约性原则和程序违法的归责原则。

1. 契约性原则

按照最一般的定义,契约是一种基于自由合意产生的社会关系。契约原则就是要加强土地征收过程中的协商机制,实现土地征收过程中的当事人的法律地位的平等,保证土地所有者所享有的物权性权利真正得到法律上的保护。它要求的是土地征收行为中的尽可能的平等权,要求征收补偿中双方当事人的合约性关系基础。所谓合约,它是资源效率性使用的工具,是两个或更多个当事人为生产出某种相互同意的产出而把私有的资源组合

---

① 如有人在研究土地征收程序时,直接将土地征收补偿程序视为土地征收程序的内容。参见闫桂芳、杨晚香:《财产征收研究》(第1版),中国法制出版社2006年版,第196—227页。

到一起,并根据他们所放弃的资源的某些权利来约定一个共同接受的权益对价。[①] 尽管在土地征收中,双方地位具有不对等性,征收行为是一种行使行政征收权的行为,但是征收的目的是为了公共利益,该公共利益的实现同样也要满足资源配置的公正和效率的要求。作为自由合意的产物,第一,契约关系是一种理性关系,双方不仅作出了一个自由选择,且都明白该选择的含义。第二,契约意味着个人意识的发达。第三,契约关系必然表现为法律关系,这在一个陌生人社会,一个需要相互协作和信任的社会,能够把无数独立而平等的个人维系在一起的纽带,就是法律。第四,契约也昭示着私权保护的觉醒。从这个意义上说,梅因的"人类社会的运动,是一个从身份到契约的运动"之结论[②],是人类社会发展的一个趋势。第五,从合同法的功能上来说,其具有保障人格自主和监督作用,政府在一定程度上也是一个自利角色,其既非全能,也非全善[③],政府在追求公共利益之余,也有私心和自利因素,例如,有学者研究指出,"在决定土地应该如何开发时,执政者可能会追求'隐藏性的财富',待适当时机释放出来,土地利用变更成为执政当局的财政工具"[④]。在征收程序中贯彻合同精神,以合同方式来对之予以监督,更富有效率。因为合同双方当事人都是自己利益的最佳管理者,合同具有保障和监督作用,并具有正义的考量。在土地征收程序设计中贯彻契约原则,是对土地所有权关系私权性特征的承认,也是对被征收者利益保护的重要工具。

2. 程序违法的归责原则

土地征收征用程序中比较复杂的问题是程序违法的归责原则。所谓归责,是指决定何人,对于某种法律现象,在法律价值判断上应该负担其责任。在土地征收中,一旦行为违法之后,如何确立违法征收主体的责任,其必须依据一定的归责原则。目前我国在实体法方面的违法的归责研究的比较深

① 本论点受益于张五常的合约理论。参见张五常:《佃农理论——应用于亚洲的农业和台湾的土地改革》(第1版),商务印书馆2000年版。

② 参见〔英〕梅因:《古代法》,沈景一译,商务印书馆1959年版,第97页。

③ See James Buchnan & Gordon Tullock The Calculus of Consent: Logical Foundations of Constitutional Democracy.

④ See, e. g., Peter Colwell, "Tender Mercies: Efficient and Equitable Land Use Change", *Real Estate Economics*, Vol. 25, Winter 1997, pp. 168—183.

入,但对于程序违法的归责,因为过去“重实体,轻程序”思想仍然根深蒂固,所以对之研究甚少。根据我国行政诉讼法,程序违法可能导致的后果包括:行政行为被确认违法、行政行为可撤销、行政行为可变更、行政行为所导致的损害可获得救济。从实践来看,可以区分为如下几种情况:第一,以程序瑕疵不影响权利义务关系为由,不认定行政行为违法;第二,严重违反程序,确认违法;第三,确认违法并且撤销原具体行政行为。法律上看似提供了相应的救济,但是在实践中,不仅仅是土地征收案件,因程序违法而导致行政行为被认定违法并承担责任的情况却不多见。其原因有:一是行政程序违法的归责原则未明确规定。二是对程序违法进行责任认定与追究确实比较困难,因为程序违法不一定导致实体上的损害;例如,应当提前 7 日公告征地赔偿或听证日期,但是政府机构仅提前 3 天通告。虽然当事人行使权利的时间受到影响,但是这种损害难以直接说明。正因为如此,行政诉讼法一方面规定程序违法可以导致行政行为被确认违法以至被撤销、宣告无效;同时又补充规定,程序违法在某些情况下,即使被告违法,也未必会导致行政行为被撤销的结果。这种模棱两可的归责原则,使得行政主体对程序违法没有尽到充分的注意义务。

笔者认为,这种规定与国际上的进步做法尚有差距,也与我国当前的法治精神不相容。当程序本身被视为一项独立的价值标准时,程序的正当性应当成为检验行为合法性的关键指标。法治社会权利保护意味着对自己决定干涉他人行为、尤其是公共权力的行动,必须受到法律的事先规定和制约,并就其违法而承担其责任。[①] 在奉程序为神圣的英美法系,程序违法的可归责原则可谓深入人心。在美国,《1791 年联邦宪法》第 5 条和 1868 年的第 14 条修正案规定,“非经正当法律程序,不得剥夺任何人的生命、自由和财产”,这便是著名的正当法律程序条款。美国法律的正当程序原理,充分说明了法定程序在美国法律中的极端重要地位,以公正的程序约束公共权力。其核心是:凡一切违反正当程序的行为是无效的违法的行为,有人认为这几乎就是整个美国法律的精髓。在土地征收中,借鉴和容纳程序违法性归责原则,对于我国土地征收行为的约束进一步法治化,对社会矛盾的化

① 参见〔日〕棚濑孝雄:《纠纷的解决与审判制度》(第 1 版),王亚新译,中国政法大学出版社 1994 年版,第 145 页。

解和被征收者权益的保护都具有非同寻常之意义。

（二）改革和完善我国当前的土地征收程序

现代程序能够有效运作是需要一些前提条件的。著名的德国程序主义者 J. 戈尔德施密特在 20 世纪前期就指出了司法程序与自由主义政治原理的辩证关系，认为法律程序只有在自由主义的土壤之中才能茁壮成长，并有社会的分化、复杂化以及与之相应的法律系统的复合化。[①] 然而也必须看到，这些条件又都是相对的，并没有一个绝对的标准。我们考虑中国的程序法制建设，也应当尽量从既存条件中去寻找有利于程序发育和进步的契机。

第一，从宏观上，要抓紧制定我国的行政程序法，中观上，要在土地征收法律中专设土地征收程序，微观方面要将土地征收程序和土地征收补偿程序加以区别，并分别设计，使土地征收程序更为清晰、明确，具有可操作性。就行政程序法的制定来说，我国目前程序缺失和模糊所带来的弊端已经到了非解决不可的地步，从前述沈阳七位农民状告国土资源部案可见一斑。著名学者应松年指出，我国需要制定行政程序法，学者姜明安也坚持此观点。[②] 另外，要求在未来对《物权法》土地征收制度的完善中，设立明确的土地征收程序规定，制定相应的实施细则，要在土地管理法及其实施细则中明确土地征收程序要件，要明确各主体及其相互之间的法律权利和义务，尤其要明确政府主体的程序性义务，这是实现政府行为法治化的关键一环。微观方面要区分土地征收程序和土地征收补偿程序，前有所述，此处不赘。

第二，将契约原则贯彻到土地征收制度的具体设计中。对于土地征收程序的启动，要首先以协商方式进行。土地征收主体与土地权利人如果能够通过协商，确定补偿方式，达成安置协议，则经过报批后，按照协议执行。这一思路和发达国家的比较成熟的土地征收也是契合的，它突出了土地征收中对土地权利人的私权保护的倾斜，并有利于贯彻私人与政府的平等。[③] 因为现代社会行政的服务理念要求相对人意思的充分表达，以便使行政权

---

① Cited from the preface of James Goldschidt's Der Prozess als Rechtslage(1925), See P. Calamandrei, op. cit., pp. 76—77.

② 参见应松年：《中国行政法的回顾和展望》，载 http://www.xingzhengfa.com/Article_Show.asp? ArticleID = 483，访问时间：2007 年 8 月 6 日。

③ 平等的核心在于，我们要认识到，多数人的利益并不永远都代表正义，为了减少这一扭曲，必须贯彻平等，而真正的法律之必备要件之一也是要求平等。

力最大限度地受到事中制约，相对人的权利最大限度地受到事中保护。

第三，扩大土地征收司法审查制度，让司法程序成为限制权力和保护权利的最后一道防线。要明确土地征收中哪些纠纷法院应该受理，包括被征收主体和土地需用人。一般来说，被征收主体可以提起的诉讼包括对公共利益的合法性和合理性的质疑或意见；征地中剥夺了土地权利人的程序参与权；土地征收审批机关是否有违法行为；政府是否违反了其应该履行的各项实体义务和程序义务。实践中，行政征收主体在征地行为中有很多违法行为，就笔者调查所知，主要有：一是国土资源部门不按法律规定进行授权，把征收权力下放到各乡镇人民政府实施，这种行为降低了行政权力行使的层级，导致矛盾沉淀至基层，权利人权利保护弱化。二是根据土地补偿费用的切割分配，一些地方政府在土地征收中"下清上不清"，即将土地征收补偿中属于农村集体经济组织的和农民的部分先支付，但对政府的部分，暂时搁置。政府给土地需要者或征地主体开绿灯，甚至包括土地利用规划指标都实行"先上车，后买票"。[①] 三是政府为了招商引资，违法承诺，压低土地价格，甚至"免上付下"，违规征收。[②] 四是以租代征，即乡镇以低廉的补偿为代价，比如给农民上小城镇养老保险，收走农民的土地，归乡镇开发区或开发公司支配。在"出租"的幌子下，乡镇规避了建设用地审查报批、农用地转用审批和新增建设用地有偿使用费的缴纳。[③] 五是政府对土地征收款的隐蔽违法截留。政府对土地征收后的农民安置实行统规统建，交给农民的房屋是成本价，但政府在规划建房时，多批地，多建房，多建部分公开以市场价

① 这是笔者根据实践中的调查所总结，这些情况在四川省的一些地方政府征地行为中普遍存在。而2006年8月成都市国土资源局官方网站上拍卖宗地的告示也为笔者这一结论给了一个注脚。大致情况是：3000多亩大盘挂牌出让的公告8月底出现在成都市国土局官方网站，而仅仅两个月前，成都市国土局还刚出台文件要求：所有招拍挂出让的经营性房产开发用地，单宗地块面积原则上控制在200亩以内。另据记者调查得知，早在2006年年初，来自深圳的华侨城集团已与该幅地块所在的成都市金牛区政府签订协议，前者实际上获得了该地块的开发权。该地块既已名花有主，为何又要推出公开叫卖？何况又是在如此敏感的时候？参见党鹏：《成都惊现3000亩大盘　地方政府为房企"上车补票"》，载《中国经营报》2006年9月4日。

② 参见珑铭：《遏制土地违法　问责领导不能止于"处分"》，载《上海证券报》2006年9月11日。

③ 参见《警惕一些地方囤积土地花样翻新》，载 http://news.xinhuanet.com/house/2006-09/19/content_5109050.htm，访问时间：2007年10月2日。

格出售,收入归入政府。土地需用人的司法救济权利主要是当其合法的申请政府不受理和政府审批权不当等,可以提起诉讼。笔者认为,将土地征收的司法救济机制加以完善和扩大,发挥了司法的程序救济功能,实现了双方的对话,对当事人的争议也一次性了断①,提高征收征用的效率。

另外,在征收行为中,行为违法,但是具体的侵权对象又不明确,对此是否可以提出公共利益诉讼,笔者认为应该肯定。

第四,鉴于国务院在《国务院关于加强土地调控有关问题的通知》中对国家土地利用总体规划和年度计划的功能的强调,其在国家土地宏观调控中也具有十分重要的作用,在土地征收程序制度设计中要对土地利用总体规划和年度计划的制定有严格的程序,同时,也要向社会公开。

(三) 改革和完善征收补偿程序的规定

根据笔者的研究,土地征收有关程序规定包括土地征收程序和土地征收补偿程序。补偿是国家土地征收权行使的后果,也是制约征收权的一个有效手段。土地征收补偿程序和土地征收程序本质上具有同构性,因而将其人为的完全割裂开来也不恰当。完善土地征收补偿的程序主要可以从以下几个方面入手:

第一,补偿申请。在土地征收补偿中,征收机关应该依职权给予相对人以补偿,但也可能会是依申请的行为。在后者情况下,被征收土地人有权向土地征收机关提出补偿请求。在日本,工程项目认定发布公告之后,土地所有人或者拥有土地相关权利的关系人,进行裁定之前,可以向项目工程业主提出对土地或者对土地相关的所有权之外的权利支付补偿金的请求。

第二,补偿协议的达成。土地征收机关应该和被征收人就补偿相互协商,征收机关就合意制作笔录,并由双方当事人签字。若未能就补偿达成协议,应该有相应的司法程序进行救济。

第三,调解程序和裁决程序。法律应该明确规定由上一级行政机关或者法定机关对补偿争议进行调解,裁决。

第四,行政补偿的司法救济程序。对于土地征收补偿争议,考虑到公正和公共利益的需要,以诉讼方式,将土地征收补偿纳入司法审查的范围,遵

---

① Alexander M. Bickel, *The Least Dangerous Branch*, Yale University Press, 1986, pp. 113—117.

循司法终局的原则。

综上所述,鉴于我国程序观念十分淡薄,通过对土地征收中存在的程序问题的考察,从程序层面揭示土地征收中私权保护不足的根本原因。我国的土地征收程序存在以下几个方面的问题:首先,在土地征收程序设计中,行政权力的色彩过于浓厚,程序自身缺乏独立性和保护性特征,而成为行政操纵的工具。其次,我国土地征收制度中私权保护司法程序设计也存在问题。再次,土地征收程序中对被征收人的合法权益保护不够。最后,我国土地征收程序立法层次低,规定比较简单,缺乏可操作性。因而未来土地征收程序设计应该坚持契约性原则和程序违法的归责原则,在此基础上,对土地征收程序和土地征收补偿程序进行分别规定,从而强化其操作性。

第七章　我国征地制度未来改革

第一节　集体土地征收流转的改革探索

一、国务院《关于加强土地调控有关问题的通知》解读

2006年8月31日国务院《关于加强土地调控有关问题的通知》(以下简称《通知》),按照促进经济增长方式转变和经济结构优化的要求,保证中央宏观调控政策的有效实施,着重从利益机制和法制方面解决当前土地调控中的突出问题。该《通知》与过去的有关土地管理规则相比,主要有以下几个方面改变:第一,为进一步落实土地管理和耕地保护的责任制,《通知》明确"将新增建设用地控制指标(包括占用农用地和未利用地)纳入土地利用年度计划,以实际耕地保有量和新增建设用地面积,作为土地利用年度计划考核、土地管理和耕地保护责任目标考核的依据",土地利用计划指标体系逐步完善,土地利用计划的职能从单一服务于土地资源特别是耕地的保护,逐步转向同时服务于综合的宏观调控,并将土地对国家经济宏观调控的职能进一步明确。第二,《通知》重新强调征地补偿安置必须以确保被征地农民原有生活水平不降低、长远生计有保障为原则,并且在解决被征地农民的长远生计方面作了进一步的规定:一是提高了征地补偿的要求,将被征地农民的社会保障费用按有关规定纳入征地补偿安置费用,不足部分由当地政府从国有土地有偿使用收入中解决。二是征地补偿安置费用的落实是批准征地的前提。土地出让收入总价款,必须首先按规定足额安排支付土地补偿费、安置补助费、地上附着物和青苗补偿费、拆迁补偿费用以及补助被征地农民社会保障所需资金的不足。三是要认真做好被征地农民就业培训和社会保障工作。第三,要建立工业用地出让最低价标准统一公布制度,这

主要是为了控制各种违法违规用地占地行为。当前土地调控中的一个突出问题就是工业用地增速过快，除了投资拉动外，一个重要原因就是地区之间恶性竞争，竞相压低地价招商引资，一些地方为引进工业项目实行零地价甚至负地价政策。一方面，造成国有土地收益大量流失，另一方面，也助长了大量低水平重复建设。为此，《通知》明确国家要建立工业用地出让最低价标准统一公布制度，以遏止各地招商引资中竞相压低地价的恶性竞争行为。同时，这一制度也有利于各地招商引资质量的提高，有利于地区之间产业的梯度转移，有利于以工补农、以城促乡、城乡统筹的和谐社会的建立。第四，禁止以租代征的违法用地行为。为了进一步遏止"以租代征"违法用地问题，《通知》再一次重申：禁止通过"以租代征"等方式使用农民集体所有农用地进行非农业建设，擅自扩大建设用地规模。农用地转为建设用地，必须符合土地利用总体规划、城市总体规划、村庄和集镇规划，纳入年度土地利用计划，并依法办理农用地转用审批手续。

《通知》可以说是围绕着土地征收和农村集体土地市场流转为核心加以规定，对维护农民的合法土地使用权益、加强国家对土地的管理有着重要作用，但是其中也存在着一些不可克服的问题：第一，《通知》精神和我国的宪法、法律规定的相互衔接和协调问题。突出地表现在《通知》精神不符合宪法、法律的规定，相互之间出现背离。比如关于土地征收构成要件的规定，宪法①以及《物权法》中都明确规定了"公共利益"标准，而《通知》强调了农用地转为建设用地，必须符合土地利用总体规划、城市总体规划、村庄和集镇规划，纳入年度土地利用计划，并依法办理农用地转用审批手续等要件，而公共利益要件则未曾提及。第二，对涉及土地流转、土地基本规划等制度设计，以《通知》的形式加以规定发布，其效力及实施的程序性规定等都不明确，所以该规范的实施效果也远远不及法律、法规。第三，在《通知》的具体要求中，土地征收沦为国家实现土地计划指标实施和控制的手段，而不是国家为了公共利益进行征收。

---

①　我国《宪法》第10条规定："城市的土地属于国家所有。农村和城市郊区的土地，除由法律规定属于国家所有的以外，属于集体所有；宅基地和自留地、自留山，也属于集体所有。国家为了公共利益的需要，可以依照法律规定对土地实行征收或者征用并给予补偿。任何组织或者个人不得侵占、买卖或者以其他形式非法转让土地。土地的使用权可以依照法律的规定转让。一切使用土地的组织和个人必须合理地利用土地。"

总之，所有这些不足或存在的问题都表现了国务院出台该《通知》的头疼医头、脚疼医脚的短期行为特征，而缺乏长远的制度预期。

二、国务院办公厅 2010 年 5 月 15 日《通知》的解读

（一）5 月 15 日《通知》的内容

2010 年 5 月 15 日，国务院办公厅发布了《关于进一步严格征地拆迁管理工作切实维护群众合法权益的紧急通知》（以下简称《通知》），其主要是针对各地因为拆迁所导致的一些暴力事件和恶性案件所制定的应对措施。《通知》的核心内容包括：

1. 征地拆迁工作不能损害农民利益

《通知》要求，征地拆迁关系人民群众的切身利益，要坚决制止乱占滥用耕地，严格城镇房屋拆迁管理，坚决纠正侵害人民群众利益的问题，切实维护社会稳定。进一步加强征地拆迁管理，妥善处理城市发展和征地拆迁的关系。

2. 明确要求依程序征地，依法补偿

《通知》要求征收集体土地，必须在政府的统一组织和领导下依法规范有序开展。征地前要及时进行公告，征求群众意见；对于群众提出的合理要求，必须妥善予以解决，不得强行实施征地。要严格执行省、自治区、直辖市人民政府公布实施的征地补偿标准。尚未按照有关规定公布实施新的征地补偿标准的省、自治区、直辖市，必须于 2010 年 6 月底前公布实施；已经公布实施但标准偏低的，必须尽快调整提高。要加强对征地实施过程的监管，确保征地补偿费用及时足额支付到位，防止出现拖欠、截留、挪用等问题。征地涉及拆迁农民住房的，必须先安置后拆迁，妥善解决好被征地农户的居住问题，切实做到被征地拆迁农民原有生活水平不降低，长远生计有保障。重大工程项目建设涉及征地拆迁的，要带头严格执行规定程序和补偿标准。

3. 首次提出依法依规拆迁，控制城镇房屋拆迁规模

城镇房屋拆迁，必须严格依法规范进行，必须充分尊重被拆迁人选择产权调换、货币补偿等方面的意愿。立项前要组织专家论证，广泛征求社会各界特别是被拆迁人的意见，并进行社会稳定风险评估。要控制拆迁规模，对于没有经过社会稳定风险评估或群众意见较大的项目，一律不得颁发房屋拆迁许可证。要严格控制行政强制拆迁的数量，实施行政强制拆迁要严格

执行相关程序，并报请上一级人民政府备案。程序不合法、补偿不到位、被拆迁人居住条件未得到保障以及未制订应急预案的，一律不得实施强制拆迁。

4. 强化监督管理，贯彻违法违规追责机制

各地要立即对所有征地拆迁项目组织开展一次全面排查清理，重点检查征地程序是否合法、拆迁行为是否规范，补偿安置是否合理、保障政策是否落实等情况，限期整改排查清理中发现的各种问题。对采取停水、停电、阻断交通等野蛮手段逼迫搬迁，以及采取“株连式拆迁”和“突击拆迁”等方式违法强制拆迁的，要严格追究有关责任单位和责任人的责任。因暴力拆迁和征地造成人员伤亡或严重财产损失的，公安机关要加大办案力度，尽快查清事实，依法严厉惩处犯罪分子。对因工作不力引发征地拆迁恶性事件、大规模群体性上访事件，以及存在官商勾结、权钱交易的，要追究有关领导和直接责任人的责任，构成犯罪的，要依法严厉追究刑事责任。对随意动用公安民警参与强制征地拆迁造成严重后果的，要严肃追究有关党政领导的责任。

5. 提供征地拆迁纠纷解决机制

各地区、各有关部门要严格按照信访评估到位、审批程序到位、政策公开到位、补偿安置到位的要求，建立健全征地拆迁信息沟通与协作机制，及时掌握和化解苗头性、倾向性问题，防止矛盾积累激化。要健全征地拆迁信访工作责任制，加快建立上下贯通的信访信息系统，积极探索征地拆迁矛盾纠纷排查调处机制，采取各种有效方式做好群众思想工作，防止简单粗暴压制群众，避免因征地拆迁问题引发新的上访事件。地方各级人民政府和有关部门要深入到问题较多的地方去接访、下访，主动倾听群众诉求，把问题解决在初始阶段。各地要加强形势分析与研判，一旦发生恶性事件，要及时启动应急预案，做好稳控工作，防止事态扩大。要加强和改进宣传工作，充分发挥舆论监督和引导的重要作用。

（二）对5月15日《通知》的评析

总体上说，5月15日《通知》是政府部门针对征地拆迁中存在的问题所开出的一剂药方，反映出中央政府对征地拆迁中存在的问题的重视，也反映了存在问题的严重性。从整个《通知》的内容分析来看，它明确提出征地拆迁中农民利益保护原则，要坚持依法拆迁，坚持程序公正，并规定了违法、违

规拆迁行为的追责机制，相比较前期的一些相关规定，具有相当的超前性和进步性。但是，其中也不乏一些问题值得我们去进一步探讨。

第一，行政本位主义色彩仍然十分浓厚。我们目前还是遵从公法优于私法、公权优于私权的理念，这在崇尚法治的社会确实存在很大危害，对我国土地市场发展也十分不利。实行土地公有，如果没有相应的法律制度与之配套，将产生严重的社会问题，因为公有的土地资源如同其他的公有资源一样，只要它拥有足够的价值，必然会成为强者掠取的对象。正如土地承包经营权制度的设计，一定程度上显示了国家、集体和农户对土地所有权的分割，但却没有明确地合理地界定它们之间的权利界限。当法律不能清晰界定权利范围，或者即便界定，如果没有相应的法制维护其有效性，那么实际的政治力量就会渗透进来，结果导致处于弱势地位的农民会受到利益的侵害，而法律本来想削弱的"集体"力量却因现实的政治关系而得到加强。调查中我们发现，行政本位思想在中国，无论是在一些大中城市，还是在农村乡镇都根深蒂固，行政权力力量与民争利十分普遍。一些地方政府违反土地管理的法律基本没有成本，也不会产生任何风险。而行政权力在多大程度上行使权利参与土地执法，对土地权利进行公正、合理的配置，取决于这种行为所获得的利益和成本的比较。所有这些因素都制约着中国的土地制度建设。值得思考的是，在一些法治发达国家，公法规定和立法基础原则不能违背私权理念和私法的一些基本原则。如国家作为市场主体不得剥夺私人财产权；在私法领域，要充分重视和发挥私人在法的实现中的重要作用，而抑制公法对私法领域的过度涉入和干预等。我们应该看到，我国国内立法中违背上述基本原则的法律制度却很多，比如在所有权方面的征收、征用，违反了法律对所有权等私权的基本保障这一个基本原则。上述这些是我们必须去注意研究并重新整合安排的。在该规则下对我们的法律制度重新安排时，也要注意以下几个重要的问题：首先，要坚持公共利益和私人利益权衡原则。公法和私法二者在一般意义上来说，其效力等级没有可比性，但是，在各自的领域范围内，有其自己的适用空间，在私法领域，对私人利益的保护是一个基本命题，公法的规制作用效力相应减少。但这也并非完全绝对化。其次，即使在私法领域，如果有强行法之存在，其效力当然应该在私法规则效力之上，这也是世界各国立法中的共同规则，其目的是为了维护维系社会存在的公共利益保护的要求。再次，对私人在法的实现中的作用，我们应该历史地去观察。某种意义上,强调私人利益的保护和私人在法的实现中的作用,是西方发达国家尤其是美国的自由主义思想的产物。其中有其合理和积极的一面,我们不可对之全盘否定。

第二,纠纷解决的司法救济机制仍然不畅通。土地纠纷解决机制的充分提供是农村集体土地制度完善在重要内容之一,也是保护农民土地权利的基本手段。但是,从目前中国立法的现实情况看,却并不乐观。从近几年来多发的暴力拆迁案件、因拆迁而自焚的案件等可以看出,很多都是因为没有纠纷解决途径而引起。从一般意义上说,未来司法途径是农村土地纠纷解决的必要方式。司法过程是一个消弭、分散社会矛盾的过程,一个个分散、具体的判决在时间和空间上减弱了人们的不满和不服,纠纷的解决过程正是一个解决社会矛盾、平衡冲突的过程。这一途径对于农村土地权利关系的完善具有举足轻重的作用。同时,我们也要考虑多元化的纠纷解决途径。

第三,问责机制不够完善,征地拆迁农民利益保护原则要进一步落到实处。笔者认为,如果法律规则没有相应的责任制度,这一制度就会没有牙齿,没有丝毫的威力,也不能发挥调整社会关系的作用。所以,未来的征地制度的完善中,需要重点考虑土地征收违法行为的责任,包括行政机关的责任,其责任体系不仅包括行政责任,还要完善民事责任和刑事责任,防止行政权力滥用可能导致的损害农民土地权益的行为。

三、国土资源部《关于进一步做好征地管理工作的通知》的解读

2010 年 7 月 13 日国土资源部发布了《关于进一步做好征地管理工作的通知》,其中要求要切实加强和改进征地管理,推进征地补偿新标准实施,确保补偿费用落实到位。该通知被认为是继 2004 年《关于完善征地补偿安置制度的指导意见》后,国土部针对征地管理出台的最为全面的一个文件。通知强调要提高征地补偿标准、同地同价、征地须先安置后拆迁、不得强行实施征地等内容,引起社会关注。

其中值得注意的内容包括:(1) 先安置后拆迁的规定。规定指出,先安置不是简单的先建后拆,而是指在实施拆迁前,采取多种方式妥善安排好被拆迁农户的居住问题,包括建好安置房或是制定出切实可行的安置方案并征得被拆迁农户同意,防止拆迁后农民居住无着落,影响生产生活。(2) 拆

迁补偿安置方案要因地制宜合理制定。在城市远郊和农村地区,主要采取迁建安置方式,重新安排宅基地建房。在城乡结合部和城中村,主要采取货币或实物补偿的方式,由被拆迁农户自行选购房屋或政府提供的安置房。被拆迁农户所得的拆迁补偿以及政府补贴等补偿总和,应能保障其选购合理居住水平的房屋。(3)地方政府根据城市发展需要,合理预测一段时期内征地涉及的农民住房拆迁安置规模,统筹规划,对拆迁安置用地和建造安置住房提前作出安排,有序组织拆迁工作。(4)明确在征地拆迁中的行政监管主体和责任。通知明确了各级市县人民政府是法律规定的征地组织实施主体,应对征地安置工作负总责。

国土资源部《通知》的发布,明确了未来中国土地拆迁市场化改革的导向,对于未来农村土地征地拆迁制度的改革奠定了基础。

首先,确定了补偿标准的市场化模式。根据国土资源部《通知》的规定,征地拆迁要全面实行征地统一年产值标准和区片综合地价。制定征地统一年产值标准和区片综合地价是完善征地补偿机制、实现同地同价的重要举措,也是提高征地补偿标准、维护农民权益的必然要求,各类建设征收农村集体土地都必须严格执行。对于新上建设项目,在用地预审时就要严格把关,确保项目按照公布实施的征地统一年产值标准和区片综合地价核算征地补偿费用,足额列入概算。建设用地位于同一年产值或区片综合地价区域的,征地补偿水平应基本保持一致,做到征地补偿同地同价。

其次,将农民权益保护提到了首要位置:(1)征地补偿款预存制度为农民及时取得征地补偿款加上了保险,有利于农民土地权利的保护。根据《通知》规定,为防止拖欠征地补偿款,确保补偿费用及时足额到位,各地应探索和完善征地补偿款预存制度。在市县组织用地报批时,根据征地规模与补偿标准,测算征地补偿费用,由申请用地单位提前缴纳预存征地补偿款;对于城市建设用地和以出让方式供地的单独选址建设项目用地,由当地政府预存征地补偿款。用地经依法批准后,根据批准情况对预存的征地补偿款及时核算,多退少补。(2)对于补偿款的分配的规范也更加合理。根据文件规定,实行征地统一年产值标准和区片综合地价后,省级国土资源部门要会同有关部门,按照征地补偿主要用于被征地农民的原则,结合近年来征地实施情况,制定完善征地补偿费分配办法,报省级政府批准后执行。征地批后实施时,市县国土资源部门要按照确定的征地补偿安置方案,及时足额支付补偿安置费用;应支付给被征地农民的,要直接支付给农民个人,防止和及时纠正截留、挪用征地补偿安置费的问题。所有这些规定对于被征地农民权益保护制度的落实都提供了有效的保障。(3)采取多元安置途径,保障被征地农民生产生活。文件规定优先进行农业安置,科学规范留地安置。在一些通过土地整治增加了耕地以及农村集体经济组织预留机动地较多的农村地区,征地时应优先采取农业安置方式,将新增耕地或机动地安排给被征地农民,使其拥有一定面积的耕作土地,维持基本的生产条件和收入来源。在土地利用总体规划确定的城镇建设用地范围内实施征地,可结合本地实际采取留地安置方式,但要加强引导和管理。留用地应安排在城镇建设用地范围内,并征为国有;涉及农用地转用的,要纳入年度土地利用计划,防止因留地安置扩大城市建设用地规模;留用地开发要符合城市建设规划和有关规定要求。实行留用地安置的地区,当地政府应制定严格的管理办法,确保留用地的安排规范有序,开发利用科学合理。(4)将社会保障制度与被征地农民权益保护统一考虑。将被征地农民纳入社会保障,是解决被征地农民长远生计的有效途径,这是未来中国农村土地制度建设十分重要的内容。

最后,将征地程序提到了重要位置,为合法拆迁提供了程序保证。正如国土部《通知》所指出的,征地工作事关农民切身利益,征收农民土地要确保农民的知情权、参与权、申诉权和监督权。这也是法治社会程序参与的必然要求。

四、集体建设用地流转制度设计应以市场化配置为导向

农村集体建设用地的市场化制度创新和立法建构,涉及土地产权关系、流转的价格机制、收益分配和流转程序等问题,上述各个模式都从实际出发,对局部领域内的土地市场化实践经验加以总结,具有很强的理论和实践价值,但是,鉴于土地在国计民生中的重要意义和农村集体土地的重要的生存保障功能,对之在法律层面上加以立法规范势所必然。在制度的创设和构建方面,要从以下几个方面进行入手:

第一,厘清农村集体土地产权关系,明晰集体土地产权的主体。现行法

律对农村集体土地所有权主体的设定模糊[1],产权关系也不清晰,由于集体所有权的产权主体不清,村干部成了事实上的土地所有者。土地流转中也出现了“干部说了算”现象,这些都根本制约着农村集体建设用地使用权的流转。为了根本解决这一问题,笔者认为可以实行土地按份共有制,即实行集体土地股份化。集体土地所有权的行使应该通过股东大会的决策机制,其收益归属于全体股东并按一定比例分配各个股东,其最终处分权属于全体股东。这目前在一些地方(如广东南海)已经有所实践。[2] 其最大意义是将土地这一实物形态变为价值形态,以货币的形式表达。土地价值显性化、货币化是农村“土地股权制”改革的基本趋势和方向。但是“土地股权制”产权组织定位也要明确,把股份合作经济组织是农村合作组织的一个重要类型,明确股份合作组织的法人地位,依法登记。同时,笔者认为,今后农村土地产权的发展方向是应该回归到某种形态的以农民或农户为主体的土地财产所有。目前这种产权主体模糊化的集体所有权,造就了一种土地专权,危害了农民的利益,阻碍了生产力的发展,也不利于社会安定。而从本质上来看,实行农村土地股份合作形式,依照法人治理结构从法律上明确集体土地所有权主体的组织形式,形成责权利分明、激励与约束机制并存的集体土地所有权格局与这一发展趋势相互吻合。

第二,建立和完善以土地价格的市场形成机制为核心,以建设用地供应总量控制、城市建设用地集中统一供应、土地使用权公开交易、基准地价定期更新和公布、土地市场中介组织独立执业、土地登记制度可查询和集体决策制度为基础的土地市场体系的法律制度。具体包括严格界定划拨用地范围,经营性用地土地使用权招标拍卖挂牌出让制度,规范协议出让行为,研究制定“招拍挂”出让土地的具体操作规范和实施细则,进一步按市场原则推进制度创新等。对于这些问题,我们不妨以广东《办法》的一些规定为依据,对之再作研讨。《办法》第 27 条规定了集体建设用地使用权流转基准地价由政府调控的管理方针,这参照了国有土地使用权流转的监管机制,但是与公允价值的形成要求是否相协调,值得进一步研究。另外,国家供地价格

---

① 参见钱海玲:《农村集体土地使用权规范化流转与法律制度之完善》,载《法律适用》2005 年第 4 期。

② 参见黄艳华:《广东南海:农村股份合作制触到的三个边界》,载《中国改革》2005 年第 7 期。

机制和集体供地的价格机制若不能实现统一，如何防止同一地段的“国有地价”与“集体地价”的不对等，而导致彼此流转的非公平竞争，造成国家对集体利益的损害。这些都要求我们完善理顺土地价格的形成机制。同时鉴于土地使用权流转的基准地价是体系化的，不同流转形式的土地使用权利可分化具有不同的价值，从而形成相应的地价体系及评估体系，如转让价格不同于租赁价格、抵押价格等，故亦有必要健全集体建设用地价格评估体系，建立土地价格评估备案制度；另为避免集体土地资产流失，还应实行土地最低价保护制度。[①]

第三，明确规定农村集体建设用地流转收益分配。集体建设用地流转中的收益分配问题是集体用地使用制度改革即规范流转管理的关键所在，其涉及政府、集体和农民个人三者利益关系的平衡，涉及公平与效率原则的贯彻落实。[②] 尤其在我国这样一个重公共利益，轻私人利益影响很大社会，如何防范公共权力对私人利益的侵害，就显得更为重要。就利益的分类区分而言，我国对利益按享有主体的不同分为国家利益、集体利益、公共利益和私人利益，其分类标准并不明确，在法律上也未有明确规定，所以，以国家利益、集体利益、公共利益之名侵害私人利益之行为多有发生。针对此种情况，国务院 2006 年 4 月 10 日的《转发劳动保障部关于做好被征地农民就业培训和社会保障工作指导意见的通知》有所规定，但不明确。而国务院《关于加强土地调控有关问题的通知》在第 3 条关于规范土地出让收支管理中规定，对国有土地使用权出让收益分配有明确规定。笔者认为，未来集体土地流转收益的分配也要明确在法律层面予以规定，土地交易总价款必须首先按规定足额安排支付土地补偿费、安置补助费、地上附着物和青苗补偿费、拆迁补偿费以及补助被征地农民社会保障所需资金的不足，其余资金应逐步提高用于农业土地开发和农村基础设施建设的比重，以及用于廉租住房建设和完善集体土地使用功能的配套设施建设。对此广东《办法》规定出让、出租集体建设用地使用权所得收益应纳入农村集体财产统一管理，其中 50% 以上应当存入银行（农村信用社）专户，专款用于本集体经济组织成员

---

① 参见陈利根、郭立芳：《关于集体建设用地流转制度构建的探讨》，载于中国法学会环境资源法学研究会组编：《2001 年全国环境资源法学研讨会论文集》。

② 参见王权典：《我国农地所有权的法律剖析》，载《南京农业大学学报》（社会科学版）2005 年第 2 期。

的社会保障；同时，集体建设用地使用权出让、转让和出租的，应当向土地行政主管部门申报价格，依法缴纳税费和增值收益，实际上认同国家（政府）作为管理者与基础设施及相关环境建设的投资者，主要是以税费形式实现参与土地收益的分配，而完全摈弃了某些实践中由政府直接参与土地流转收益提成的做法，这在四川邛崃土地流转中也有所继承和借鉴，未来法律制定时值得借镜。

第四，健全集体建设用地流转的配套制度，尤其是流转形态和程序制度的规定是我们必须注意之重点。在加强集体土地产权制度改革的同时，还需建立配套的相关制度作为保障，如集体建设用地流转决策程序、农民集体组织规则、产权流转登记制度、基本农田保护制度、土地规模经营制度、农地管理制度、土地金融制度等多种制度。特别强调的是：(1) 虽然集体土地实行股份合作，各主体之间按份共有，但是，由于农村集体股份合作的强烈的人身权利属性和集体土地社会保障功能，那么在土地流转尤其是初次流转时决议程序中少数不同意流转的村民利益如何能得到切实保障？本书认为该股份合作应该是开放性的合作组织，设计一种机制允许农民在不同意流转情形自愿退出。(2) 国家建设用地供地机制和集体建设用地供地机制的关系要加以协调，尤其是国家基于公共利益剥夺农村集体土地的行政行为必须严格限制，并与一般的商业性或其他建设用地需求严格区分。

第五，重构土地征购制度，发挥其在我国实行土地一级市场垄断中应有作用。我国是国家垄断土地，即国家控制土地一级市场，这与西方的土地市场制度有着极大差异。为了实现土地国家垄断条件下土地使用的规范管理，有必要设计土地征购制度，对涉及公共利益的土地使用，国家可以利用土地征收制度，而涉及商业性及工业建设用地，国家可以依据土地征购制度，依据市场规律，先行对土地加以征购，然后再通过市场化手段转给使用土地者。对土地征购的制度建设，笔者在后文将再论述，此处不赘。

五、新制度建构的几个问题的分析

（一）关于土地宏观调控职能及其法律化要求

2003 年国务院首次将土地作为宏观调控手段并赋予国土资源部宏观调控职能，从实践来看，尽管宏观调控职能有所显现，很多方面取得了显著成效，但在此过程中还是暴露出土地宏观调控手段较为单一、调控基础不牢等缺陷和不足。《通知》对调控力度进一步强调需要加大,但鉴于近几年土地违法违规屡禁不止并且违法行为新招频出的土地利用和管理现状,土地宏观调控职能如何真正贯彻实现是摆在我们面前的一个重大课题。笔者认为,为了实现和贯彻这一目标,应该从以下几个方面入手:一是要对《通知》的精神有透彻的理解和有力宣传,克服"有令不行,有禁不止"流弊。这就要求各级国土资源部门对于土地参与宏观调控的目的意义以及当前面临的主要矛盾和热点问题都有比较清晰的认识,作为宏观调控的参与部门,国土资源部门还应加强与发改委、财政部和中国人民银行等常规宏观调控部门联系和学习。二是要处理好行政手段和其他市场手段的关系。国际上宏观调控都在越来越倾向于使用较为间接的经济和法律手段,而直接的行政手段往往只起辅助作用。虽然我国由于情况比较特殊,当前土地宏观调控仍在一定程度上以行政手段为主,但这肯定不符宏观调控发展的基本趋势,而且从《通知》的有关规定中也可以清晰看出,经济和法律手段的运用正在越来越成为土地宏观调控的主要手段。三是要注意在土地宏观调控制度安排中各方合法权益不受侵害。四是要注重法律制度建设,尽量减少行政规章制度在土地宏观调控中的作用。《通知》对土地违法的严厉惩处一方面是要强化土地宏观调控的法制手段,但另一方面也是对我国当前土地管理时常陷入无法可依、有法不依、执法不严和违法不究困境深刻反省后所做出的有力调整。为了实施《通知》决议,同时也是贯彻依法管理土地的基本方略,当前应加快中国特色社会主义土地法律体系的建设,及时修订《土地管理法》,积极推进土地征收征用、集体建设用地流转、不动产登记、土地收购储备、土地利用规划等相关土地法规、条例和规章的制订或修订,巩固土地宏观调控的法制基础。五是在《通知》中强调了土地利用总体规划、城市总体规划、村庄和集镇规划的作用,这就要提高土地利用规划编制水平。从全局和长远利益出发,对一定时期内城乡各类土地利用做出的综合协调和统筹安排,在土地宏观调控中占有非常重要的地位,也是未来我国对土地资源依法保护的关键环节。

(二)农村集体建设用地使用权流转中社员权的保护

在农村集体建设用地使用权流转或土地征收之中,集体组织中的农民的成员地位或者社员权如何处理?农民的社员权是否也随着土地财产权益的丧失而消失?集体所有权是"个人化与法人化的结合",集体财产(土地)

应为集体组织法人所有，而集体组织成员对集体财产享有股权或社员权、成员权。实践中由于对集体经济组织成员与该组织关系的认识的不同，对社员权的保护也不一样。对此，笔者认为，应该坚持成员权的不可转让性，同时，鉴于现阶段中国农村土地对农民有着很重要的生存保障功能，所以不能丧失其成员权。

（三）国家建设用地使用权和集体建设用地使用权流转中的冲突解决

集体建设用地使用权流转改革的重要目的之一是要将农村集体非农建设用地纳入城乡统一的土地市场，强化国家对土地市场的调控。但是，尽管流转中的集体土地使用权与国有土地使用权“同地、同价、同权”的原则，但由于国家主体利益的存在，必然使得二者之间有着不可避免的利益冲突。要合理规范协调集体建设用地与国有土地之两种使用权流转形态及其关系，主要解决途径可以从以下几个方面入手：一是以土地利用规划和建设用地年度使用计划来统一协调城乡土地的规划及计划利用，旨在对土地供应总量进行控制。二是以法律规范形式明确土地开发范围、用途、布局等要求，使土地供给与城乡规划相一致。三是流转过程加强土地用途管制的落实，统筹城乡土地利用用途分区管制。

第二节　建构我国土地征收征购并存的制度形式

土地征用制度改革目前仍为社会争点。根据发达国家经验，同时考虑到我国的市场经济发展进程和城镇国有土地市场的发展，建立土地征收与土地征购并存的制度符合我国的国情和当前经济发展的需要。然而，理论界关于土地征购制度的探索还不成熟。本部分拟在前文有关土地征收制度的功能扭曲的研究成果的基础上，进一步探讨我国土地征收的改革和完善的基本思路。并就土地征收与土地征购的区别、土地征购制度建构等问题进一步深入研究。

一、我国土地征收制度功能回归诉求分析

（一）改变我国土地征收制度功能扭曲的路径的两种观点

改变我国土地征收制度的途径，根据目前学界的理论，主要可以归纳为

两种:一种是具有路径依赖特点的改良模式[①],坚持土地征收制度设计的进化本性。路径依赖理论最早见于经济史学家、美国斯坦福大学教授 Paul A. David 于 1975 年出版的《技术选择、创新和经济增长》一书。[②] 法国 Vincensini 认为制度遗产和战略性路径定型行为引起的"历史事件"影响制度变迁的过程,制度上的路径依赖作为一个受制度遗产约束和可能导致锁住的战略行动影响的历史累积进化过程,与技术上的路径依赖有一定的关系,但两者涉及制度的程度不同,有独特的机制,并可以由路径定型加以调和。Vincensini 提出了影响和决定制度上的路径依赖和路径定型的三种机制,即:经济体制、认知能力和政治因素。[③] 诺斯指出:"一旦一条发展路线沿着一条具体进程进行时,系统的外部性、组织的学习过程以及历史上关于这些问题所派生的主观主义模型就会增强这一进程。"[④]"路径依赖性意味着历史是重要的。如果不回顾制度的渐进演化,我们就不可能理解当今的选择。"[⑤]改良派土地征收制度改革的过程实际是路径依赖的,他们认为在土地征收制度设计中,为了完善土地征收制度,首先必须清楚地了解该制度演变的路径,才能充分利用原有的信息来进行制度创新。学者赵红梅甚至认为,我国国家土地所有权和集体土地所有权在地位上存在着根本性差别,两者实际不在同一层面上。"国家土地所有权更具有绝对性和完整性,内容相对饱满,是国家主权(行政权)与国家财产权的高度融合;而集体土地所有权在使用、流转等多方面都受到相当多的限制,这种限制远多于外国法律对私

---

① 参见赵理尘、姜杰:《国外城市土地利用制度及其对我们的启示》,载《法学论坛》2003 年第 2 期;周诚:《完善我国土地市场的几点思考》,载《中国房地信息》2004 年第 4 期;周舟:《国外失地农民补偿办法》,载《国际金融报》2003 年 9 月 22 日;赵红梅:《我国土地征收制度的政府、社会联动模式之构想》,载《法商研究》2006 年第 2 期。

② David, P., "Why are Institutions the Carriers of History? Path Dependence and the Evolution of Conventions, Organisations and Institutions", *Structural Change and Economic Dynamics*, Vol. 5, 1994, pp. 205—220.

③ Vincensini, Caroline, "Is Path Dependence a Useful Concept to Analyse the Evolution of Ownership Structure in Central Europe? A Theoretical and Empirical Discussion", 2001, working paper.

④ 〔美〕诺斯:《制度、制度变迁与经济绩效》,刘守英译,生活、读书、新知三联书店 1994 年版,第 132 页。

⑤ 同上书,第 134 页。

人土地所有权的限制,其不具有绝对性和完整性,最终命运仍由国家决定。"[①]他进一步认为,我国土地征收制度包含的不是民法意义上所有权的变动,国家对集体土地的征收是进行土地的原始分配,其中整体效益、实质公平等公共政策的考量都内含在里面。基于这些理论前提,所以我国土地征收制度设计应该采用改良模式,即发挥政府在土地初次分配中的更大的作用,政府实施土地征收不必区分公益目的和非公益目的,所有的开发建设活动需要使用集体土地的都必须先依法征为国有并一并纳入土地有形市场,再由国家出让或划拨给用地者。[②]

第二种则坚持改革我国的土地征收制度,实行集体土地合法入市的路径。[③] 该观点认为,1990 年国务院颁布的《城镇国有土地出让转让暂行条例》,这是城市土地流转的明确法律承认。但对农民用地从未给过法律承认,也没有法律禁止。计划经济的观念就是无许可即禁止。所以,一方面,现阶段我国集体土地受到国家严格的用途管制,政府对建设用地实行垄断供应;同时,集体土地所有权不完整、不真实。另一方面,现阶段我国的集体土地不可能实现真正意义上的自由流转。这样,形成了以政府为主导的、以国有土地为客体的一级土地市场,不断有农村土地进入。流转的不仅是增量土地,这部分土地是利用征地权从农民手里征收过来的,而且征收补偿是

---

① 新中国成立后,我国农村土地制度发生了三次变革:(1) 1949 年至 1952 年的土地改革废除了封建土地所有制,建立了个体农民所有制。(2) 1952 年至 1956 年的合作化运动把农民土地私有制变成了合作性质的劳动群众集体所有制。1958 年的人民公社化运动又逐渐将土地合作社所有制变为"三级所有,队为基础"制度。在此阶段,农民逐步失去了对土地的各项权利,集体获得了对土地的所有权,并实行集体劳动和统一经营。(3) 中国共产党十一届三中全会后,我国实行家庭承包责任制。集体通过与农户签订书面的土地承包经营合同,将土地的承包经营权下放给农户,而保留集体对土地的所有权。为了换取对土地使用权和收益的剩余索取权,农户必须分摊原来由集体承担的粮食征购任务和农村税收,以及交纳乡统筹和村提留。

② 参见赵红梅:《我国土地征收制度的政府、社会联动模式之构想》,载《法商研究》2006 年第 2 期。

③ 参见王卫国:《加强农民土地权利的法律保障》,载《人民论坛》2005 年第 11 期;王卫国:《农村集体建设用地使用权市场化的法律改革问题》,2006 年 6 月 24 日至 25 日重庆市"物权法研讨会"上的发言,参见 http://www.chinalawsociety.org.cn/research/shownews.asp? id = 190,访问时间:2008 年 3 月 1 日;龙翼飞、杨一介:《土地征收初论》,载《法学家》2000 年第 6 期;费安玲:《对不动产征收的私法思考》,载《政法论坛》2003 年第 1 期;陈平:《土地征用制度的完善》,载《安徽大学学报》(哲学社会科学版)2004 年第 3 期。

极低的。该观点将我国土地征收制度存在问题原因归结为宪法、法律对“公共利益”内涵的表述过于笼统，在实践中也未清楚界分“公共利益”与“非公共利益”，他们主张政府征收土地应该严格坚持公共利益标准，将非公共利益的征收改为由农民集体与用地者直接交易，防止政府滥用土地征收权。同时主张应强化集体土地所有权，改变集体土地所有权主体虚位现状，并明确集体土地所有权与其中的个体农民土地权利之间的关系。

（二）对上述两种观点的比较及未来制度设计构想

笔者认为，上述的两种不同的路径都有一定的道理，都立足于中国土地征收制度的现状，并提出了具有实际操作性的策略，二者并非不能相容：

第一，两种不同的观点都强调了集体土地权利的私权性质确立和改革问题，改良观点认为我国土地私权塑造还未完成，集体土地入市为时尚早，而改革派则认为我国集体土地权利主体明确后可以直接入市。但依笔者之见，我国土地的公有制是国家的一项根本制度，土地公有这一性质是不可改变的，所以，改良派所坚持的未来土地征收制度可以借鉴西方的时机是在我国土地利益的初始分配业已完成，土地私权已经塑造完成情况下的构想尚有商榷余地。在我国，对土地征收中的集体土地权属问题，我们必须首先明确集体土地所有权的归属主体，改变集体土地所有权主体的虚位问题，然后确定集体土地所有权和其成员之间的关系，这种关系可以按照共同共有来加以设计，既让主体明确，又将集体组织中的社员权利功能发挥。在明确集体所有权主体和确定集体和其成员的关系基础上，我们需要明确集体组织中的成员基于土地所产生的各种权利，并确定其物权性质而给予物权性保护。[①]

第二，两种观点都强调了土地征收中的公共利益标准。值得注意的是，坚持改良者观点中所认为的不要区分公共利益和非公共利益的认识，笔者不敢苟同：

首先，该论者自己的观点都有相左之处。他们一方面不主张进行公共利益的区分，另一方面却又强调国家土地征收时“整体效益、实质公平等公共政策的考量都内含在里面”。[②] 其次，关于对公共利益标准的认识问题，

---

① 参见孟勤国：《物权二元结构论——中国物权制度的理论重构》（第1版），人民法院出版社2002年版，第227—242页。

② 赵红梅：《我国土地征收制度的政府、社会联动模式之构想》，载《法商研究》2006年第2期。

需要达成一致共识。公共利益标准的设置之目的与私权设置的目的迥异：在公共的层面上，团体与其构成分子，没有像私法关系上相对立的个人那种反对的利害关系，反而是具有共同的利害关系的，所以公共性权利的设置，其目的不仅为权利人本身的个人利益而存在，而同时也为了满足社会公共利益。[①] 再次，对于公共利益标准问题，乃是从古罗马发展至今的一个征收要件，在土地征收中将其作为一个核心问题有其合理性，对此，笔者下文将有专章论述，兹不赘述。

除此之外，设计我国土地征收制度，还要注意以下几个方面的问题：

第一，恢复土地征收制度设计的私权保护功能。物权法的核心是不动产物权，而不动产的核心又是土地，土地所有权应该是最完整的物权，是私人所拥有的重要的民事权利。[②] 在我国，强调土地征收制度的私权保护功能具有十分重要的意义。国家权力本身都具有十分强大的本性，苏联学者格列巴诺夫就认为，由于国家具有政治权力主体和财产所有权主体的双重身份，因此国家在行使所有权的同时也在行使着行政权，从而使国家所有权的内容具有无限制、无所不包特点，而且国家认为应该怎样对待财产就应该如何对待。[③] 而我国是一个行政权力本位的国家，对于制度设计之初衷，可能都不是从民众的权利保护方面着眼，而是以如何便利国家行政，如何使行政权力得以极致性的发挥为依归，从这个角度来说，土地征收制度设计本身也缺乏宪政意义上的人性关怀。

第二，纯化土地征收的内涵，各种关于土地制度方面的设计各有其本身的功能，不可毕其功于一役。具体来说，综合土地征收制度比较先进、完善国家的土地征收制度的规定，其制度的本质功能就是基于公共利益要求对农村集体土地强制购买，这有严格的要件要求和制度保障，但我国非出于公共利益的商业用地，也通过国家行政征收这一管道来实现，国家此种设计之初衷是为了实现对土地资源的进一步管理和配置，但实践中却是违背市场经济规律，也无力去支撑因为土地征收所产生的巨大的补偿压力，并为权力

---

① 参见〔日〕美浓布达吉：《公法与私法》，黄冯明译，中国政法大学出版社 2003 年版，第 106—107 页。

② 参见胡长清：《中国民法总论》，中国政法大学出版社 1997 年版，第 39 页。

③ 参见〔苏联〕格里巴诺夫等主编：《苏联民法》（上册），中国社会科学院法学研究所民法经济法研究室译，法律出版社 1984 年版，第 307、327 页。

寻租提供了生存土壤，其结果是事与愿违。

第三，对集体土地的用地管制，在征收制度纯化后如何受到约束？众所周知，我国农用地是农业最基本的生产资料，是人类不可缺少的生存条件。我国人多地少，土地资源总体质量不高，又是农业大国，人口对土地的压力将长期存在，随着工业化和城市化进程的推进，农用地稀缺性更加突出。为了保护耕地，农用地和建设用地的转换需要经过行政审批。同时，我国土地征收制度也执行着国家耕地保护的基本土地政策，这也是国家要求一切建设用地都必须先假手国家行政权力先行征收，国家再通过一定手段分配给用地者的设计目的之一。土地征收制度功能纯化后，耕地保护的政策功能，可以通过以下方法进一步加强：一是改革土地使用转换的行政审批制度，审批权统一由中央政府行使，集中土地转换审批权；二是国家利用经济手段——土地使用税调节各类土地的使用，建立城乡统一的土地使用权转让市场；三是国家应该减少甚至取消针对农用土地征收的农业税，减轻农用土地的实际税费负担。

二、土地征购制度构建的理论分析

土地征购制度的完善对我国来说，是一个符合我国现实政策实际的制度取舍，同时在理论上也有其坚实基础。

第一，上地征购制度的健全和完善，能够使农村土地产权的私权性质得以张扬，物权性保护法治理念的实施有了可资依赖的具体制度条件。实行土地征购制度，从物权法的意义上分析，是为了更为充分地保护集体经济组织及其成员的土地权益，从经济上使其人格得以最充分的立法体现。“上帝的归上帝，恺撒的归恺撒。”“既然形成各种关系的不再是宗教的精神，或者不再是民族的精神，而是经济的精神，那么就必须同样在经济的精神中寻找人格体的积极确定：在‘按照其地位和能力的情况支持共同体的福利和安全’这种义务的位置，出现的就是为经济过程作贡献的义务。人格体是在群体中必须进行经济活动者，并且有为进行经济活动所必须的各种权利”①，“对私人的权利和对私人的福利即对家庭和市民社会的诸领域而言，国家一

① 〔德〕京特·雅科布斯：《规范·人格体·社会——法哲学前思》(第 1 版)，冯军译，法律出版社 2001 年版，第 106 页。

方面是一种外在的必然性，是它们更高的力量，它们的规则和利益都从属并且依存于这种力量的本性”。[①] 就农村集体土地产权的承包经营权来说，土地承包经营权的权益处分或改变所导致的占有权的改变，将使土地发生流转，而土地流转在中国是一个分量极重的问题。许多人看到了土地流转的意义：分散的土地走向集中，规模经营、集约经营成为可能，有利于合理调整农业生产结构，推动农业的生产化、现代化。中国社会却必须考虑失去土地的农民的出路这样一个具有重大经济意义、政治意义和社会意义的问题。土地流转是必要的，但必须为中国社会所能接受。[②] 不过，尽管理论研究和社会的现实基础已经比较充分，但在我国《物权法》中，对于征地制度的规定十分淡薄，且未脱离原来立法的窠臼，不能不说是一个遗憾，同时也是我们未来《物权法》修改完善的一个重要努力方向。

第二，有利于土地宏观调控功能的发挥。我国土地市场具有宏观调控的功能，这就要求国家能够发挥土地的经济杠杆的作用，建立市场化的政权权力配置机制和国家、集体间的利益分配体系。漆多俊教授认为，宏观调控法是经济法的三大最基本功能之一，并指出，随着我国日益融入国际市场经济，社会化、民主化和国际化特征也逐步成为其核心之一。在立法中要对宏观调控权的行使程序作出明确规定，建立公开制度、咨询制度、听证制度、协商制度，逐步改变对管理者的法律义务、法律控制甚为薄弱的局面，将包括宏观调控法在内的经济法构建为一种控权（力）法和维权法（利）法。[③] 2006 年 9 月 5 日出台的国务院《关于加强土地调控有关问题的通知》，开始从土地收益分配的源头上对土地调控机制进行重新审视和调整。但是，事实上，我国土地宏观调控自 1986 年以来已经多次进行，由于没有围绕土地经济运行的机制基础进行制度创新而始终治标不治本。从 1997 年土地史上声势和力度最大的一次土地制度创新没有实现预期的实证上，我们事实上已经

---

① 〔德〕京特·雅科布斯：《规范·人格体·社会——法哲学前思》，冯军译，法律出版社 2001 年版，第 107 页。

② 孟勤国：《物权二元结构论——中国物权制度的理论重构》（第 1 版），人民法院出版社 2002 年版，第 236 页。

③ 参见漆多俊：《经济法基础理论》（第 3 版），武汉大学出版社 2000 年版。另见漆多俊：《转变中的法律——经济法的时代精神》，载漆多俊主编：《经济法论丛》（第 4 卷），中国方正出版社 2001 年版。

看到了相似制度创新逻辑和最后结局。[①] 综观近二十年的土地制度变迁，作为土地公有制国家，我国改革的初衷一直是试图建立一个国家、集体两种所有制框架下的活而不乱的土地使用权市场，但是，在经济社会转型政治体制条件的约束下，所有围绕政府垄断市场权力的上收或下放的管制试验，都没有很好解决中央与地方的财权与事权关系，以及国有、集体两种所有制土地相互的激励和约束机制。我们应该跳出政府垄断市场的权力配置框架，换一个思路探讨其他的国有土地与集体土地权利流转的新的实现形式。就土地征购来说，因为其作为特殊的市场买卖行为性质所具有的与土地征收及征用不同特征，即土地征购隐去了土地征收或征用中的强行政权力特性，突出了市场机制和平等协商，将征地价格与市场价格挂钩，对发挥土地的宏观调整功能、改变过去利益分配机制模式的不力，具有重要作用。

第二，实行土地征收和土地征购共存的二元模式，是适应我国国家土地垄断的必要选择。我国实行国家垄断土地一级市场，从长远来看，这一制度将会持续下去，“政府不会取消对城镇土地一级市场的垄断，将在严格控制建设用地总量的基础上，进行原有集体建设用地流转的试点”。[②] 但是，另一方面，我国的集体建设用地市场化改革未来将是不可避免，这样就出现了很多矛盾：政府的强制性征收和不充分补偿与我国目前关注“三农”的国策不相符合；国家对农村集体建设用地的流转过强的行政干预和利益因素将会导致更大的不公平等。正如有学者所指出的，“我国征地制度存在的问题实质是公权侵犯私权，行政权力代替了农民土地的财产权利。我们不能将征地只看做是公权性质的行政行为，因为依其消灭原土地所有权和发生国家所有权的物权变动效果，其私权性质的民事意义更为深刻”。[③] 这是由行政征收的特点所决定的，国家建设征用土地并不是等价的特种买卖，而是有补偿条件的征用，但是，对被征用土地的适当补偿，则是国家建设征用土地

① 1997 年土地制度改革同时出台行政的、经济的、组织的、法律的手段试图实现标本兼治的预期。但是，其结果则是被我国现行的地方分权财政体制下的地方政府和市场经济多元社会里的利益集团所化解，从而引致违法用地依旧成为政治、经济难解的顽症。

② 申屠青南：《国土部：政府对城镇土地一级市场垄断不会取消》，载《中国证券报》2005 年 9 月 27 日。

③ 参见严金明：《土地立法与〈土地管理法〉修订探讨》，载《中国土地科学》2004 年第 1 期。

所必不可少的条件。所谓适当补偿,就是严格依据土地管理法的规定给予补偿,征地补偿以使被征用土地单位的农民生活水平不降低为原则。但这些规定对集体土地使用权的生存保障功能有所背离,与国际上的土地征用中的按市场公允补偿也不相符。但是土地征购是一种市场行为,在"征"的同时发生"购"的行为。从字面我们可以理解两者最直观的不同是在征地中安置补偿标准的不同,"征用"采取较低的征地费用标准,而"征购"则是将重用和购买结合起来,根据实际情况采取较高的标准,尽管征地中"征"是强制性,但是"购"是市场化的。

第三,实行土地征收和土地征购共存的二元模式,明确划分了公益性项目用地与非公益性项目用地的界限,有利于克服现行以"公共利益"标准征地范围过宽的缺陷,对防止乱征滥用耕地有积极作用。我国《土地管理法》规定:"国家为公共利益的需要,可以依法对集体所有的土地实行征用";"任何单位和个人进行建设需要使用土地,必须依法申请使用国有土地";"依法申请使用的国有土地包括国家所有的土地和国家征用的原属于农民集体所有的土地"。法律规定的弊端显而易见:首先我国对公共利益的内容和范围没有在法律层面予以明确的界定,前有所述,此处不赘。其次,对于征用土地的原因性质规定并不分明,按照条文,可以基于公共利益需要加以征用,也可因建设的非公共利益需要用地征得。再次,容易导致征地权的滥用,比如为一些非国家建设的工商业经营性用地等提供可乘之机。一些单位和个人,打着国家征用的旗号,以较之市场价格低得多的补偿费用取得划拨土地使用权,然后进行市场化运作,从中获取高额利润,对集体土地权利人的财产权造成极大的侵害。实行征收和征购共存模式,使公益性征地和非公益性征地严格区分,一定程度上遏制了这些弊端。

第四,从体系上完善并改进我国征地法律制度体系。土地征收法律制度在发达国家形成了一个严谨体系,在宪法、行政法、物权法、土地法等中都进行了系统规定。我国自改革开放以来,从保护土地权利人的利益出发,形成了以《土地管理法》、《城市房地产管理法》为核心,系列单行法规并存的框架,但是仍然存在着很多问题,表现在:一是已有的《物权法》对土地经济关系的调整仍然十分单薄。农村土地的集体所有,长期以来一直没有在法律上予以明确定位。法律主体虚化,财产权性质不明,并由此引发了诸多问题。这在物权法草案中并未得到切实规范。所谓集体所有,在民法上表现为“共有”。传统民法的共有有三种基本形态,即按份共有、共同共有(合有)、总有。我国现实社会中的农村土地集体所有权,本质上为何种形式未有规定。物权法对土地承包经营权等用益物权的统一规定是否妥当,仍然值得深入研究。二是对集体土地所有权及使用权的法权关系的调整较之过去没有太大的进步,甚至有所倒退,因为集体土地产权的私权性质保护没有得到明确的肯定和张扬。同时,对征收的公共利益标准日益松动,并呈现泛化之趋势,甚至在国家的正式文件中,对土地利用规划等的作用过分强调,而对公共利益标准则搁置一边。

总之,笔者认为,对非“公共利益”用地应采用征购的方式。尤其是对农用地转为建设用地时这类土地进行征购的时候,一方面可以引入农用地分等定级成果并对农用地进行评估,同时依照市场规律,对农用地转为建设用地的用途转变所引起的土地的增值部分进行合理评估显化,使得用地主体在征购农用地时既要负担农用地本身的价值部分,又要负担农用地转为建设用地的增值部分,从而提高征购土地的成本,使被征地农民能够合理分享土地改变用途后的增值收益,确保被征地农民的合法收益。国家则通过收取土地征购交易税的方式确保国家应得的收益。对征地中进行征收和征购的划分,可以体现我国土地制度改革中的市场化方向,更好地执行国家利用土地进行宏观调控的职能,也能够更好的保护农民的土地权益。

第三节　土地征购制度的构建

鉴于构成要件理论在法学研究中的工具分析价值,对土地征购构成要件加以分析既可以丰富我国的土地征购法律制度理论的内容,也是具体实践的尺度和准绳。由于我国土地征收、土地征用和土地征购在使用中的混乱,其分析更具有现实意义。需要说明的是,与作为限制国家公共权力有效工具的土地征收制度的设立初衷不同,土地征购的重要作用在于进一步发扬农村集体土地产权的私权特性,保护集体组织及其成员的利益。

一、土地征购制度的实体要件设计

土地征购必须有法律依据,依据法律规定确定其实体性构成要件,下面就土地征购的实体构成要件进行分析研究。

（一）非公共利益性的建设用地需求和比例性原则

我国在《宪法》和《土地管理法》中虽然都规定了国家为公共利益的需要可以依法征收或者征用，但既没有明确界定公共利益的范围，也没有严格区分公益性征地、非公益性征地和经营性用地。在实行土地私有和民主法制健全的国家和地区，一般都明确公共利益范围，且政府强制征地权仅限于公共利益需要，把公共利益标准作为土地征收核心构成要件之一。之所以要将国家的强制征地权严格限制在公共利益之内，是为了不致使国家特有强制性征地权滥用而损害公民的私有财产权。而经营性用地则通过土地自由市场来解决，政府强制征地权不予介入。笔者认为，我国土地征购的核心构成要件就是非公共利益性的建设用地需求。对此也有不同的观点，有主张征地的公共利益层次论观点，认为我国建设用地公共目的性层次有三层，第三层次的建设用地是为个人和团体利益，该类用地征用公共目的要求十分薄弱，其补偿安置标准完全可以突破现有的法律规定。[①] 也有观点认为，非公益性项目用地不能启动国家征地权，对于那些符合土地利用总体规划和农村建设规划的经营性项目用地，可以适用建立征购制度。

笔者认为，非公共利益性的建设用地需求是建立土地征购的先决条件。区分公益性与经营性用地，目的有二：一是将国家强制性征地权严格限定在公益性征地范围内；二是经营性用地则由土地市场公平交易决定，严格禁止国家征地权的介入。2003 年 10 月中共中央《关于完善社会主义市场经济体制若干问题的决定》提出“严格界定公益性和经营性建设用地”，这一规定为完善我国土地征购制度提供了一个依据。确定非公共利益性的建设用地需求要件对于准确厘定公共利益内涵、规范我国的土地征收制度，具有重要意义：因为现实中，不论是国家公益性建设项目，还是经营性项目，或者是房地产开发项目，从国家重点建设到个体企业用地，凡涉及需要占用集体土地的，一律动用国家行政征收权，远远超过“公共利益”标准。权力滥用、侵害农民权益自然不可避免，也降低了土地资源的配置效率。

比例性原则是行政法上的概念，目前在我国立法性文件中还没有正式规范，只是停留在学理研究方面。比例原则又称最小损失原则，是指行政机

---

① 参见刘俊：《中国土地法理论研究》（第 1 版），法律出版社 2006 年版，第 360—362 页。

关实施行政行为应兼顾行政目标的实现与保护相对人的权益，如果因为实现行政目标可能对相对人权益造成不利影响，应尽可能限制这种不利影响，保持二者处于适度的比例。理论上认为，比例原则包括三个子原则：其一，妥当性原则，又称特殊性原则，指行政行为对于实现行政目的要适当、有用；其二，必要性原则，又称不可替代性原则；其三，比例性原则，又称相称性原则，指行政行为在任何时候均不应难于相对人权益超过行政目的本身的价值的损害。其以正义为标准，在保护与平衡的意义上，对个人利益与公共利益加以权衡，达到合理结果以避免过分的、错误的决定，即用平衡的手段来体现法的正义。土地征购作为国家行为，仍然具有很大的行政权力运作空间，有强烈的行政色彩，坚持比例性原则，是国家法治的根本要求。

（二）国家是土地征购行为的唯一主体

在土地征购的构成要件上要明确土地征购、储备的主体为国家。我国的土地征购制度有其特殊性，我国是社会主义国家，实行土地国家所有权和集体所有权制度，国家垄断土地的一级市场，以农地征购和储备方式，实现政府对农地征购和供地的垄断，是政府管理土地、实现土地宏观调控的重要手段，毫无疑问，政府是调控市场的主体。实行政府征购制度，即由政府按照市场价值原则向农民集体征购土地，再根据供地计划向直接的土地使用者供地。这样既有利于对农村集体组织及其成员利益的保护，实现市场公平，也有利于城市土地市场稳定和农村土地资源的保护，有利于土地供应总量控制，其体制变迁的障碍也比较小。就我国来说，国家是土地征购的唯一主体，但是土地征购权的主体应该是城市政府，具体可由当地土地储备机构及其分支机构实施。政府土地储备机构征购农村集体土地需要巨量的资金，资金来源可以通过投融资体制创新来解决。除了自有资金和银行贷款外，可以考虑发行土地债券和信托基金。应允许农民购买债券和信托基金来参与土地一级开发和城镇基础设施建设。

不过，国外关于土地征购主体的制度设计，也有差异：多数国家的土地储备活动，都由地方政府来执行，少数则由州政府或区域性机构主动参与，通过影响地方政府而共同执行土地储备政策。具体的购买、开发等事宜一般都由专门成立的公营或者公私合营机构负责。如瑞典、荷兰等国家的土地银行制度，而土地银行计划的实施，一般由政府所属的专门机构或政府控投的土地开发公司来进行。[①] 这些实践经验都为我国未来的土地征购制度的完善提供了有益的帮助。

（三）按照市场价值公平补偿

按照市场价值公平补偿是土地征购的构成要件之一，对于土地征购的补偿，应该按照市场价值规则，在法律层面上明确规定实施征购的补偿方式、补偿范围等，严格遵循无补偿、则无征购原则。坚持这些规则，有利于保护集体组织及其成员的利益，对政府依法行使其土地征购权也具有警示功能。

土地征购是把属于集体所有的土地转化为国家所有行为。根据市场经济产权交易规则，对这种转化必须给予经济补偿。尽管土地征购是一种政府行为，其前提是国家土地征购权的行使，但土地征购作为一种特殊的买卖行为性质也不可忽视。所以，按照等价有偿和损益一致的原则进行补偿，这是市场经济国家的通行做法。从市场经济国家或地区土地收购价格的确定经验分析，欧美及日本、韩国等国家和我国的香港、台湾地区土地收购价格作为确定的原则和方法基本上是一致的，即以土地的市场价格作为确定土地收购价格的基本依据。土地市场价格是与被收购土地经济主体拥有土地的权利和利益相一致的价格，并非通常意思上的完全根据收购双方在土地市场上的自由协商价格，而是以被收购土地原用途的市场价格作为征估标准，因此规划和被收购导致土地用途和条件改变所形成的土地增值部分，不能计算在收购价格范围内。因规划改变或被收购导致土地增值部分，属于土地的外部增值，与原土地占有或使用无关，其增值收益理应归国家。从国际经验分析，多数国家法律制度上都有土地的发展权规定，且规定土地的发展权为国家或公共所有，只有美国等极个别的国家私人可以拥有土地的发展权。我国这几年对土地发展权的研究也十分深入，理论上认为，我国要通过创设农地发展权来维护社会的正当权益，国家可以通过创设农地发展权，并通过出售农地发展权的方式来获得这部分利益。这对我国土地征购的价格构成的进一步完善举足轻重。[②]

---

① 参见蒋光辉：《瑞典、荷兰土地银行简介》，载《国外房改》2001 年 5 月。

② 参见孙弘：《中国土地发展权研究：土地开发与资源保护的新视角》（第 1 版），中国人民大学出版社 2004 年版，第 87 页以下。

我国的农地产权不是单纯的经济产权，承载有重要的社会保障功能，并具有重要的政治功能，土地征购行为补偿要件要求必须有社会保障补偿，社会保障补偿到位是我们必须注意的。另外，设计土地征购的补偿制度时，要明确补偿的国家补偿性质，合理分配土地征购的补偿费用。被征地本身价格、社会保障价格中，以现金实现的部分，归集体经济组织所有，而尚未实现的土地使用权益的补偿，地上附属物损害赔偿及拆迁补偿等，应该分配给集体的具体成员。

（四）土地征购要按照征购程序进行

征购必须按照法定的程序进行，这是从保护所有的、尤其是有关公民的权益考虑和权衡。本书将在下面加以详细阐述。

二、土地征购制度的程序制度设计

土地征购行为是通过行使国家征购权，对农村集体所有的建设用地和农用地进行权利强制性移转的行为。在我国，土地是重要的不动产，农村集体土地又是农民唯一的生存保障，所以对土地征购要有严格的法律规定，以保证土地征购行为的合法性和正当性，也是对被征购者的法律程序保障。但是，遗憾的是，我国目前对土地征购的功能认识仍显不足，对土地征购的法律程序的研究现在还尚为空白，这对我国征地制度的完善都是制度性障碍。本书认为，要建立土地征购程序，尤其在提出土地征购建议和处理土地征用过程两方面做出严格的规定。具体来说，设立土地征购程序可以从以下几个方面去着手。

（一）设计土地征购程序制度的基本原则

第一，土地征购应该坚持的基本原则是增加土地征购行为的透明度，保证农民充分的参与权和知情权。我国征地过程中，政府行为的透明度较低，农民的参与程度也很低。根据四川省社会科学院和四川大学联合进行的《中国失地农民调查报告》（四川省分报告）显示，调查中许多农户反映，地方政府、有关部门或村委会在征用土地前后工作的透明度很不够，没有体现“公开、公平、公正”的原则。他们在征用农村集体土地之前基本没有向农民征求意见，导致一般农户对征地工作不清楚，包括征地目标规划、工作程序、征地用途等；在征地过程中，很少向有关村民发放《土地管理法》、征用集体所有土地补偿安置办法等相关法律法规，造成农民对现行的征地政策不了解,特别是补偿标准确定时,不公开如何测算耕地征用前3年的平均年产值,在没有村民代表参加下随意决定补偿安置费的倍数,事后也没有同村民讨论协商;在征地工作完成后,一些村分户补偿安置费没有上墙公示,在村级留用资金上,不同的村征地补偿情况有关部门也没有公开。因此,在整个征地调查、征地补偿分配过程中,农民通常是被排除在外的。由于征地前后工作的不透明,造成了村民误解,以致引起了一些冲突。目前土地征用不完全是市场行为,农民多是在行政手段干预下被动地失去了耕地,失地农民对自己不能直接介入土地买卖反映强烈。所以,应保证农民对征地过程的知情权,提高征地工作的合法化和规则化。①

第二,主管部门内部权力制约原则。为了保证程序的公正性,应该减少主管部门的利益因素,增强部门内部和部门之间的权力控制性。内蒙古新丰电厂项目违规建设和发生的重大施工事故以及郑州市违法批准征收占用土地建设龙子湖高校园区问题一定程序上反映了主管部门的部门和地方利益驱动下的无程序、无权力制约。其原因可能有很多方面:一是我国经济转型时期的部门角色比较乱,部门不仅是一个行政主体,还是一个经济利益主体,其利益不仅仅是过去的政治利益,也包含着经济利益,从而形成"行政主体经济人"特征。② 组成政府的工作人员在追求利益最大化方面与市场主体并无二致,他们极有可能利用职权进行寻租,而非如假设的那样去谋求公共利益的最大化;政府也非全知全能,其有拥有的资源配置信息可能比市场更少;政府在诚信方面也未必胜于个人。二是我国的行政权力本位思想仍然十分盛行,行政权力配置缺乏均衡机制,因此,建立依靠所有的主体参与的方法来形成一个规范所有行政法主体的行政法律制度体系,不仅过程民主,而且结果合乎公正要求。三是我国立法机构存在缺陷,人大在立法中的绝对主导地位尚待确立,人大代表不是职业化的,相关专家比例低,不能或难以自主立法,只能委托行政职能部门代为起草。同时,对行政部门制定法律及规范性文件的行为,有时监督不力。所有这些,都要求我们在设计土地

① 四川省社会科学院、四川大学:《中国失地农民调查报告》(四川省分报告),2006年4月,第62页。

② "行政主体经济人"特征,是指作为公共利益管理者的行政主体,因为其行为偏离公共利益方向,从而为追求部门利益、少数领导人利益,使国家机关部门不仅仅作为一个行政主体,而且还成为一个相对独立的经济利益主体,追求行政部门或主体利益最大化。

征购程序中加以注意，并尽力改善。

第三，协商原则。土地征购制度最明显的特征在于把契约理念引入到了国家的行政征购权的行使当中，这也完全符合现代私法对公民财产权利的物权保护的基本原则，体现了对私权的尊重和张扬。在英美法上，维持社会秩序和公序良俗，很大程度上依赖于契约精神，甚至形成了契约化的社会秩序、契约化的政府管理范式。而在我国的行政征收中，偏重于强调和加重被征收主体的义务和责任，而征收者往往权力配置过大。但是，现代的法治行政观念认为，土地征收主体的行政征收权力并不是无限的，必须受到法律的限制，受到义务的约束。因为根据“公共选择理论”，政府自利动机不仅仅存在于私部门间的个人，也存在与政府部门之间[①]；“掌握权力的人必须受到法律的制约，并服从于法律的强制力”。[②] 如何削弱土地征收中的强制性因素？笔者认为应该在土地征收制度中引入契约精神。契约制度与现代民主行政、法治行政的精神追求相一致，有内在的平等旨趣。它弥补了行政行为单向性、片面性的不足，蕴涵了意思自治和权利义务的对等，其意味着责任和义务的一致性，也有利于土地征购主体的诚信的树立，进一步促进土地征购行为的顺利进行，从而对现行的土地征收的强制性有所平缓，并促进国家征地制度的完善。[③]

（二）土地征购程序制度的具体设计

土地征购程序制度的总体设计上，笔者认为，应制定详细具体的征购程序，明确各方的权利义务，限制征地过程中政府所具有的过于强大的行政征收权和广泛的自由裁决权，建立简便、严格、高效、透明的土地征购程序。应尽快改变计划经济时代的行政征地方式，引入市场机制，让农民直接参与土地交易全过程，将农民纳入到土地征用谈判中来，给其以平等的主体地位。一方面，农民直接参与谈判，减少了集体代理人对原属于农民土地财产权利的攫取，有助于对集体代理人的行为形成有效的监督。另一方面，政府出于

---

① 参见王文宇：《民商法理论与经济分析》（第1版），中国政法大学出版社2002年版，第169—170页。

② 参见〔美〕彼得·斯坦、约翰·香德：《西方社会的法律价值》，王献平译，中国人民公安大学出版社1990年版，第2页。

③ 参见李仁玉、刘凯湘：《契约观念与秩序创新——市场运行的法律、文化思考》，北京大学出版社1993年版，第184页。

节约交易费用和延迟成本的目的，将充分考虑由农民主观价值度量所认可的补偿标准，进而推动对现行补偿机制的改革。具体来说，应该建立健全以下程序制度。

第一，严格土地利用总体规划的编制和实施程序，真正实现规划的宏观调控功能。在我国，土地利用规划的是完成国家对土地调控的重要工具，所以其在土地管理方面有重要作用。而实践上我国实行土地公有制，因而国家对土地利用规划的操纵职能更加强大。在国务院关于土地利用宏观调控方面的法律文件中，也把土地利用规划作为一个重要的调控工具。这就要求土地规划的制定和施行都要有规有矩，依程序而行。在土地规划制定时，首先，要严格以国计民生和社会发展为依据，脱离和违背我国现实国情的一切制度将是纸上谈兵。其次，要充分结合国家在国土整治和资源环境方面的具体政策和要求，并结合土地供给能力以及各项建设对土地的要求来制定。再次，从土地利用总体规划的制定和实施效率出发，在制定土地规划时，还应按照《土地管理法》第 18 条规定，“下级土地利用总体规划应当依据上一级土地利用总体规划编制”。总之，以上依据都必须在一定的原则下进行：一是严格坚持土地的可持续发展原则，处理好经济利益与环境利益的关系，决不杀鸡取卵。二是最大程度的降低土地的闲置率，提高土地的利用率。三是在土地功能分配方面，切实保障基本农田的比例，严控农转非用地的数量。四是基于中国耕地资源变化态势和构成，为解决中国日益短缺的耕地资源和粮食安全问题，保证耕地数量的动态平衡也是一个非常重要的原则。①

在土地利用总体规划的实施程序上，应该包括准备、调查研究、编制方案、审批、公告等几个阶段。它们是土地规划本身得以正当化的一个合理内核，也是其能够具有执行力的一个先决条件。

第二，从对农民的权利保护的角度设计，应有农村集体组织及其成员的参与程序和公开程序。公开与透明既是实现公众参与的前提，也是组织公众参与的前提。针对我国土地征购制度现状，应当特别强调公告程序、听证程序。从土地列入建设规划到拆迁补偿安置，告知是被征购人了解自己权

---

① 参见孙佑海：《中华人民共和国土地管理法讲话》，中国政法大学出版社 1998 年版，第 74—75 页。

利受到影响的首要步骤。加拿大在征地程序制度安排中，公告、听证程序方面颇具特色。其征地的公告分两次进行，第一次公告为当征地机关向批准机关提出征地申请时，征地机关必须通知被征用的正式登记的土地所有者，并要在当地的定期报纸上每周一次，连续三周公告有关征地的内容。任何与征地有关的利害关系人可以在接到正式邮件或第一次公告 30 后，向批准机关提出书面申请，要求听证。在特殊情况下，如果议会副总督认为征地对现实公共利益必要且有利，就直接命令预征地机关继续进行。否则由首席检察官指定调查官和其他必要人员成立调查委员会进行调查。由调查官就征地的公平、正确、合理必要性，综合双方的证据、意见，并向批准机关提交报告。批准机关接到报告后 90 日内，要根据报告向争议双方书面解释征地原因。在征地批准后的 3 个月内，征地机关应到相应的登记机关登记由征地机关和土地测绘部门共同签署的规划，登记有关使用土地的时间和权利。[①] 第二次为批准后，达成补偿协议之前，并为达成征地补偿协议而设。上述规划登记后的 30 日内，征地机构应该以书面向被征地者下达征地通知书，后者在通知下达的 30 日内，向征地机构书面申请有关补偿事宜，选定补偿评估日期。征地通知书下达后，征得被征地者的同意，征地机构可以进入现场评估；若土地所有者不同意，征地机关可以向市政委员会申请赔偿评估。若土地所有者不接受赔偿价格，征地机构则要提供“法律出价”服务，若仍未达成，则可以提出诉讼、要求谈判或请求仲裁。这一程序设计特别从土地所有者角度出发，并具有人性化。

然而，目前，我国法律对被征用人的告知程序仅规定了“公告”一项。这种形式上的单一与简约对土地权利这类根本性的利益而言，是非常不充分的。“公告”虽然面向大众，但是如果权利人没有留意公告的张贴，或者由于公告所指不明，那么权利人就很可能因为忽略公告而导致自己主张权利的期限被耽搁甚至丧失。告知程序的完善，首先应当采用更加直接的送达方式。送达程序是我国诉讼法所普遍采用的方式，其中，又以直接送达为首选，只有在采用包括留置送达与邮寄送达等其他较为直接的方式不能送达的情况下，如当事人下落不明，才考虑公告送达。对于权利人而言，政府的征用与拆迁决定直接关系其财产权利的处置，完全应当采用更加直接的送

---

① 参见卢丽华:《加拿大土地征用制度及其借鉴》，载《中国土地》2000 年第 8 期。

达方式而将公告作为辅助性的方式。即使必须采取公告的方式,也应当明确权利人的具体情况,而非含混地指向某一地区,由权利人去猜测与辨别自己是否属于相关权利人。此外,送达通知应当要式化,例如要求填具送达回证等,以此规范送达的效力。违反相关的送达规定,应当视为程序违法而影响有关决定的既决力。

就听证程序来说,目前听证在我国土地征收征用中仍然属于一种选择性的程序。同时,由于我国有关听证程序的规定散见于各个法律、法规之中,在有关土地立法中却未有规定,因此容易产生诸多弊端:具体操作规则不一,听证做法各行其是乃至重复、冲突等,妨碍行政管理权的正当行使,妨碍公民、法人及其他组织合法权益的正当行使;因没有统一的行政程序法规,听证制度的执行带有明显的部门色彩;虽然召开了听证会,但是却不从根本上坚持案卷排他原则,在作出行政行为时却置相关利害关系人的意见和建议于不顾。如果要提高对农民集体经济组织的财产权的保护力度、防止权力滥用,应当考虑将听证程序进一步明确,并详细规定听证的各个环节及程序。召开听证会应认真选择能真正反映行政相对人权益的代表参加,严格规范听证程序,注意倾听各方意见,注重对听证结果的处理。同时要严格把握听证制度的内涵,避免听证走过场、流于形式的庸俗化做法,保证政府行政行为的严肃性和有效性。

第三,土地征购过程中的司法审查程序制度完善。就政府征地行为的司法救济程序而言,它是与征地行为交织在一起的。这在其他国家也是如此,并把司法审查程序作为关键程序予以设计。在德国,财产征收补偿被称为财产损害赔偿,并由联邦行政法院和联邦最高法院的判决确定。联邦行政法院审查财产侵害的适法性及法律依据的合宪性,而联邦最高法院则审查是否以及在何种范围内赔偿相应的财产损害。[①] 在日本,作为征收补偿的救济手段有三种:一是根据宪法的规定,行使宪法上的请求权;二是根据《行政案件诉讼法》提起公法上的实质性当事人诉讼;三是有关法律中明确规定有征收补偿救济途径时,依据该规定提起形式当事人诉讼。值得一提的是,在法国,土地征收必须经过行政阶段和司法阶段,司法阶段主要解决所有权

① 参见王太高:《行政补偿制度研究》(第1版),北京大学出版社2004年版,第162页。

的转移和补偿金额的确定。①

需要说明的是,上述法律规定都从行政征收角度来阐述司法审查程序,与土地征购过程有所不同,但本质上,国外在土地征收制度中,由于实行的是土地私有制,因而其土地征收制度在一定程度上与我国的土地征购有很大比例的重合,其补偿机制都尽量实现补偿的市场化标准。

土地征购中的司法审查程序是从交易安全出发的一种程序性救济。正如有学者所指出的,“司法审查为土地纠纷的解决提供了一种组织方法与求得正解的公式”,司法机构在其中的作用是促成争议双方的对话(通过庭审)与达成交易(通过确定补偿标准)。②

第四,完善我国集体组织成员权的司法保护。由于我国土地集体所有制下的集体组织和其成员之间的关系不清,利益分配制度也不合理,所有对集体组织成员利益损害的情形多有发生。所以,在土地征购制度中完善集体组织成员权的司法保护制度,就显得十分重要。无救济,则无权利,当集体组织成员因成员资格或成员权益发生纠纷时,可以通过成员大会或成员代表大会进行表决。对决议仍不服的,可以通过司法手段解决。

另外,要规范农村集体经济组织的土地权利流转的决策程序,实现决策的民主化、科学化。

---

① 参见王名扬:《法国行政法》,中国政法大学出版社 1989 年版,第 361 页。

② 参见程洁:《土地征用的司法审查权》,载《法学研究》2006 年第 1 期。

第八章　集体土地流转制度构建中的公共利益

第一节　我国公共利益理论存在的问题及其原因分析

一、问题的提出

公共利益是法学研究中一个十分重要的课题，其也像一张普罗透斯的脸，是法学上的一个难以界定的概念。[①] 本质上讲，这也反映了概念法学本身的局限性。[②] 但是，不可否认，现代民主制度比较发达的国家，具有正当性的法律都必须是为了社会公共利益，而不可能是为了任何私人利益而制定的。[③]

① 个人权利与公共利益总是到底如何确定？有学者指出公共利益根本就是一个伪问题：经济学界认为不同的价值偏好之间不可能形成公共利益。20 世纪 60 年代，美国学者阿罗在其著名的“阿罗不可能定理”结论中认为无数个人偏好不可能集结形成共同的偏好，因而凝结着共同偏好的公共利益也不可能存在。参见〔美〕肯尼思·约瑟夫：《社会选择：个性与多准则》，钱晓敏、孟岳良译，首都经济贸易大学出版社 2000 年版。法学界部分学者则认为它是政府为了调和不同的利益而生造出的一个概念：公共利益不过是政府调和竞争的利益之后所获得的佣金。参见 John Bell, Public Interest: Policy or Principle, Roger Brownsword ed., *Law and The Public Interest*, Franz Steiner Verlag Stuttgart, 1993, p. 27. 边沁的“只有个人利益，没有公共利益”的说法又让我国去审视这一概念的正当性何在：“公共利益如不能通兑为个人利益，则公共利益是虚幻的”。参见〔英〕边沁：《道德与立法原理导论》，时殷弘译，商务印书馆 2000 年版，第 58 页。

② 为了克服这种局限性，大陆法系一些国家和地区就在其关涉公共利益的立法中，对可以隶属于公共利益的内容不厌其烦地列举，从而对立法的抽象性加以弥补。日本《土地收用法》第 3 条，共列举了 35 项计 49 种可以行政征用的具有公共利益性的事业；我国台湾地区《土地法》第 208 条，也列举了 9 种可以依法征收私人土地的公共事业。

③ 张千帆：《公共利益的构成——对行政法的目标以及“平衡”的意义之探讨》，载《比较法研究》2005 年第 5 期。

上至一国之宪法,下至一个地方政府规范性文件,无不把公共利益问题置于首要考量地位。对于农村集体土地市场化中的公共利益,学者多有论及,但究其含义,仍无定论。[①] 所以本书拟从制度建设角度,通过对我国公共利益理论、立法和司法实践的梳理,提出我国集体土地使用权市场化过程中的公共利益制度框架。

二、我国关于公共利益判断方面存在的问题及其分析

公共利益具有否定私人利益的否定性功能,这与当下张扬私权的社会相悖,所以准确界定二者范围及关系极其重要。[②] 但是我国目前关于公共利益判断存在的一些问题不容忽视:

第一,对公共利益的范围界定比较注意形而上学的分析,因而内涵模糊,缺乏操作性;因而进入操作层面时,就给执法主体太大的自由裁量余地。

第二,公共利益的代表者本身也是一个利益主体,让其来维护公共利益,存在着滥用权力的危险。[③] 尤其在我国,很多政府行为都与民争利,这更加使得政府的公共性特征不彻底。众所周知,分配功能是公共机构的一个最重要的功能,因为公共政策的本质特征就是分配社会公共利益,这将涉及向谁分配、如何分配以及什么是最佳分配等问题。由于人力、物力、财力等社会资源都是稀缺资源,是有限的,它不可能无限地使用,而社会中每一个利益群体或个体都希望在有限的资源中多获得一些利益,这必然会在分配各种具体利益时产生冲突,为尽可能地避免利益冲突,必须有一个大家都认同的权威主体——政府站在比较公正的立场上,运用公共政策来对利益进

---

① 自我国实行社会主义市场经济之后,私人经济主体地位不断提高,国家干预私人生活的该当性越来越受到质疑,随之人们开始对过去从而不论的"公共利益"也开始重新思考。而之所以在土地征收中对公共利益讨论异常热烈,一方面是因为"公共利益"是土地征收的一个宪法性前提条件,同时也是土地征收行为正当性的基础。另外,公共利益含义的不确定性和政策性特征,也使得其常谈常新。

② 参见段宏庆:《等待最高法院拆迁司法解释》,载《财经》2004 年第 1 期;姜明安:《界定"公共利益",完善法律规范》,载《法制日报》2004 年 7 月 1 日,第 9 版。

③ 有学者指出,政府利益表现为两种形态,抽象的政府利益和具体的政府利益,前者表征为国库收入增加,后者为政府本部门收入增加。德国宪法法院在一个判决中曾指出:为了增加国库财富以及为了改善其他公共团体之财政状况而为之公共措施,并不能认定为公共福祉之需求。参见 John Bell, Public Interest: Policy or Principle, Roger Brownsword ed., *Law and The Public Interest*, Franz Steiner Verlag Stuttgart, 1993, p. 35.

行分配，而每一项具体政策都涉及一个"谁受益"的问题，所以，"究竟把利益分配给谁"是公共政策的核心问题。① 在西方国家，为了克服政府作为公共利益代表自身主观性弱点，实行权力制衡模式，这在我国则直接对政府职能提出了挑战。

第三，认为公共利益不仅仅自然具有法律上存在的合法性，而且将其立于道德的至高点，赋予其道德上的正当性，这就使得公共利益作为一个限制私人权利的利器，无往不胜。"公共利益被披上神圣的外衣之后，就被赋予了完美无缺的外表和不受质疑的特权。"②以此为前提，一些利益主体将其作为自己的工具，从而公共利益发生异化，成为一些不公正行为的遮羞布和护身符。

第四，公共利益的确定、判断主体不恰当。当前我国对公共利益的确定主体是行政机关。鉴于行政机关的工作性质和要求，以及行政权力的本身特性，使得行政机关通常在没有或者缺乏明确法律规定的情况下，多以个案形式对之进行规定，缺乏统一性和确定性。理论界在对公共利益进行研究时，多从公共利益制度对私人权利限制角度来探讨其功能和作用，实际上，公共利益本身也是一个限制权力的理论工具，建构一个完善的公共利益理论体系是为了保证政府权力能够在法治的规则下运行，对公共利益的限制，其实就是对国家行政权的限制。在美国，虽然征收权被视为政府固有的权力，但任何超越宪法规定行使权力的行为都是无效的③，宪法制定者们通过运用"公共"一词，否定了为私人用途进行征收的合法性，是从限制政府的权力而规定的。现代意义的公共利益是在现代人本主义与法治国家出现之后才产生的，这种公共利益的构建与实现在本质上是一种社会契约的过程，它以肯定私人的意思自治为前提，以承认私权为起点，在法律的框架内依照法定的程序，在各种不同利益博弈的基础上而形成。公共利益不是目的，而是实现保障私人权利和自由的手段。而让行政机关作为自己利益的裁判者，

---

① 参见韩凤芹：《地区差异：政府干预与公共政策分析》（第1版），中国财政经济出版社2004年版，第86页。

② 刘曙光：《什么样的公共利益才是合法的——三论私权优先原则》，载 http://www.tecn.cn/data/detail.php? id = 6235，访问时间：2007年10月11日。

③ Donald J. Kochan, "Public Use" and the Independent Judiciary. Condemnation in an Interest-Group Perspective, 3 *TEX*, *REV. L & POL.*, at 61(1998—1999).

这在实践上是行不通的。

现代法治社会，由法律来界定公共利益成为一些法制先进发达国家的普遍做法。这一方面是因为法律的程序性，保证了公共利益的客观性要求，民主的立法过程，使得多数人的利益得以体现。同时法律的明确性和规范性也使得公共利益的主张者凭借法律规定积极主张公共利益，从而来促进公共利益的实现。实证主义法学家凯尔森甚至指出，将国家目的予以法制化，才完成承认其为公益的过程，而所谓公益必须获得国家承认之后，方有公益之价值。整个法制制度不过是公共利益之明文规定。[①]

需要注意的是，因为公共利益所具有的巨大的权利克减和权力限制承载功能，对公共利益的确定，应该交给一国的立法机关，通过基本法律来明文规定，而其他任何规范性文件都无此权力。

第五，公共利益内涵的次级性未加区分。公共利益具有层次性。国防利益是国家的最高政治利益，国家作为一个最大的共同体，其利益具有绝对的公共性[②]，与市政建设利益居于不同层次，从而对其保护的力度也不同。各种不同的公共利益之间可能会发生冲突，在此情况下，还要借助经济学效用理论的分析，反映在法律上需要注意的就是如何区分公共利益的层次来实现公共利益最大化：按照各种公共利益的不同层次分别实现，优先保护更高层次的公共利益。但不同层次的公共利益只能在财产权争议发生后作出判断，很难在立法上准确表述什么是优先保护的更高层次的公共利益。无独有偶，德国关于公共利益的研究中，不但在理论上对公共利益背后的各种价值标准进行比较[③]，而且在司法实践中予以践行。在“药房案”中确认了公共利益阶层理论，即只有立法者肯定为了更高利益时，才可以限制个人的职业自由权利。[④] 后来在“手工业者案”中，法院亦认为维持手工业的水准以及其服务水准，对于社会的价值，比个人的职业自由，更为重要。法院在该案中还提出了绝对公共利益和相对公共利益概念，对我们进一步探讨公

① 参见城仲模：《行政法之一般法律原则（二）》，三民书局 1997 年版，第 158、160 页。

② 参见胡锦光、王锴：《论公共利益概念的界定》，载《法学论坛》2005 年第 1 期。

③ 参见陈新民：《德国公法学基础理论》（上册），山东人民出版社 2001 年版，第 202—203 页。

④ BVerfGE7,377/405，1958 年 6 月 11 日判决。

共利益,意义甚大。[①]

所以,对公共利益的理解,不仅仅要注意其层次性,还要分析公法上的公共利益和私法上的公共利益的区分性。在宪政体制的法治国家,其法律体系内所追求的公共利益,通常由宪法加以规定,在这一层次上,公益具有宪法层次的宪法公益理念。决定这一层次的基础,可以分为国家的任务以及国家的基本原则两个方面。[②] 由宪法所形成之公益,为了不使其沦为具文,必须借助立法途径,使其具体化。维也纳著名纯粹法学派学者 Adolf Merkl,在 1919 年发表的《国家目的及公共利益》一文即认为,惟有用法律形式表现出来的国家目的,才属于公共利益。[③] 如果没有通过立法形式确定其内容,则该公益毫无价值。

另外,在对公共利益的判断中,国家利益是一个不可回避的问题,但是国家利益包括内外两个方面,在对外利益方面,往往多表现为一个国家的政治利益,而在对内利益方面,因为有些行为涉及公共福祉,而接近我们的公共利益概念。在公共利益的判断上,我们是否就是以法律作为其判断正当性和合法性的唯一依据?笔者以为,对公共利益的判断,也有法律内的标准和法律外的标准。法律内的标准可以依据公共利益的构成要件,而法律外的公共利益的判断标准,多采纳政治的标准、经济的标准和法律的标准相结合的方式。纵观近代以来发达国家的经验,应该以人民利益作为最高标准而非其他。[④]

第六,公共利益的内涵的判断向公共利益判断程序完善的不完备。这一方面涉及对公共利益判断主体的转移问题,同时也涉及如何协调不同主体之间的关系,并正确处理如何通过程序的设计来解决公共利益内涵解释之尴尬。

另外需要注意的是,对我国公共利益研究仍然侧重于应然的研究和经典哲学论证式分析,缺乏扎实的实证分析研究方法,这可能也是我国现实社会科学研究中的一个共性缺陷。

---

① BVerfGE13,97ff,1961 年 7 月 11 日判决。

② 参见陈新民:《德国公法学基础理论》(上册),山东人民出版社 2001 年版,第 187 页。

③ A. Merkl, Staatszweck und Öffentliches Interesse, Verwaltungsarchiv, Bd. 27, 1919, S. 286ff.

④ 参见俞可平:《权力政治和公益政治》(第 1 版),中国社会科学出版社 2005 年版,第 172 页。

第二节 公共利益的概念确定及其特征

一、公共利益的内涵解读

公共利益含义探求最早可以追溯到公元前6至5世纪古希腊，古希腊特殊的城邦制度造就了一种整体国家观，而与这种国家观相联系的就是具有整体性与一致性的公共利益，将其视作一个社会存在所必须的一元的抽象价值，是全体社会成员的共同目标。[①] 卢梭认为“惟有公意才能按照国家创制的目的，即公共幸福，来指导国家的各种力量；因为如果说个别利益的对立使得社会的建立成为必要，那么就是这些个别利益的一致才使得社会的建立成为可能”。[②] 英国社会学家麦基弗也认为社群必须建立在成员的共同利益之上，社群的主要特征便是公共善或公共利益。[③] 20世纪80年代的社群主义者还认为社会的公共之善对成员的个人之善具有优先性，公共之善有非物化的和物化的两种形式，非物化的形式主要体现为各种美德，而物化的形式就是通常所说的社会公共利益。社会公共利益又分为产品形式的公共利益(即各种社会福利)和非产品形式的公共利益。[④] 功利主义者边沁认为共同体的利益是道德术语中所能有的最笼统的术语之一，因而它往往失去意义，在它确有意义时有如下述，共同体是个虚构体，由那些可以说成是其成员的个人组成，那么共同体的利益是什么呢？是组成共同体的成员的利益的总和。[⑤] 罗斯科·庞德将利益形态分为三种，即个人利益、公共利益(涉及政治组织社会的生活并以政治组织名义提出的主张、愿望、要求)、社会利益(涉及文明社会的社会生活并以社会生活的名义提出的要求、愿望、主张)。而社会利益的内容包括一般安全的利益，如国防、公共卫生的安全；社会制度的安全，如政府、婚姻、家庭制度的安全；一般道德中的社会

---

① 参见胡建森、刑益精：《公共利益概念透析》，载《法学》2004年第10期。

② 〔法〕卢梭：《社会契约论》，何兆武译，商务印书馆1980年版，第53页。

③ 参见俞可平：《社群主义》(第1版)，中国社会科学出版社1998年版，第56页。

④ 同上。

⑤ 参见〔英〕边沁：《道德与立法原理导论》，时殷弘译，商务印书馆2000年版，第58页。

利益;社会资源的保护;一般进步中的利益,特别是经济和文化进步;最后还有个人生活中的社会利益,这种利益要求每个人都应当能够按社会的标准过一种人的生活。① 博登海默并未明确界定社会公共利益的概念,而只是对他的内容和范围指出了一些基本的原则:首先,公共福利不能认为是个人欲望和要求的简单的总和;其次,我们也不能同意将公共福利视为政府当局所做的政策决定。② 博登海默借助了文明的概念指出社会公共利益就是实现这种文明的社会生活的基础和条件。而哈耶克将社会公共利益称为普遍利益,在他看来,"普遍利益,乃是由那些被我们认为是法律规则的目的的东西构成的,亦即整体的抽象秩序;这种抽象秩序的目的并不在于实现已知且特定的结果,而是作为一种有助益于人们追求各种个人目的的工具而存续下来。"③与他持有类似看法的是詹姆斯·哈林顿,在他看来,公共利益也就是那种排除了一切偏私或私利的公共权利与正义,也就等同于法律的绝对统治而非人的绝对统治。④

上述对公共利益的内涵的诠释尽管见仁见智,但其中都存在着一些合理的因素,概括来说:第一,上述概念和分析都注意到公共利益的价值性特征,即公共利益从当初的公共团体的喜好善恶取舍到近代、现代的规范国家制度和社群、共同体等组织的行为目的思想,都凝结着社会共同体的一致的观点和态度,都折射出一种公益价值的正面价值需求和评判。第二,对公共利益的分析都是在与私人利益的相互比较中来展开的。尽管边沁的功利主义一定程度上否定了公共利益之存在,但大多数的观点认为,公共利益是一种独立的利益形态,而并非所有成员利益的简单相加,在个人可以为实现自己的目的而自由地运用自己的知识的大社会中,政府所欲达到的普遍利益不可能由分立的个人所得到的特定满足的总和构成,因为作为决定因素的那些情势,决不是政府或其他个人所能完全知道的。⑤ 但是,他们的论断中

---

① 参见〔美〕E. 博登海默:《法理学:法哲学及其方法》,邓正来译,华夏出版社 1987 年版,第 141 页。

② 同上书,第 298 页。

③ 〔英〕弗利德利希·冯·哈耶克:《法律、立法与自由》(第 2 卷),邓正来等译,中国大百科全书出版社 2000 年版,第 2 页。

④ 同上书,第 3 页。

⑤ 同上书,第 2 页。

都忽略了公共利益的程序性要素和特征，从而使得其定义失之一翼，因而也是不完善的。

基于上述分析，笔者认为，公共利益是立法主体依法规定的一共同体内，相对于其中的部分主体而言，某一客体对该共同体内其他的多数主体具有更为重大的意义及有用性。

二、公共利益的特征

理解公共利益的内涵，要注意以下几个方面：第一，公共利益可以作为法律追求的一种价值性目标而存在，所以其不仅仅是最低限度的法律要求，也是道德的体现和要求。第二，公共利益是一个相对性的概念，表现在私人或某一团体的利益在一定情况下可以转化为公共利益。[①] 另外，公共利益个体性和整体性判断具有相对性特征，只从对公共利益判断注意到质和量相统一的尺度之后，考量质的因素受到重视，从而人群数量少的团体之利益并不一定不是公益，这种判断不再是纯粹的法学的判断，而具有经济学、社会学和政治学的综合判断的要求。第三，公共利益具有法律目的性。“在现代民主国家，任何具有正当性的法律都必须是为了社会的‘公共’利益，而不是为了任何特定的私人的利益而制定的。”[②]从这个意义上来说，法律具有公共利益属性，也是法律的价值目标。另外，公共利益具有不确定性和层次性。

三、公共利益的本质性认识

无论一个国家关于公共利益的理论多么复杂，但本质上都是一致的：公共利益制度反映着国家的公共政策取向，是国家公共政策的晴雨表，是国家实现其政策的理论工具之一。公共政策是政府依据特定时期的目标，在对社会各主体之不同利益进行选择、综合、分配和落实的过程中所制定的行为准则，是“政府直接采取的行动或在某种程度上涉及国家合法权力的行动”。[③] 它具有整体性、超前性、层次性、多样性、合法性的特点，其本质是政府解决利益分配问题之手段，但公共政策对社会利益的分配最终要服从于

---

① 参见王利明：《物权法草案中征收征用制度的完善》，载《中国法学》2006 年第 1 期。

② 张千帆：《公共利益的构成——对行政法的目标以及“平衡”的意义之探讨》，载《比较法研究》2005 年第 5 期。

③ 参见陈庆云：《公共政策分析》，中国经济出版社 2000 年版，第 4 页。

政府的整体目标需要。①

从知识社会学的立场来看,公共利益理论是一种知识的概念,是一种想象的理论。但这种概念或者理论,仍属建构于现实世界、服务于现实世界的理论工具。土地征收制度中的公共利益理论与现实世界的关系就在于它的功能:实现法的目的。申而言之,土地征收制度中公共利益理论的提出、借鉴和发展都围绕着实现其法律目的或者法律政策而演进,土地征收法律制度中的公共利益是实现法律政策的理论工具。不同时代、不同区域的社会生活发展,会有不同的法律政策。为了因应时代的要求,也为了不偏离既有的法律传统,各国的公共利益理论在其演进中都表现出了继承和创新的特点,但其主线都无法偏离既有时代生活里的法律政策。这种政策,常常被用来评价某一特定公共利益理论的得失优劣。早在古希腊时期,在《国家篇》中,柏拉图将"公共利益"界定为"统治者的利益就是真正的'公共利益'"②。而如今,对公共利益的理解却跳出了权力主体中心主义之桎梏。以美国为例:在判断征收行为是否符合公共利益时,美国法院在历史上一直将注意力放在征收补偿,而非征收行为是否符合公用目的。征收是不是为了公共用途,几乎成为一个由议会独断的政治问题:只要是议会作出的征收决定必然符合公用目的,法官不应该用自己对公共用途的理解去限制议会权力的行使。这种主体角色的转换也是通过立法程序中的广泛参与来消解公共利益与个人财产权之间的紧张。

所以,为了避免理论的条程化危险,必须记住理论的目的所在:当逻辑程式般的理论应用显然会导致悖于常理的结果时,理论必须被修正,即判断公共利益理论的妥当与否,必须跳出理论本身,不能仅仅应用理论的逻辑性标准来判断理论,而应适用其他标准。这些标准,用更一般的语言来表述,是公共利益理论不能使公共利益界限无限扩大,而个人权利空间则相应缩减,不能产生明显悖于公平正义的结果。但归纳起来,公共利益理论的判断,仍然需要回到它所服务的功能,即土地征收制度所需要实现的法律政策,如公平地确定权力和权利各自的界限、使被征收主体得到合理补偿、不因个人受损而过度增加社会成本等。就此而言,本项研究的另一个着眼点

① 参见陈庆云:《公共政策分析》,中国经济出版社 2000 年版,第 19 页。

② 〔古希腊〕柏拉图:《柏拉图全集》,王晓朝译,人民出版社 2002 年版,第 290 页。

在于表明社会科学的理论研究应服务于理论所需实现的实践要求之目的。公共利益理论的理论变迁,一方面,反映了知识的进展,另一方面,也反映了法律理论对社会生活变迁的因应。公共利益理论的发展,来源于现实社会生活中不断变化的利益要求和价值观要求。

需要说明的是,任何国家所确立和意欲实现的公共政策一般具有分配、调控和导向功能。分配功能是公共政策一个最重要的功能,因为公共政策的本质特征就是分配社会公共利益,而政策实施的结果也将最终是一部分人获得利益的同时另一部分人丧失了利益,或者是一部分人获得了较多的利益的同时另一部分人获得了较少的利益甚至是失去了原有的利益,所以每一项具体政策都涉及一个"谁受益"的问题,"究竟把利益分配给谁"是公共政策的核心问题。调控功能是指政府运用政策处理社会公共事务过程中,对存在的各种利益矛盾所发挥的调节和控制作用。因为现实社会中存在着追求各种不同利益的群体,而公共政策作为政府用以管理社会的工具,不可能照顾到不同利益群体的利益。所以,公共政策常常表现出特有的倾斜性,它会因政府目标不同时期的侧重点不同,在不损害整体利益的前提下,优先对某一领域以及相应的某一些利益群体加以保护或者采取一些鼓励措施使之更充分地发展。而其基本目的是为了追求整个社会的公平和稳定。导向功能是指政府依据特定的目标,通过政策对人们的行为和事物的发展加以引导,使得政策具有导向性。

所以,从一定意义上看,我们可以说,公共利益是国家公共政策实现的工具,是政府和市场中间的连接器,也是公共权力和私人权利之间的连接点。

四、公共利益类型化研究

类型化是法律分析的一种重要方式,它是对抽象立法模式的概括性的克服,也是对自由裁量权的一定程度的限制。罗斯科·庞德指出:"法律的历史表明人们始终是在推崇广泛的自由裁量权和坚持严格详尽的规则之间来回摆动"[①],"一个法律制度之所以成功,乃是因为它成功地在专断权力之

① 〔美〕E. 博登海默:《法理学——法律哲学与法律方法》,邓正来译,中国政法大学出版社 1999 年版,第 148 页。

一端与受限权力之另一端达到了平衡并维续了这种平衡”①。

(一) 国家利益和社会利益

按照利益主体的范围大小标准,可以将公共利益区分为国家利益和社会利益。公共利益具有整体性和普遍性两大特点,其在主体上是整体的而不是局部的利益,在内容上是普遍的而不是特殊的利益。进一步分析,公共利益应该有两层含义,第一层为社会公共利益(或者称为社会利益),即为社会全部或者部分成员所享有的利益;第二层为国家利益,也就是国家这一特殊主体的利益,大多数情况下,社会利益和国家利益是可以区分的,但在有些情况下,这两种利益交织在一起。

(二) 公法中的公共利益和私法中的公共利益

对公共利益在公法和私法的区分这一层面上是否具有意义,学界并未提及。笔者认为,公法中的公共利益和私法中的公共利益存在着很大差异。在自由的资本主义时期,私权保护被放在法律制度的十分重要的地位,公法规范不得违法私权保护基本原则,甚至在公共利益场合也是如此。② 私法具有强调个体利益的性质,作为其运作的环境的市场经济具有瓦解整体性社会、突出个人利益和群体利益的作用。市场经济以利益为纽带,以市场配置资源的方式对整个社会进行改造,使社会由分散到聚合,由同质向非均衡发展,各个利益群体正在形成。以利益群体,而不是以每个成员为单位的社会正在构建之中,这无疑会使得整个社会的组织性、独立性和自我意识大大增强,而在其中的公共利益的存在和维系则是以维护组织中的共同利益,即维护利益群体的利益为鹄的。但公法中的公共利益却有所不同,宪法、行政法等公法中的公共利益规范条款,多以为公权力对私权的干涉设置边界为目的,且多以国家利益为重心而设计其利益结构,所以其控权色彩相当突出。在我国,无论是在宪法中,还是在民法通则中,公共利益是作为与国家利益、集体利益以及第三人利益并列的一种利益分类,然而,值得思考的是,在这些利益分类之间是否真的具有一个泾渭分明的界限?如果说国家、集体作为一个意识形态化的术语已经侵蚀到我国法律的每一个毛孔还有些言过其

---

① 〔美〕E. 博登海默:《法理学——法律哲学与法律方法》,邓正来译,中国政法大学出版社 1999 年版,第 149 页。

② 参见姚佐莲:《公用征收中的公共利益标准——美国判例的发展演变》,载《环球法律评论》2006 年第 1 期。

实，那不可否认的是，尽管国家、集体这些政治性的术语在我国的法律体系中占有一个非常重要的地位，但是我们仔细考察一下却可以发现他们是在私法领域内却不具有特别的意义。[①]

（三）公共利益在立法中的分类探讨

在物权法的起草过程中，对公共利益的探讨十分热烈。学者王利明、梁慧星、徐国栋各自负责起草的三部《物权法草案（学者建议稿）》都重申了宪法对于私有财产进行保护的观念，强调公共利益在物权法中予以规定并完善其正当化要件的重要性。王利明和徐国栋负责起草的草案中对于公共利益采用了一般概括式的立法模式，并未对宪法上的关于公共利益的规定进行具体化、类型化分析。但梁慧星所起草的文件则采用了概括和列举相结合的方式。[②] 考虑到我国行政法也没有对于公共利益的明确界定，而且没有征用、征收特别法等现实问题，梁慧星负责起草的草案对于公共利益的规定采取了一般概括式和列举式结合的规定，具有较强的可操作性。[③] 但是，梁慧星对于为各国所普遍承认的某些公共利益类型，如国防事业、公共安全、社会福利事业以及公共建筑等未加以规定。有观点认为，在物权法中应该尽可能地将适合我国国情的公共利益在立法中列举出来，包括国防、国家机构建设以及能源、交通、通讯、科技、教育、学术、文化、体育、医疗卫生等设施建设，国家、地方重点工程建设，城市市政工程和环保工程建设等。如果商业企业可使一般公众直接受益，具有服务于公众的特点，也可以认定为公共利益。[④]

《物权法》正式颁布之后，对公共利益的规定采取了概括式规定，并没有进行列举，因此在物权法的实践中出现了很多问题，包括假公共利益之名，损害私人合法权益案例多有发生。

---

① 参见熊谞龙：《私法中的"公共利益"》，载 www. civillaw. com. cn，"法学茶座"栏目。

② 参见王利明：《中国物权法草案建议稿及说明》，中国法制出版社 2001 年版，第 17—18 页；梁慧星：《中国物权法草案建议稿》，社会科学文献出版社 2000 年版，第 191—194 页；徐国栋：《绿色民法典草案》，社会科学文献出版社 2004 年版，第 354 页。

③ 可资借鉴的该种范式立法例有日本《土地收用法》第 3 条，共列举了 35 项计 49 种可以行政征用的具有公共利益性的事业；我国台湾地区"土地法"第 208 条，也列举了 9 种可以依法征收私人土地的公共事业。

④ 参见李蕊：《论土地征收中公共利益的界定与相关民事权利的保护》，载《贵州大学学报》（社会科学版）2005 年第 3 期。

第三节　中国特殊国情下的公共利益问题的讨论

一、在我国探讨公共利益应注意的特殊国情因素

对于我国这样一个发展中的社会主义国家,对公共利益的问题跟西方的一些理念和制度还是存在着很大的差异,这是我们不能不考虑、也是不能回避的问题。第一,我国是一个脱胎于计划经济的国家,国家在经济发展的作用和功能在那个时代相当强大,因此之故,很多涉及国家、社会乃至集体的共同体利益,国家都无一例外承担其责任。而现在尽管已经开始市场经济的转轨,但是历史惯性在相当长的时间内将会依然存在,国家依然有其难言的不能承受之重。第二,我国目前社会的城乡二元性特征仍然十分明显,尤其在城市化过程中,农民被边缘化,并未随着现代化进程而市民化,所以公共利益具有特殊的重要性,对该问题的研究也方兴未艾,这跟西方目前逐渐淡化公共利益的趋势恰好形成了鲜明的对比,这有其必然性:本来以小农为主的农村,所有诸如教育、基本生活保障、医疗等基本资源都需要公共权力的介入才能有效分配,这对他们来说成为生存的基本性保证;中国资源紧张,无论是城市还是农村,基于公共利益基础的公共权力调节方式不可或缺,市场的调节根本不能发挥作用;从土地制度本身来讲,土地是农民的基本生活保障,而我国是一个土地公有制国家,所以土地具有巨大的承载功能。第三,我国是一个传统上"重实体,轻程序"的国家,在这一背景下,对公共利益本身的程序性内涵也缺乏足够的认识,因而对公共利益的认识也不全面。第四,由于行政本位主义的影响,在公共利益确定方面也多由行政主体来进行,所以,对公共利益的认定和理解更任意而不确定。第五,我们要防止公共利益决定论倾向,以公共利益扼杀我们刚刚成长的私权保护理念。我国的"公"、"私"概念极具弹性,界限不明确,尤其是不具有领域的固定性。在个人权利意识仍处在发育成长期的中国,我们对权利滥用的警惕似乎远甚于对公共利益滥用的警惕,我们所注重的公共利益很大意义上是一种"虚拟的公共利益"。如果说权利行使的边界在于公共利益,那么我们更应该确定公共利益的私权边界。二者是一致的。我们不可能只看到了公共

利益对私人权利限制的功能。认识这点在我国特别重要,否则,认识的不清晰可以使公共利益在认识上发生异化。必须认识到,在私权上的公共利益的限制也就成为公法上对公共权力限制的一个基础。公共利益在政治国家与市民社会的表现上存在诸多差别,政治国家与市民社会二元分离的形态在很多程度上是基于公共利益与私人利益的对立,公共利益在前者的体现更多地在于国家的国家治理、公共治理和对外交往,以及作为整体得以独立存在的国家利益,而后者表现出来的是维系一个社会正常运作的利益,它与社会秩序存在着紧密的联系。

二、法系之纬对我国公共利益制度建构的影响

另外,对于土地征收中公共利益的判断,我国应该吸收英美法系判例制度,建立公共利益判断的案例机制。两大法系目前呈现相互融合和借鉴趋势,事实上,两大法系的区别并非法源是成文法还是判例法,而是何为第一法源的问题:在判例法主义的英美法系国家,判例法是第一法源,制定法是补充性的第二法源;在法典主义的大陆法系国家,成文法是第一法源,判例具有补充成文法欠缺的机能,是第二法源。[①] 判例法的生成和大陆法系对其借鉴主要有以下原因:第一,概念法学的衰落和自由法学的兴起。我国长期以来否定判例法,主要是受到概念法学的影响,但是在此问题上的全面否定似乎又是我国所独有。[②] 第二,是法官造法、释法的客观存在和法解释目标的客观存在。第三,现代市民社会的快速发展和市民观念的不断深入。在这一过程中,法官在审判案件的过程中顺应时代潮流而不断创造判例对法作出新的解释起到了很大的作用。[③]

三、我国的公共政策缺陷对公共利益标准的制约

市场本身具有不可克服的局限性,其缺陷包括市场障碍和市场功能上的局限性两个方面[④],所以国家对社会经济的公共政策性调整主要任务和基本措施便是:(1) 针对市场障碍,国家通过反对垄断和限制竞争及对其他不

---

① 参见〔日〕中野次雄编:《判例及其学习方法》,有斐阁 1997 年版,第 204 页。

② 我国法学理论深受苏联影响,而苏联的法学又深受德国概念法学的影响。

③ 参见郑玉波:《民法总则》,三民书局 1978 年版,第 406 页。

④ 参见漆多俊:《经济法基础理论》(第三版),武汉大学出版社 2000 年版,第 15—33 页。

正当竞争予以排除，让市场调节能够充分恢复其作用。(2) 针对市场机制作用领域的局限性，国家通过调整或安排国家直接投资经营活动，以调节社会经济的结构和运行。(3) 针对市场机制作用的被动性和滞后性，国家运用自己所掌握的情况和信息，并根据对客观经济规律的认识，凭借手中所握有的政策手段和工具，对社会经济实行总体规划、指导、提供各种帮助和服务。[①] 目前从各国情况来看，政府的经济职能空前突显，体现在政府运用各种手段对市场运作进行干预和调节，弥补市场自发性缺陷，以保证社会经济的健康发展。但是公共选择理论认为，政府行为本身也存在不足，政府的公共政策也存在缺陷。[②] 公共政策缺陷在任何一个国家都会存在，从这个意义上来说，公共政策缺陷具有普遍性，不可克服，但不可否认的是，公共政策缺陷在我国尤其更甚。公共政策缺陷对公共利益的影响十分明显：第一，公共政策的制定和执行主体的“经济人”特征决定了其追求自身利益的最大化，而不是选民或公共利益的最大化。其最明显的特征便是一些公共政策在制订理念上不是最大限度地保护大多数人的利益，而是往往向着权力、财富和垄断靠拢，张扬了少部分人的意志，却损害了更多人的利益。加之其在执行中总流露出与社会关系和社会财富的暧昧，裁量权的把握又因人而异，更加剧了社会的不公。第二，公共政策和公共管理的“错位”和“越位”使得公共利益的公平性沦为具文。这体现为在我国还存在着大量的权力寻租。[③] 寻租活动赖以存在的前提是政府对经济活动进行干预，而这必将影响到市场经济活动主体的行为，给小部分人牟得大利，却危及大多数人利益。因此，各利益集团通过各种方式影响政府官员，以使本集团得到更多的利益，并避免各种不利因素。权力寻租的存在，使得公共政策异化、变质，根本无法彰显其“公共性”本质和科学性要求。

总之，我国目前转轨体制下的特殊时期，一方面，表现出对公共机构机

① 参见漆多俊：《论市场经济的三阶段及其法律保护关系》，载 http://www.jcrb.com/zyw/n6/ca11561.htm，2008 年 12 月 26 日访问。

② 参见周俊：《试论公共治理中的“政府失灵”及其规避》，载《成都理工大学学报》（社会科学版）2005 年 9 月第 3 期。

③ 权力寻租活动是指那种为了维护既得利益，或是对既得利益进行再分配的非生产性活动。现代社会中的寻租活动是利用行政法律的手段来阻碍生产要素在不同产业之间自由流动、自由竞争，以维护和牟取既得利益。

能的依赖和对维护公共利益的重视;另一方面,在私权保护张扬的当下环境,我们又不得不重新审视公共利益,并在新的经济体制下构建新的公共利益的理念和制度。

第四节　完善我国公共利益判断的构成要件

一、公共利益构成的实质要件

关于公共利益本身的要件构成,需要注意的是,其作为一个价值性的判断对象,与行为的构成要件有很大的不同:它不具有一般行为构成要件中的具体性、明确性特点,但是构成要件理论作为法学上理论分析的法律技术工具,对公共利益的判断有重大的理论借鉴意义。

我国公共利益要件的确定,应该具备实质要件和程序要件两个方面。就实质要件方面,应该具备以下几个方面:

第一,公共利益是不特定的多数人的利益。需要注意的是,公共利益之"不特定的多数人的利益"标准不是为特定的一部分人或一群人所谋取的利益,也不是以某一间区域作为范围构成。有观点认为公共利益的判断应该考虑"公益性"要件,并指出"判断公共利益内涵时,不应仅仅考虑个体利益的正当需求,应在不同利益格局中选择利益综合体,维护公共社会的价值体系"[①]。笔者认为,对公共利益采取"公益性"、"公共社会"之概念诠释,有循环论证之弊,但是其在私人利益保护的基础上来确定公共利益,而不是以传统的公共利益派生私人利益的理论前提立论,极其合理。这与我国过去以来长期形成的个人完全服从于公共利益和国家、集体利益的集体主义道德理念是一个正确的背离。此正所谓"在公共利益的问题上,公共利益绝不是用政治性的法律或法规去剥夺个人的财产,或是削减哪怕是它最微小的一部分。在这种场合,必须严格遵循民法,民法是财产的保障。因此,公家需要某一个人的财产的时候,绝对不应当凭借政治法采取行动;在这种场合,

① 陈亚东:《"公共利益"在征收补偿中的确认和维护》,载《农村经济》2006 年第 3 期。

应该以民法为根据，在民法慈母般的眼里，每一个个人就是整个国家”①。

第二，公共利益是由国家提供和维护的公共性产品。该要件可以从以下几个方面理解：一是公共利益主要由国家来提供，并由其进行维护管理，这是由国家的公共性特征决定的；二是公共利益与公众有关，并可以为公众共享的公共产品，该产品的分享不影响其他公共成员利益。②

第三，公共利益判断的重大性标准。公共利益的重大性，是公共利益要件构成中一个十分重要的概念，它就像一个过滤器，既避免了“公共利益”范围过大的箩筐式弊端，也可以避免公共利益的含义过于狭窄，从而形同虚设的毛病。另外，公共利益本身是一种性质和价值判断，其需要质的规定性的确定，而不仅仅是量的集合。所以过去对于公共利益的判断中，很多理论认为其仅仅是个体利益的汇集和累加，其中多有不妥之处。

不过，值得注意的是，德国著名学者纽曼在其《在公私法中关于税捐制度、公益征收之公益的区别》文中，提出了关于客观公益和主观公益之说，并提出了对国家和社会有重大意义之目的的观点③，很有见地。纽曼之观点对本书公共利益的重大性标准要件有很多借鉴：第一，重大性的内容上，纽曼主要基于文化关系和国家任务，这些都注意到了公共利益的公共性质；第二，过去甚至当下很多学者论述公共利益时，主张公共利益的团体性特征是个体性的数量增加，从而使公共利益判断多以数量标准，忽视了质的标准，纽曼则从质的方面来寻找公共利益的标准和依据，不过，笔者认为，对重大性的标准应该坚持从质和量两个方面来确定。具体来说，重大性的质的方面要求公共利益的判断是基于主权国家的国家治理和公共管理的目的，是国家政治利益、社会利益或集体利益的体现；而量的标准则要求是群体性的而非个体的利益。

第四，公共利益的个体性构成要件。这一要件是公共利益自体内的限制性要件，公共利益涉及社会或某一群体内的每个成员的利益，具有一定的整体性特征，但该整体性特征是每个独立个体的利益的结合，其整体性是以

① 〔法〕孟德斯鸠：《论法的精神》（下册），张雁深译，商务印书馆 1997 年版，第 190 页。

② 这种公共产品的特征是“供给的连带性和排除他人消费的不可能性或无效率性”。参见〔美〕丹尼斯 · C. 缪勒：《公共选择理论》，杨春学等译，中国社会科学出版社 1999 年版，第 16 页。

③ 参见陈新民：《德国公法学基础理论》（上册），山东人民出版社 2001 年版，第 185 页。

一个结果出现,但保护每个个体的利益却是目的和终极的价值。

二、公共利益构成的形式要件

就程序要件而言,我们首先必须认识到因为公共利益实体上衡量认定的不可确定性和相对性,所以必须在程序上设置一个程序性要件来对其实体上的不可确定性和相对性加以弥补。正如美国著名学者 Postema 对程序本身的认识:“如果某项判决能够为公共实践理性所支撑——也即经过公共思量过程的有效彻底的推理,该判决在客观上就是正确的。将适宜于客观性的某一公共思量过程的诸多特征予以程序性的具体详细的阐明,十分关键。”①所以,就公共利益形式要件而言,主要是公共利益的确定要设计一定的程序。严格来说,合理公正的程序设计是公共利益不可或缺的形式特征。政府行为与法律的一致性是法治的基本原则之一。在美国,维护这一原则的核心手段便是正当法律程序。甚至有人认为:“在对各种可能的选择谨慎地加以权衡之后精雕细刻出的程序,是保证一个文明社会认为值得保护的所有不同权利最大限度地实现的唯一方法。”②正当法律程序是对权力的根本性制约,是对权利的最低限度的保障。在此意义上,可以说,程序是法治的核心。所以,公共利益的实体上的不确定需要程序机制来制约。具体来说,不管如何界定公共利益,也不管是哪一层次的公共利益,只要该公共利益主张会引起对私人实体利益限制与克减,就必须用程序来保证这种限制与克减的正当与合法:首先,这种程序系统意味着公共利益的代表人与代言人必须是合法存在的政府机构或其他社会组织,其所代表、代言的公共利益要在其法定权限之内,在内容上要具有必要性、正当性。为此,需要设置一种能够捍卫和保障代表的真实性、全面性、公正性的议事机构。其次,当实现公共利益的过程中出现对私人权益的不利影响时,需要配置正当程序以保障私人或当事人的基本权利。就公共利益的程序设计而言,包括以下几

---

① Gerald J. Postema, “Public Practical Reasoning: An Archaeology”, *Social Philosophy and Policy*, Vol. 12, 1995, pp. 43—86, “Public Practical Reasoning: Political Practice”, See I. Shapiro and J. DeCew (eds.), NOMOS XXXVII: *Theory and Practice*, New York: New York University Press, 1995.

② 〔美〕卡尔·J. 弗里德里希:《超验正义:宪政的宗教之维》,周勇、王丽芝译,生活·读书·新知三联书店 1997 年版,第 107 页。

个方面：行政机关应该贯彻民主决策[①]；遵守法律正当程序；接受司法审查。再次，当私人的权益受到基于合法公共利益的理由的损害时，受损害人必须具有获得法律上的救济的权利，对于最终被确定为非法的公共利益的侵害，当事人还应当拥有赔偿的权利。最后，从更广的意义上说，公共利益的不同代表主体之间也完全可能发生围绕公共利益的纠纷，即公益与公益之争，因此，也必须存在一种程序机制来解决公共利益不同代表人之间的纷争。[②]

综上所述，笔者认为，公共利益的程序要件包括以下三个方面：

第一，立法程序要件。在该要件中，对公共利益界定权力，交给立法机关，且立法机关在行使该项权力时要按照符合立法程序要件。

第二，行政程序要件。完善行政程序要件可以从以下几个方面入手：(1) 应增加预先通知程序；(2) 允许征收人申请行政复议；(3) 完善听证程序。

第三，司法程序要件。公共利益的确定不符合公共利益的目的性条件，应该允许提起诉讼，由法院进行审查。

这样，对公共利益的判断就有了实体法律制度和程序法律制度的保障。不过，需要说明的是，公共利益和正当程序二者之间的关系如何定位？在理论上有两种不同观点，有观点认为公共利益是检验正当程序的标准，公共利益含有程序的正当性。比如在美国 1937 年以后，最高法院在对立法行为进行司法审查时认为只要是“为了社会利益而颁布的法令，都是符合正当法律程序的”。[③] 另有观点认为，正当程序应该独立于公共利益概念之外，公共利益有自身独立的程序要求。笔者赞成后者之观点。在现今民主制度比较发达国家，多承认经过合法程序制定之法律，皆可以决定公共利益之内容，这种“由程序形成公益”是“以公益理念的转变及扩展，衡以国家之统治形态以及理性、社会的伦理以及正义的观念所形成”。[④] 民主政体之下，人民代表所议决的法律，原则上可以肯认该法律所形成的公益之内容。至于听

---

① 包括公开参与、重大事项的公共利益判断的听证程序等。

② 参见杨寅：《公共利益的程序主义考量》，载《法学》2004 年第 10 期。

③ 〔美〕伯纳德·施瓦茨：《美国法律史》，王军等译，中国政法大学出版社 1990 年版，第 183 页；王希：《原则与妥协：美国宪法的精神与实践》，北京大学出版社 2000 年版，第 469 页。

④ 陈新民：《德国公法学基础理论》(上册)，山东人民出版社 2001 年版，第 194 页。

证程序,笔者认为其在公共利益的确定和判断中具有十分重要的作用。是否为公共利益之判断,应该依据程序而为之,要由公众来确定,做此取舍有十分重要的意义:民众既享有了聆听的权利,又有了发言的权利,根据听证的结果作出决定,根据行政法听证的案卷排他制度,公众又有了决定的权利,这样也丰富了公民的参政议政之内涵。

第五节 完善我国公共利益前瞻

集体土地市场化中的公共利益的准确认定,对于保护集体土地所有者的财产权利,保护私人权益,意义重大。我国集体土地使用权市场化过程中公共利益的判断,也要借鉴构成要件分析方法,也包括实质要件和程序要件两大部分。下面拟以土地征收中的公共利益判断标准为例加以论证。

一、土地征收公共利益构成的实质要件

就实质要件而言,主要包括以下几点:第一,征用行为的主观目的具有公共性。征用主体的征用目的就是为了向社会公众提供公共产品,实现社会福利增长。第二,提供的公共产品所增加的社会福利具有重大性。这一方面要求提供者所提供的公共产品惠及众人,涉及对国计民生、社会公共服务等重大项目,同时也要求有公共利益之间的权衡和效率的比较,以发挥资源的最大效用。第三,土地征收中的利益平衡要件。该要件也包括两个方面的含义,一方面,土地征收行为结果真正实现了土地征收的公共利益目的,给公众带来了直接的或者间接的利益;另一方面,征收行为的公共利益目的也要求对被征收对象的利益给予相应的补偿,使其仍能够享有其失去被征收之土地后的替代性的补偿利益。这是前述公共利益构成要件中的个体性要件在土地征收构成要件分析中的具体运用。

二、土地征收公共利益构成的形式要件

就程序要件而言,主要包括行政程序和司法程序要件。

第一,关于行政程序性要件,美国的一些制度颇为先进:在美国,进行土地征收必须进行如下程序:(1)预先通告;(2)政府对征收财产进行评估;

(3) 向被征收方送交评估报告并提出补偿价金的初次要约,被征收方可以提出反要约;(4) 召开公开的听证会,说明征收行为的必要性和合理性;(5) 如果政府和被征收方在补偿数额上无法达成协议,政府交送法院处理。我国不妨借鉴美国发达的程序制度,完善通告程序,通告之后给当事人的意见表达权利,设立土地征收听证制度,“以这种客观形式所决定的主观公益,或许更加符合民主宪政的要求”。[①]

第二,土地征收中的司法程序构成要件。在土地征收中,被征收人如果认为征收行为不合法公共利益的目的性条件,允许其提起诉讼,由法院从实体和程序两个方面来加以审查并进行判决。在此意义上,法院的司法行为可以促使公共利益概念在个案中具体实现。在法国,行政法院根据具体情况判断公用征收是否符合公用的目的,而不是根据公用征收本身考察是否符合公用目的。只要公用征收行为具有公共利益的性质,就认为是合法的征收。同时也注意防止行政机关滥用公用征收的权力,如果不是为了公共利益的目的,而是在公共利益的掩饰下满足其他行政上利益或个人利益时,这种征收会被认定为不符合公用目的。[②]

综上所述,公共利益是一项重要的法律制度,但其本质上是国家政策实现的工具。它是国家基于国家统治、公共管理的需要而进行的制度设计,是特定阶段的国家公共政策的反映。公共利益和个体利益息息相关,但二者具有很大的区分性:公共利益给个人利益的保护提供了一个边界,也给国家限制私权提供了一个标准。公共利益十分重要,但其存在的合理性和正当性并非不证自明,有必要通过意识形态的方法和政治上的手段使其正当化。

---

① 参见李丽艳:《关于行政征用公共目的性的思考——以土地征用为例》,载《行政法学研究》2003 年第 2 期。

② 参见王名扬:《法国行政法》,中国政法大学出版社 1998 年版,第 372—373 页。

参 考 文 献

一、论文类

1. 孙宪忠:《我国物权法中物权变动规则的法理评述》,载《法学研究》2008 年第 3 期。

2. 孙宪忠:《中国当前物权立法中的十五大疑难问题》,载《社会科学论坛(学术评论卷)》2006 年第 1 期。

3. 孙宪忠:《论我国土地使用权》,载《中国社科院研究生院学报》1987 年第 3 期。

4. 秦海荣:《关于对农村集体非农建设用地流转的理解》,载《中国土地》1995 年第 10 期。

5. 杨学成、曾启:《试论农村土地流转的市场化》,载《农业经济问题》1994 年第 6 期。

6. 盖国强:《农村土地使用权流转研究》,载《中国软科学》2001 年第 5 期。

7. 漆多俊:《宏观调控立法特点及其新发展》,载《经济法学、劳动法学》(人民大学复印资料)2002 年第 6 期。

8. 漆多俊:《宏观调控法研究》,载《法商研究》1999 年第 2 期。

9. 孟勤国:《物权法开禁农村宅基地交易之辩》,载《法学评论》2005 年第 4 期。

10. 盖国强:《农业现代化进程中的土地制度创新》,载《山东农业大学学报》2000 年第 2 期。

11. 王利明:《关于我国物权法制定中的若干疑难问题的探讨》,载《政法论坛》1995 年第 5 期。

12. 郭洁:《试论农地承包经营合同的物权化问题》,载《中国法学》2001 年第 3 期。

13. 季卫东:《当前法制建设的几个关键问题》,载《中国法学》1993 年第 5 期。

14. 姜明安:《行政补偿制度研究》,载《法学杂志》2001 年第 5 期。

15. 高凡:《我国农村土地的保障功能应逐步弱化》,载《经济纵横》2003 年第 6 期。

16. 李明月:《论地方政府征地收益的合理使用》,载《国土资源》2005 年第 4 期。

17. 魏金元:《谈城市中的土地有偿使用》,载《改革研究》1995 年第 5 期。

18. 周小川:《从税收改革的趋势看城市土地管理》,载《中国企业家》2004 年第 1 期。

19. 陈泉生:《可持续发展法律观念刍议》,载《东南学术》2000 年第 5 期。

20. 肖军、高继宏:《我国农地制度发展的制度分析和思考》,载《农业经济问题》2000 年第 7 期。

21. 张千帆:《“公正补偿”与征收权的宪法限制》,载《法学研究》2005 年第 2 期。

22. 刘俊霞:《公民社会保障与农村社会保障制度》,载《中南财经政法大学学报》2005 年第 4 期。

25. 刘东生:《行政征收制度初探》,载《行政法学研究》2000 年第 2 期。

二、著作类

1. 孙宪忠:《德国当代物权法》,法律出版社 1997 年版。

2. 孙宪忠:《中国物权法总论》(第 2 版),法律出版社 2009 年版。

3. 刘书楷:《土地经济学》(第 1 版),地质出版社 2000 年版。

4. 梁慧星:《中国物权法草案建议稿》(第 1 版),社会科学文献出版社 2000 年版。

5. 叶剑平:《中国农村土地产权制度研究》(第 1 版),中国农业出版社 2000 年版。

6. 〔美〕道格拉斯 · C. 诺斯:《经济史中的结构与变迁》(第 1 版),陈郁等译,上海三联书店 1999 年版。

7. 王卫国:《中国土地权利研究》,中国政法大学出版社 1997 年版。

8. 孟勤国:《物权二元结构论—中国物权制度的理论重构》,人民法院出版社 2004 年版。

9. 徐国栋:《绿色民法典草案》,社会科学文献出版社 2004 年版。

10. 张新宝:《中国侵权行为法》,中国社会科学出版社 1998 年版。

11. 漆多俊:《经济法基础理论》(第三版),武汉大学出版社 2003 年版。

12. 罗豪才:《行政法论丛》(第 7 卷),法律出版社 2004 年版。

13. 吕世伦主编:《法的真善美:法美学初探》,法律出版社 2004 年版。

14. 张俊浩:《民法学原理》,中国政法大学出版社 1991 年版。

15. 王文革:《城市土地市场供应法律制度研究》,法律出版社 2005 年版。

16. 姚辉:《民法的精神》,法律出版社 1999 年版。

17. 陈小君等:《农村土地法律制度研究》,中国政法大学出版社 2004 年版。

18. 李延荣:《土地租赁法律制度研究》,中国人民大学出版社 2004 年版。

19. 王利明:《物权法研究》,中国人民大学出版社 2002 年版。

20. 刘凯湘:《民法学》,中国法制出版社 2004 年版。

21. 高富平、黄武双:《房地产法新论》,中国法制出版社 2000 年版。

22. 何勤华:《外国民商法导论》,复旦大学出版社 2000 年版。

23. 沈开举:《行政补偿法研究》,法律出版社 2004 年版。

24. 程锐雄:《民法总则新论》,三民书局 1982 年版。

25. 单飞跃等:《需要国家干预:经济法视域的解读》,法律出版社 2005 年版。

26. 王太高:《行政补偿制度研究》,北京大学出版社 2004 年版。

27. 谢在全:《物权法论》,中国政法大学出版社 1999 年版。

28. 姚辉:《民法的精神》,法律出版社 1999 年版。

29. 费孝通:《江村经济——中国农民的生活》,商务印书馆 2001 年版。

30. 梁慧星:《中国物权法草案建议稿——条文、说明、理由与参考立法例》,社会科学文献出版社 2000 年版。

31. 何勤华:《外国民商法导论》,复旦大学出版社 2000 年版。

32. 沈开举:《行政补偿法研究》,法律出版社 2004 年版。

33. 刘凯湘:《民法学》,中国法制出版社 2004 年版。

34. 马新彦:《美国财产法与判例研究》,法律出版社 2001 年版。

35. 梅夏英:《财产权构造基础分析》,人民法院出版社 2002 年版。

36. 屈介民:《专家民事责任论》,湖南人民出版社 1998 年版。

37. 龙卫球:《民法总论》,中国法制出版社 2002 年版。

38. 沈守愚:《土地法学通论》,中国大地出版社 2002 年版。

39. 苏永钦:《走入新世纪的私法自治》,中国政法大学出版社 2002 年版。

40. 孙笑侠等:《我们的返回之路:返回法的形而下》,法律出版社 2003 年版。

41. 王利明:《民法总则研究》,中国人民大学出版社 2003 年版。

42. 唐先锋:《我国专家民事责任制度研究》,法律出版社 2005 年版。

43. 鹿心社:《研究征地问题,探索改革之路》(一、二),中国大地出版社 2003 年版。

44. 王才亮:《房屋拆迁纠纷解疑》,法律出版社 2004 年版。

45. 王太高:《行政补偿制度研究》,北京大学出版社 2004 年版。

46. 王卫国:《中国土地权利研究》,中国政法大学出版社 1997 年版。

47. 翁岳生:《行政法》(上、下册),中国法制出版社 2002 年版。

48. 谢在全:《物权法论》,中国政法大学出版社 1999 年版。

49. 谢哲胜:《财产法专题研究》(二),中国人民大学出版社 2004 年版。

50. 谢哲胜:《财产法专题研究》(三),中国人民大学出版社 2004 年版。

51. 赵达文:《土地征收与补偿之研究》,台湾成文出版公司 1982 年版。

52. 柯武刚、史漫飞仁德:《制度经济学》(第 1 版),商务印书馆 2000 年版。

53. 尹田编著:《法国物权法》,法律出版社 1998 年版。

三、译著类

1. 〔德〕K. 茨威格特、H. 科茨:《比较法总论》,潘汉典等译,法律出版社 2003 年版。

2. 〔德〕黑格尔:《小逻辑》,贺麟译,商务出版社 1980 年版。

3. 〔德〕康德:《法的形而上学原理:权力的科学》,沈叔平译,商务印书馆 1991 年版。

4. 〔美〕E. 博登海默:《法理学——法律哲学与法律方法》,邓正来译,中国政法大学出版社 1999 年版。

5. 〔法〕卢梭:《论人类不平等的起源和基础》,李常山译,商务印书馆 1991 年版。

6. 〔英〕哈耶克:《通往奴役之路》,王明毅译,中国社会科学出版社 1997 年版。

7. 〔美〕罗尔斯:《正义论》,何怀宏译,中国社会科学出版社 2003 年版。

8. 〔英〕约翰 · 密尔:《论自由》,张友谊等译,外文出版社 1998 年版。

9. 〔英〕哈特:《法律的概念》,张文显译,中国大百科全书出版社 1996 年版。

10. 〔日〕盐野宏:《行政法》,杨建顺译,法律出版社 1997 年版。

11. 〔英〕丹宁:《法律的未来》,刘庸安、张文镇译,法律出版社 1999 年版,第 39 页。

12. 〔法〕托克维尔:《论美国民主》,董果良译,商务印书馆 1997 年版,第 314 页。

四、英文著作

1. John Bell, *Public Interest: Policy or Principle*, Roger Brownsword ed., Law and The Public Interest, Franz Steiner Verlag Stuttgart, 1993.

2. Theodore J. Novak, Brian W. Blaesser, Thomas F. Geselbracht, *Condemnation of Property: Practice and Strategies for Winning Just Compensation*, Wiley Law Publications, John Wiley & Sons, Inc.

3. Peter Colwell, "Tender Mercies: Efficient and Equitable Land Use Change", *Real Estate Economics* 25 (Winter 1997).

4. T. D. Havran, "Eminent Domain and the Police Power", 5 *The Notre Dame Lawyer* (1930).

5. Olin L. Browder et al. (eds.), *Basic Property Law* (5th Ed.), St. Paul, Minn.: West Group, 1989.